作者简介

　　孙河川，女，归侨，双硕士，荷兰格罗宁根大学博士，博士生导师，国家二级教授，国务院特殊津贴专家，沈阳师范大学科协主席、侨联副主席，中国首位教育效能领域的博士和首位当选为《国际学校效能与学校改进学会》常务理事的中国大陆学者。国务院国家教育督导团专家，教育部"长江学者"评审专家，教育部学位办与研究生教育评估专家，教育部与联合国儿基会合作项目专家，中国侨联特聘专家，辽宁省人民政府督学，辽宁省侨联常委，省侨联特聘专家委员会副主任，省教育厅法律咨询专家，沈阳市科协常委，沈阳市侨联特聘专家委员会副秘书长，中国教育学会教育管理分会副秘书长，中国教育效能学术委员会副理事长，沈阳师大与香港大学联合培养教育博士导师，英国布里斯托大学教育研究生院评估研究中心成员，荷兰格罗宁根大学博导，香港教育大学资深研究员和兼职博导，东北师范大学兼职教授，7个学术期刊的国际编委和评审专家，8个国内外学会的副理事长、常务理事或理事。多次应邀到国内外高校参加或主持博士论文答辩、做学术报告、担任国际会议分会场主席等。在国内外出版中英文著作17部，发表论文300多篇，被SSCI、A&HCI检索收录13篇。先后主持国际和国内课题近30项。荣获40多项国际、国家和省部级奖励和荣誉称号，如中国侨界贡献奖、全国归侨侨眷先进个人、辽宁省侨界科技创新人物、四川省优秀教师、沈阳高校优秀研究生导师、优秀教师、三育人标兵、英国Emerald杰出评阅专家等；多次荣获中国侨联特聘专家建言献策一等奖、二等奖、优秀奖；著作被教育部评选为全国教师教育优秀课程资源及推荐使用课程资源；5次荣获辽宁省政府授予的辽宁省哲学社会科学成果二等奖、三等奖；4次荣获辽宁省自然科学学术优秀成果一等奖；多次荣获沈阳市自然科学学术成果一等奖；中国教育学会优秀论文一等奖；英国Literati Network卓越学术论文提名；国际学校效能与学校改进学会杰出贡献奖等。作为特邀专家或第一主辩手做客香港凤凰卫视、中央电视台、中国教育电视台等。

本书系国家社会科学基金"十二五"规划教育学国家一般课题《教育督导评估指标体系的国际比较研究》（BDA120028）的研究成果。由沈阳师范大学教育学部资助出版。

百家文库

孙河川等 著

教育督导评估指标体系的
国际比较研究

International Comparison on Educational Inspectorate Assessment Indicator Systems

中国书籍出版社
China Book Press

图书在版编目（CIP）数据

教育督导评估指标体系的国际比较研究/孙河川等
著．—北京：中国书籍出版社，2018.12
ISBN 978-7-5068-7116-7

Ⅰ.①教…　Ⅱ.①孙…　Ⅲ.①教育视导—评价指标—
比较研究—世界　Ⅳ.①G464

中国版本图书馆 CIP 数据核字（2018）第 271246 号

教育督导评估指标体系的国际比较研究

孙河川等　著

责任编辑　李　新
责任印制　孙马飞　马　芝
封面设计　中联华文
出版发行　中国书籍出版社
地　　址　北京市丰台区三路居路 97 号（邮编：100073）
电　　话　（010）52257143（总编室）　　（010）52257140（发行部）
电子邮箱　eo@chinabp.com.cn
经　　销　全国新华书店
印　　刷　三河市华东印刷有限公司
开　　本　710 毫米×1000 毫米　1/16
字　　数　295 千字
印　　张　17.5
版　　次　2019 年 3 月第 1 版　2019 年 3 月第 1 次印刷
书　　号　ISBN 978-7-5068-7116-7
定　　价　86.00 元

目 录
CONTENTS

表格目录

图片目录

第一章　导　论

"2011 年年底,英国教育标准局向议会提交并向社会公布了 2010 – 2011 年教育督导年度报告,引起社会各界和新闻媒体的关注。英国教育标准局的教育督导年度报告何以具有这样大的社会影响力,能引起社会各界和新闻媒体的关注? 这其中蕴含的更深一层的道理,对我国的教育督导不无启示,值得我们思考和借鉴。"——英国公布教育督导年度报告给我们的启示①

（中华人民共和国教育部,2012）

当今世界科技进步日新月异、知识经济迅猛发展、信息技术爆棚。对世界各国来讲,都充满挑战与机遇。这种挑战和机遇,同样深入到教育领域。教育是国家发展的基石,教育质量的高低是国家发展成败盛衰之所系,全民族素质、综合国力和国家前途命运之所系。② 强国必先强教育,一个国家教育的质量是推动国家成功最大的先导要素,在世界范围内这已成为共识。教育对提高整体的国民素质和培养出世界级的强国建设者,负有不可推卸的责任。坚持不懈地对教育质量进行科学的督导评估和长期监测,既体现了一个国家和政府对教育的法定责任和重视程度,也是保障教育质量的关键。然而,进行任何质量评估和监测都离不开科学的评估标准和细化的评估指标体系。它是每个国家对其学校教育的"质量国标",是每个国家对合格学校要求的"底线",是评估学校质量高低优劣的"标尺",

---

①　中华人民共和国教育部:英国公布教育督导年度报告给我们的启示 . http://www. moe. gov. cn/publicfiles/business/htmlfiles/moe/moe_2421/201203/132956. html

②　孙河川 . 教师评价指标体系的国际比较研究[M]. 北京:商务印书馆,2011:i.

是学校开展教育教学活动的"规范",是引领学校发展和改进的"准则",对保障一个国家的教育质量,提升其教育效能,推动国家走向成功具有重要价值和深远意义。① 因而对国内外的教育督导评估指标体系进行比较研究具有重大的理论意义、现实意义和社会意义。

一、新的时代呼唤新的教育督导评估指标体系

在全球舞台上,曾饱受敌视、蔑视的中国,站起来、强起来、自信起来、昂首挺胸走向全球舞台中央。传统的四大发明记载了古代中国对人类的贡献,新四大发明展示了今日中国对世界的贡献。今日之中国走向的"舞台是国际舞台、坐标是国际坐标、竞争是国际竞争。中国教育要赢得世界认可,需要我们坚持中国特色、中国标准,也要尊重国际规则,对接国际标准"②。只有当中国标准与国际标准对接,中国教育才能走向世界,引领世界,中国标准才能在不远的将来成为国际标准。因而,中国进入的新时代和所处的国际地位呼唤中国的教育迎头赶上,成为中国经济、军事、科技、政治、国力等腾飞的强大助推器。中国未来的国际地位,更呼唤我们要借五洲之风、聚四洋之力,善用全球之才,构建起中国教育和国际教育的高站位和大格局。

中国教育和国际教育的高站位和大格局需要多层面、多维度、全方位的协同运作才能成功,而教育督导就是这其中十分重要的一环。一个国家的教育督导局是国家教育顶层的"智囊团",向决策者提供科学、可靠、基于大数据、有价值的教育监测"情报"及其应对预案,以促进一国教育无风险地向前发展;另一方面,国家教育督导局又是国家教育顶层的双眼和"执法团",它代表中央政府和国家的意志对下级各省市自治区的被督导单位进行监督、评估、指导、监测,发挥着督政、督学、质量评估与监测的功能,是一个国家教育质量的雷达系统和保障体系。

教育的保障体系决定教育的高度与深度,教育督导的重要作用在于保障各级各类教育有序发展,而教育督导的评估指标体系则可以系统地、直观地反映各国教育所欲达到的高度和深度。高效的教育督导评估指标能够保障教育相对公平而同时又具有效能、有助于提高教育质量、达成国家教育目标。伴随着世界教育

---

① 孙河川. 教育督导与评估指标[M]. 北京:中国社会出版社,2017:1.
② 陈宝生. 办好中国特色社会主义教育,以优异成绩迎接党的十九大胜利召开[EB/OL]. http://www.moe.gov.cn/jyb_xwfb/moe_176/201702/t201702 06_295791.html,2017 – 01 – 13.

变革的发展与深入,教育督导的地位愈加凸显。"面对社会发展的新环境、新形势,由于主观和客观等多方面的原因影响,现有教育督导评估指标体系已经难以适应改革开放以来社会发展的新形势和新要求。"①"我们既要不断改善督导工作的外部环境,还要不断健全与教育发展相适应的教育督导制度、教育督导队伍和教育督导评估指标三大体系。其中,建立和使用科学完善的教育督导评估指标体系起着至关重要的作用。"②的确,高效能、高质量的教育督导评估,离不开科学的、完善的、可操作的符合国情的教育督导评估指标体系及其细化的测评点,它是教育督导或督学对学校督查和评估时的"法典""标准""尺子""抓手"。由于其重要性,在对其进行制订、更新、完善时,了解和借鉴发达国家的教育督导评估指标体系,进行国际比较研究势在必行。我们要"密切关注国际教育改革发展新动态、新趋势,学习借鉴先进理念、先进做法,主动在全球坐标系中定位教育,积极参与全球教育治理"③。教育部长陈宝生的话语掷地有声,更让我们看到制订科学完善、更加细化、易于操作、符合国情的教育督导评估指标体系已经成为新时代我国教育改革的当务之急。

二、教育的标准及其法律保障机制决定教育的质量

自 20 世纪 90 年代以来,世界教育进入基于标准的提高质量时代。提高质量标准成为各国追求优质教育资源公平和提升教育效能的新目标。以结果为导向、以可应用为目标、以促进学生全面发展为宗旨,这成为当今世界发达国家教育改革的重要取向。虽然教育质量是一个随时间和地域变化而变化的动态概念,教育质量和水平的高低也是相对而言的,但相对并不意味着标准的缺失。④ 因而,联合国教科文组织鼓励各国开发可以测量符合国际定义、标准、目的或目标的高质量教育评估指标体系,这也成为一个国家教育现代化和管理科学化的重要标志。⑤

① 何秀超. 我国为何要聘国家督学? [N]. 光明日报,2012 - 11 - 01.
② 中华人民共和国教育部:教育均衡发展观下督导评估指标体系的构建[EB/OL]. http://www. moe. gov. cn/publicfiles/business/htmlfiles/moe/moe_2421/200908/51002. html.
③ 陈宝生. 办好中国特色社会主义教育,以优异成绩迎接党的十九大胜利召开[EB/OL]. http://www. moe. gov. cn/jyb_xwfb/moe_176/201702/t20170206_295791. html,2017-01-13.
④ 王素等. 教育质量国家标准比较研究报告[R]. 中国教育科学研究院. 2012 - 3 - 29.
⑤ 孙河川. 郑弘. 学校教育质量评估标准研究:基于教育督导的视角[M]. 北京:九州出版社,2015:4.

习近平总书记对于标准与质量的关系有着精辟的表述。他指出:"标准决定质量,有什么样的标准就有什么样的质量,只有高标准才有高质量。取法于上,仅得为中;取法于中,故为其下。确立什么样的标准,决定着有什么样的成效。"①如何设定出高质量的评估标准或评估指标体系,这是全国各行各业的标准制定中面临的难点和焦点问题。只有教育的高标准,只有对高标准的落实,以及实施高标准的法律保障机制,才有教育的高质量。对教育督导评估设立什么样的标准,代表了国家对教育的总体规划和预设目标。不管总体规划还是预设目标,并不是一成不变的,都受到时间、国家发展阶段、国家发展目标、社会主要矛盾的制约。因而,教育督导评估指标是需要更新和完善的。按照当今全球教育督导评估制度比较完善的国家的频率,它们对已经制定的教育督导评估指标体系的更新频度是5 - 7年左右,没有一成不变的教育督导评估指标体系,它总是随时代的变迁、社会的发展、社会矛盾的转变、人民的需求而更新和完善。只有对标准重视,对发达国家设立的标准和评估指标体系持续进行跟踪研究,才能避免走它们走过的弯路,进而修订和完善我国的教育督导评估指标体系,使之能切实落实,才能不断地提高我国的教育效能,实现国家对教育的总体规划和预设目标,进而增强国家的综合竞争力,为中国走向全球舞台中央助力。

建立全国统一的教育督导评估指标体系的推动力来自于教育督导工作的现实需要和教育发展的新要求。2013年1月9日,时任教育部部长袁贵仁在全国教育工作会议讲话中指出:"标准是衡量质量的依据……要认真总结我国成功经验,合理借鉴国际先进办法,研究颁布具有中国特色、世界水平的质量评价标准和质量监测体系。"②国际教育效能的领军学者科瑞莫斯写道:"要保证一个国家的教育质量,设定统一的教育目标非常重要,没有目标或者没有统一标准,就不可能进行标准化测试,如果没有标准化测试,国家督导人员就不可能公正地评价一所学校学生的成就和进步。"③在我国党和政府的领导和支持下,通过对教育督导评估标准的顶层设计和基层探索的结合,我国的教育督导评估工作已经取得了很大的进展和成效,为教育保驾护航,极大地推进了我国基础教育的普及,助推了我国教

---

① 习近平. 在河南省兰考县委常委扩大会议的讲话[EB/OL]. http://news. xinhuanet. com/politics/2015 - 09/08/c_128206459. htm,2014-03-18.

② 袁贵仁. 在2013年全国教育工作会议上的讲话. http://www. moe. gov. cn/publicfiles/business/htmlfiles/moe/moe_176/201301/147151. html.

③ Creemers,B. P. M. *The Effective Classroom*. London:Cassell,1994.

育的质量。那么,为什么还要对教育督导评估指标体系进行国际比较研究呢?

三、我国教育督导的演进及其"阿基里斯的脚后跟"

虽然中国的教育"视学"和"视导"历史悠久,早在《学记》中就有"天子视学","王亲视学","考校"学生德行和学业的记载。宋代开始建立教育视察监督机构,并设有专门官职,如:"学校官",又称督学使者,汉代形成了从中央到地方的"学官"直系体系,明代逐渐形成制度。但严格意义上的督导制度的建立却是在 20 世纪初,清政府派遣大量留学生去日本学习,从日本引进了近代教育督导的观念和制度。到清末,在学部设立了视学官,颁布了《视学官章程》,标志着近代视学制度在我国的确立。到了民国时期,又颁布了《督学规程》来规范督导工作和督学的行为。1949 年 11 月,中华人民共和国中央人民政府教育部成立后设置了视导司。由于众所周知的原因,视导工作曾一度中断。邓小平 1977 年 9 月的讲话奠定了恢复教育督导机构的基础,1984 年 8 月,国务院批准教育部设视导室。1986 年 10 月,国务院批准教育部视导室更名为"国家教委督导司",当时督导司的工作重点是对下级政府教育工作的督导,即"督政"。1991 年教育部出台了《教育督导暂行规定》,对教育督导的任务、范围、教育督导机构的职责,督学的条件以及聘任、督学的职权划分等都做出了明确且具体的规定。1994 年 4 月,国家教育督导团成立,进一步加强了国家对地方政府教育工作的监督与指导。1995 年 3 月,《中华人民共和国教育法》第二十四条明文规定:国家实行教育督导制度和学校及其他教育机构教育评估制度。自 1986 年以来,我国建立了国家、省、地、县四级教育督导机构。① 为了实现"两基"目标,教育部制定了督导评估标准和指标体系,对普及程度、师资水平、办学条件、教育经费、教育质量、扫盲工作等提出了明确具体的要求。1997 年教育部出台了《普通中小学校督导评估工作指导纲要(修订稿)》,在督导内容上突出了教师、教育教学工作的重要性,教育督导职能由"督政"向"督学"转换。② 2011 年 10 月,教育部颁布了《中小学校素质教育督导评估办法(试行)》《中小学校素质教育督导评估指标体系框架》。③ 这两份文件从宏观层面上规定了督导评估的方法以及对中小学校督导评估的指标体系,制订了一级指标和

---

① 孙河川等. 教育督导与评估指标[M]. 北京:中国社会出版社,2017:4.
② 李卓. 中小学校督导评估指标体系的问题与改进[J]. 现代教育科学,2009(1).
③ 教育部司局函件:教督办〔2011〕10 号文件.

二级指标,成为国家、地方开展素质教育督导评估工作的重要依据和抓手。2012年10月1日,新中国第一部专门的教育督导法规《教育督导条例》正式实施。同年10月11日,新中国最高规格的教育督导机构国务院教育督导委员会成立,使得我国的教育督导机构相对独立,可以起到监督下级政府的作用。从层面上扩大了教育督导的工作范围,扩大到了各级各类教育,包括以前从未涉猎的高等教育,并且使教育督导实现了有法可依。① 到2011年,全国所有县级行政区域全面实现"两基",成人文盲率下降到4.08%,小学净入学率达99.7%。我国教育发展已从规模扩张为重点转变到以内涵发展为核心,教育改革进入了深水区。面对社会上出现的择校热、乱收费、学前教育资源紧缺等重大问题,我国急需强化教育督导的监督、检查、评估和指导的功能。自2011年10月以来,教育部不断加强教育督导工作的体制机制创新,相继出台了《学前教育督导评估暂行办法》《县域义务教育均衡发展督导评估暂行办法》。2013年9月,出台了《中小学校责任督学挂牌督导办法》《中小学校责任督学工作守则》等一系列政策文件。截至2016年底,全国99%的县(市、区)已实施中小学校责任督学挂牌督导制度。2015年出台了《中小学校责任督学挂牌督导创新县(市、区)工作方案》,设计了责任督学挂牌督导工作的8个建设目标,细化形成85个观测点。截至目前,全国共有28个省388个县(市、区)申报"全国中小学校责任督学挂牌督导创新县(市、区)"。责任督学成为教育监管的"第三只眼睛",发挥了"引导员"的作用,进一步健全了教育决策、执行、监督三位一体的治理模式。教育督导有法可依、有规可循的局面初步形成。2016年教育部出台《督学管理暂行办法》,对督学的聘任、责权、培训、考核等做出全面规定,建立起督学顾问、督管领导、专职督学、责任督学、学校视导员等多个层级的教育督导队伍。截至目前,全国近26万所中小学校配备了10万余名专兼职督学,平均每3所学校配备1名督学,建立起一支活跃在学校的督导"常规军"。全国现有专职督学约1.76万人,兼职督学约10.38万人。② 这个超过12万名的教育督导队伍,在学校与督导比、教师人数与督导比等数字上已经超越英国、美国、法国、德国、荷兰、西班牙等发达国家的教育督导队伍。

综上所述,我们可以看到我国教育督导的历史演进和发展变革,督导队伍的

---

① 何秀超. 我国为何要聘国家督学?[N]. 光明日报,2012 - 11 - 01.
② 何秀超. 全国中小学校责任督学挂牌督导工作国家督导报告[R]. 教育部,2017 - 03 - 03.

壮大,在短短的几年之内,从全国的两万多名发展到现在的 12 万多名,基本解决了"谁来督"的问题。责任督学挂牌包片督导的举措,也是中国在教育督导事业上的创新。如果运用得当,充分发挥责任督学的作用,这将成为中国教育督导对世界的贡献,成为各国学习的标杆。各项规章制度的建立和颁发也基本解决了"怎么督"的问题。但"督什么"这个重大理论和实践问题,却没有得到很好的解决。我国大部分地区的督导工作还停留在"督政"阶段,翻阅我国各省市自行制订的教育督导评估指标体系,尽管在少数指标上存在差异,但几乎都是对学校办学硬件的规范和督导,以及对中小学校内部行政管理的规范,以某直辖市对全市中小学的评价指标为例,在 40 多个三级指标中,学校队伍建设占 10 个,学校行政工作管理占 8 个,德育工作 6 个,这些指标很难检查出教师"如何教"和学生"怎样学",像这样的指标占了全部指标的一半以上。发达国家的教育督导评估指标在 20 世纪初期也曾和我国现有的教育督导评估指标类似,聚焦在督政上,主要是督导拨款是否到位、是否运用得当等。但今天则聚焦在检查教师"如何教"和学生"怎样学"以及学校教育应当如何对每个学生实现最大化的增值培养上,即一所学校的质量和效能主要体现在提升每个学生在学校所获得的知识、能力、创新力、适应力、公民责任感的进步幅度上。① 我国的教育督导必然要经历相似的发展阶段,中国教育督导工作的重心将从"督政""督管"为主转向"督政与督学并重",慢慢地转向以"督学"为主,督学工作将更加制度化、常态化、国际化。在这样的转型中,问题也凸显:用什么样的标准去督? 去评? 我国的教育督导对不同层次不同类型学校评估的标准、评估指标体系、评估细则以及测评点等如何确定? 如何制订出高效、精准、科学的、可操作的评估指标、评估细则和测评点? 再者,在督导评估标准和指标体系的制订中,细化指标是否遵循了泰勒指标分解原则中的科学性、一致性、独立性、整体性、可行性、可测性六大原则。而其中,独立性和可测性正是我国很多省市设定指标的三级指标和四级指标中所缺乏的,评测点难细化,从而影响指标的可操作性和可测性,②这已经成为我国教育督导工作面临的难题和瓶颈,这成为我国教育督导的"阿基里斯的脚后跟"(致命弱点)。

从理论层面来看,尽管我国学者和督导管理人员中仍不乏教育督导研究的佼佼者,但真正研究督导评估指标和评估指标体系的学者在全国少得令人吃惊。维

① 孙河川等. 教育督导与评估指标[M]. 北京:中国社会出版社,2017:1.
② 潘晶,孙河川. 教育评估指标制订应遵循的六项原则[J]. 辽宁教育,2015(17).

普期刊网上所有关于教育督导的文章共 1434 篇①,有关教育督导评价的文章 13 篇②,有关教育督导评价指标的文章 3 篇③,有关教育督导评价指标体系的研究文章只有 1 篇④。而这最后两类的 3 篇和 1 篇均为孙河川教授的团队发表。由此可见此类研究何其匮乏！由此可见,无论是在理论层面,还是在实践层面,有关我国教育督导评估标准和指标体系的研究不但可以说是难以想象的薄弱和匮乏,而且是刚刚起步,这与我国教育大国的地位和实现"教育强国"之梦极不相称！

教育督导评估指标体系作为督导评估的纲领和准则,在质与量两个层面规定评估的内容和标准。建立健全与其相适应的评估指标体系是十分必要的。合理、客观的评价指标体系不仅是评价活动科学性、有效性的保证,还是实际教育教学工作、学校管理工作的指挥棒。⑤ 工欲善其事必先利其器,教育督导评估指标不仅是督学实施督导的工具和依据,更是一国教育质量的基准与底线,有着导向作用,这不仅是促进教育现代化的需要,更是实现我国教育兴国宏伟目标的基本前提。

四、英、荷、法、美、新五国相对完善的教育督导评估指标值得我国借鉴

在近年来的教育决策过程中,各国都越来越多地参考其他国家的经验。这些经验,往往提供不同的解决问题的视角与路径,带来智慧的启迪。在国际化不断深入的今天,向其他国家学习,并且与其他国家合作探索,成为开展政策研究、解决政策问题的有效方式。国际经验具有十分重要的意义。⑥

本书拟选取英国、荷兰、法国、美国、新加坡为研究对象,对其教育督导,尤其

---

① 维普网. 教育督导[EB/OL]. http://www.cqvip.com/main/search.aspx?k=%E6%95%99%E8%82%B2%E7%9D%A3%E5%AF%BC.

② 维普网. 教育督导评价[EB/OL]. http://www.cqvip.com/main/search.aspx?k=%E6%95%99%E8%82%B2%E7%9D%A3%E5%AF%BC%E8%AF%84%E4%BB%B7.

③ 维普网. 教育督导评估指标[EB/OL]. http://www.cqvip.com/main/search.aspx?k=%E6%95%99%E8%82%B2%E7%9D%A3%E5%AF%BC%E8%AF%84%E4%BB%B7%E68C%87%E6%A0%87.

④ 维普网. 教育督导评估指标体系[EB/OL]. http://www.cqvip.com/main/search.aspx?k=%E6%95%99%E8%82%B2%E7%9D%A3%E5%AF%BC%E8%AF%84%E4%BB%B7%E68C%87%E6%A0%87%E4%BD%93%E7%B3%BB.

⑤ 高洪源,刘淑兰. 算之道——教育管理的理论与方法[M]. 北京:中国铁道出版社,1997:164.

⑥ 王燕主编. G20 成员教育政策改革趋势[M]. 北京:教育科学出版社,2015:1.

是教育督导评估指标体系进行深入研究。上述国家是不同教育督导与评估指标体系的典型代表和翘楚。他山之石,可以攻玉,研究英国、荷兰、法国、美国、新加坡五国的教育督导评估指标体系,对完善我国教育督导评估指标体系具有很强的指导意义。虽然以上五国与中国在社会制度、文化背景等很多层面存在着不小的差异,但教育是全人类的事业,是不分国界的,研究其经验与教训,成功与失败,捷径与弯路,结合我国国情进行分析与反思,将有益于我国教育督导评估指标体系的完善与改进。如何有效应对全球新技术新产业新业态等带来的新挑战,让教育变革跟上时代的发展,让我们培养的中国未来的建设者不落后于时代?如何平衡各方利益,破解教育督导评估指标体系设计的难点问题?这,值得我们去面对、去研究、去探索、去解决!

第二章　相关概念及理论

一、相关概念的界定

(一)教育督导

有关"教育督导""教育督导的内涵与外延"的界定,主要有以下代表性观点。

1. 英国、法国、荷兰等欧洲发达国家均采用"Inspection"一词来代表"督导",在《牛津大词典》中,Inspection 指的是:a formal or official examination. e. g. An official visit to a school,factory,etc. In order to check that rules are being obeyed and that standards are acceptable. 认为督导是一种正式或官方的考查,如到学校视察等,目的在于检查法律规章等是否得到遵守和是否达标等。因而教育督导具有监督、检查、评估和指导的意义。英国的教育标准局(Ofsted)在其官方网站上公开声称:"我们视察并提供为所有年龄段的学习者需要的教育和技能服务的规则,每周我们在英格兰进行上百次的督导和法规检查,在网上发布督导结果,我们的目标是为所有年龄段的学习者提供最优质的教育和技能学习,关怀孩子和青年人,我们直接向议会报告,我们是独立的、公正的。"①在此段话中,英国国家教育标准局清楚地回答了"我们是谁""我们的工作范围和职责""我们的目标""我们的特质"等四个问题。

2. 而美国没有严格意义上的教育督导机构,对学校的监督与检查是各州教育厅或地方教育局内部的行政工作。在美国用"Supervision"(视导、学监)一词来表示"督导",美国教育视导专家本·哈里斯这样定义教育视导:"教育视导(Educational Supervision)是学校为保持,或是改变其运作,采取直接影响教学活动过程的

---

① www. Ofsted. uk.

方式,以此帮助教师,达到促进学生学习的任务。"①

3.《中华人民共和国教育督导条例(草案)》规定,教育督导是为了加强对教育工作的行政监督与指导,保障教育法律、法规的贯彻执行,促进教育事业的健康发展和提高教育教学质量。教育督导,由县级以上地方各级人民政府设立的教育督导机构执行,督导对象为下级人民政府的教育工作、各级各类学校与其他教育机构。②

4. 2000 年 1 月 3 日,中编办下发了《关于原国家教委教育督导团更名的批复》(中编办字〔2000〕2 号)。同意将原国家教委教育督导团更名为"国家教育督导团"。其主要职责是:研究制定教育督导与评估的方针、政策、规章制度和指标体系;对地方人民政府贯彻执行国家有关教育方针政策的情况进行指导、监督、检查、评估,保障素质教育的实施和教育目标的实现。

5. 教育督导是政府尝试提供确保的公共教育系统被有效地控制和监管。且能够确保学校达到对学生学业成绩,教学,领导和教学设施管理的最低标准。③

6.《中国教育行政管理大辞典》的定义:教育督导机构及其人员,依据国家的有关方针、政策、法规,按照一定的原则和要求,运用科学的方法和手段,对下级政府的教育工作和学校的工作进行监督、检查、评估和指导,并向同级和上级政府及其教育行政部门反馈有关的信息,为领导机构的科学决策提供依据,从而实现教育目标的行政职能活动。④

7. 古德在 1973 年出版的《教育辞典》中提到:"督导,是指教育行政人员给予教师及其他教育工作者以领导的机会,借以改进在教学上所做的各种努力,包括激励教师在专业方面的成长与发展,对教育目的、教学资料以及教学方法等方面的选择与改进,以及效果的考核等。"⑤

8. 教育督导是教育行政部门根据国家制定的有关方针政策、法令和法规,对其下属教育行政部门和学校的工作进行监督、检查、评估和指导。其目的在于加强国家对教育事业的管理,保证国家有关教育方针政策、法令和法规的贯彻执行,

---

① 顾明远主编. 外国教育督导(第二版)[M]. 北京:人民教育出版社,2002:109 – 110.
② 殷伯明,朱一军,周东红著.教育督导方法论[M]. 上海:上海三联书店,2013:6.
③ T. N. Postlethwaite,Torsten Husen. *The International Encyclopedia of Education,Second Edition.* Publisher:Pergamon,May 3,1994.
④ 王一秀. 中国教育行政管理大辞典[M]. 北京:光明日报出版社,1991:89.
⑤ 转引自顾明远. 外国教育督导[M]. 人民教育出版社,2002:8.

保证教育行政管理及教育、教学工作遵循客观规律,提高教育和教学质量。①

9. 我国第一部教育督导法规——《教育督导条例》已于2012年10月1日起施行,其中指出"教育督导"包括两层内容:"第一层内容是指在县级以上人民政府对下级人民政府落实教育法律、法规、规章和国家教育方针、政策的督导;二是县级以上地方人民政府对本行政区域内的学校和其他教育机构教育教学工作的督导。"

10. 布里格斯在1974年出版的《改进督导之训练》中指出:"督导,是鼓励并引导教师自我成长的一种继续努力的系统,它促使教师有效地贡献于教学。"②

11. 以Eye,Netzer以及Krey为代表,从行政管理的角度,认为教育督导是学校行政管理的一个环节,关注教育系统中教育目标的达成。③

12. 苏君阳认为:"'教育督导'这一概念是由'教育'与'督导'两个词汇复合而成的。广义的督导泛指一切组织机构所实施的具有监督、检查、指导与评价等方面的活动。狭义上的督导专指由政府组织所实施与开展的监督、检查、指导与评价等方面的活动。"④

13. 陈孝彬认为:"教育督导机关和人员依据党和国家的教育方针、政策,按照督导的原则和标准,使用科学的方法,对教育行政工作和学校工作通过精密的观察、调查和考核,进而做出审慎的分析和评价,指出成绩和缺点,并提出积极改进意见,使教育工作质量不断得到提高的活动。"⑤

14. 教育督导是对教育工作进行的视察、评估、监督和指导,以促进教育不断改进与发展的过程。教育督导首先要求教育部门和督导人员对教育工作进行深入、细致的观察、调查和了解;在此基础上开展评估。⑥

15. 孙绵涛认为:"教育督导就是教育督导部门根据党和国家的教育方针、政策、有关法律法规和教育本身的规律、原理,按照一定的程序和方法对所属教育行政部门和学校工作进行视察和考察,做出实事求是的分析与评估,肯定其成绩,指出其存在的问题,并对其今后的工作提出积极性的建议,以加强对教育工作的领

① 中国儿童中心编.校外教育学[M].北京:学苑出版社,2002:580.
② 同上.
③ Glen G. Eye,Lanore A. Netzer and Robert D. Krey(1971). *Supervision of Instruction.* New York Harper & Row.
④ 苏君阳主编.教育督导学[M].北京:北京师范大学出版社,2012. 3.
⑤ 陈孝彬,高洪源主编.教育管理学[M].北京:北京师范大学出版社,2008.
⑥ 黄崴主编.教育督导学[M].北京:中国人民大学出版社,2011:133.

导,保证教育方针政策的有效贯彻,改进教育工作,提高教育质量的活动。"①

16. 教育督导是指各级政府授权的督导机构和人员,依据国家的教育方针、政策、法规、和督导的原则与要求,对下级政府、教育行政部门和学校,进行有目的的、有计划的视察、监督、评估和指导,并向同级和上级政府及教育行政部门反馈有关教育工作的信息,提供改进工作的建议。②

孙河川教授在《教育督导与评估指标》一书中指出:任何概念定义都不是永恒的,一成不变的,都受时空和社会发展阶段的局限。随着社会的发展,尤其是随着第三方评估机构的出现,教育督导的内涵和外延也在变化和发展。教育督导指国家教育督导部门,在国家法律法规指导下,对下级教育行政部门和学校进行的监督、指导、评估、监测,以保障国家教育目标的实现。教育督导代表国家的意志,它的主体是国家教育督导部门以及其签约委托并具有教育督导资质的第三方评估机构。督导的内容包括从督政(督查下一级政府和教育行政部门履行教育职责和落实教育方针政策的情况)和督学(评估学校教育质量、学校管理效能、教师教学效能、学生学习效能等),外延到督管和监测。督管指监督、检查评估和指导学校的教学质量、办学行为以及学校管理等诸多方面的情况;监测指对学生的学业成就、精神、社交、身心健康等诸多方面的发展进行持续监测等。③ 在国家层面,国家教育督导团被赋权制定教育督导与评估的方针、政策、规章制度和指标体系等。教育督导的目的在于加强国家对教育事业的管理,保证国家有关教育方针政策、法令和法规的贯彻执行,保证教育行政管理及教育、教学工作遵循客观规律,提高教育和教学质量。

(二)督导评估

督导评估可以视其为教育督导和教育评估两个词构成,教育督导上文已经介绍过,而对于评估与评价的定义,很多学者也都进行了定义和区分,但是本课题认为教育评估(educational evaluation)与教育评价(educational assessment)只是翻译上的不同,它们都可以翻译成"评价"或"评估",如果一定要加以区分,那么评价(assessment)多用于代表国家的、官方的、上级对下级的测评和指导,而评估(evaluation)则更多地用于日常语境中,如任课老师在班级对学生的各项测验一般用评

① 孙绵涛. 教育行政学[M]. 武汉:华中师范大学出版社,1998:253.
② 臧广州主编. 教育督导制度创新与规范化要检查评估及验收使用手册[R]. 广州:广东海燕电子音像出版社,2003:3.
③ 孙河川等. 教育督导与评估指标[M]. 北京:中国社会出版社,2017:3.

估(evaluation)来表示。为此,在本课题的后续研究中将"教育评估"和"教育评价"统一称之为"教育评估"。

1. "教育评估"这个概念是美国学者泰勒首次提出和使用的,1933年他在著名的"八年研究"《泰勒报告》中指出:"教育评估过程在本质上是确定课程和教学大纲实现教育目标的程度的过程。"1986年在其文章《教育评估概念的变化》中,泰勒对之前的定义进行了修改,他认为教育评估是"检验教育思想和计划的过程"①。

2. 美国评价标准联合委员会认为:"教育评估是指教育目标达成程度,对其的优、缺点与价值判断的系统调查,为教育决策提供依据的过程。"②

3. 美国的艾伦·韦伯在《有效的学生评价》一书中指出,教育评估的功能应该包括检测学生思考分析、适应以及整合知识和技能的能力。③ 此定义属于微观上的教育评估定义,侧重于评估学生的学习效能。

4. 金娣、王刚认为教育评估是:在系统地、科学地和全面地搜集、整理、处理和分析教育信息的基础上,对教育的价值做出判断的过程,目的是促进教育改革,提高教育质量。④

5. 教育评价是指以一种特定的价值准则对系统收集的有关于某类评价客体的多方面信息,并加以整理、分析、综合,以此对评价客体进行价值判断的活动过程。⑤

6. 美国评估研究学会认为"教育评价是系统调查了教育目标和它的优缺点与价值判断,为教育决策提供依据"⑥。同时该学会提出四条评价评估指标的标准:实用性、可行性、适宜性、准确性。⑦

7. 教育评价是对教育活动满足社会和个体需要的程度作出判断的活动,是对教育活动现实的(已经取得的)或潜在的(还未取得,但有可能取得的)价值作出

---

① Tyler,R. W. Changing concepts of educational evaluation [J]. Journal of Education Research,1986,10 (1).
② 瞿葆奎. 教育学文集:教育评价[M]. 北京:人民教育出版社,1989:345.
③ [美]韦伯著. 有效的学生评价[M]. 北京:中国轻工业出版社,2003:8.
④ 金娣,王刚. 教育评价与测量[M]. 北京:科学教育出版社,2002:98.
⑤ 罗黎辉,高翔. 教育测量与评价[M]. 昆明:云南教育出版社,1996:1.
⑥ 辛涛,李雪燕. 教育评价理论与实践的新进展[J]. 清华大学教育研究,2005(6).
⑦ 季明明主编. 中小学教育评估[M]. 北京:北京师范大学出版社,1997(1):17.

判断,以期达到教育增值的过程。①

综上所述,本课题比较赞同美国评价标准委员会、泰勒、陈玉琨的定义。国内有不少的定义仅仅认为评估是一种价值判断,这是最基本的常识,但忽视了教育督导评估最重要的目的和本质是审视国家规定目标的达成程度。我国国家层面的教育督导领导机构必须对下属各省市自治区落实国家有关教育的方针、政策、法规、教育目标、教育投入等进行检查评估,换言之也就是督政。各省市自治区要对下属的县区的学校办学效能、管理效能、教学质量、办学效益、学生的学业成就和全面发展情况进行系统评估。其目的是,在督政方面,督促政府及其有关职能部门依法行政,优化管理和教育目标的实现;在督学方面,督促和指导被督学校和教师贯彻执行有关教育法律、法规、方针、政策,遵循教育规律,提升学校管理效能、教师效能、学生学习效能以及学校的整体效能。

(三)督导评估指标

1.《辞海》中称"指标"是"统计指标"的简称,它没有回答什么是指标;而《现代汉语词典》解释"指标"是"计划中规定达到的目标",这一定义偏颇狭义。在评估问题上,可以认为,指标是观察、衡量和规定事理特征,反映事物内涵,标识某一目标的尺度。②

2. 袁振国认为,评价指标是评价目标一个方面的规定,评价指标体系就是指反映评价目标的、并被赋予一定权重的一系列指标的结构系统。③

3. 詹姆斯·J. 约翰斯通在《教育指标体系》一书中明确指出:"指标是各种变量中的确定因素。"④

4. 李方认为,指标体系是教育评价的依据,构建评价指标体系是教育评价方案设计的中心环节,也是难度最大的一道工序。教育评价指标体系由反映评价对象内涵的指标集及其评价标准和量化符号构成,其主体是指标。⑤

5. 评价指标就是在判断事理的价值时,将标准具体化,列出若干个具体可测

---

① 陈玉琨著. 教育评价学[M]. 北京:人民教育出版社,1999:7.

② 邵福球等主编;国防科技大学研究生院编. 教育评估理论与方法及在研究生教育评估中的应用[M]. 长沙:国防科技大学出版社,2004:103.

③ 袁振国主编. 当代教育学[M]. 北京:教育科学出版社,2010:37.

④ James N. Johnstone. *Indicators of Education System.* Kogan Page, London/UNESCO, Paris, 1981:3.

⑤ 李方. 论教育评价指标体系的构建[J]. 教育研究,1996(9).

的项目,这就是评估指标。评估指标是既体现评估标准的基本精神,又体现一定评估对象基本属性的一系列具体的评估目标。它是一定条件下评估标准与一定评估对象相互作用的产物。评估指标体系应该包括标准和指标两个部分。评估标准是主体施予客体的目标,客体应该达到的最高层位,是层位分析结构的上位体,诸如:合格、高质量、高水平、世界一流等等。而指标则是为达到规定标准所分解的具体内容,是达到目标的手段。①

6. 陶西平认为:"评估指标是评估目标的体现,是评价目标的一个方面的规定性,它是具体的,可测量的、行为化和操作化的评价目标。"②

本课题认为袁振国、李方和陶西平的定义比较精到和切中要害。因此采用这三位学者的定义。

(四)督导评估指标体系

1. 中小学教育评估指标体系是指中小学教育评价各项指标所构成的总体或集合,用指标的权重系数明确各指标之间的关系,以及各指标在指标体系中的相互关系。(国家教育委员会人事司,2001)

2. 陶西平认为,层次性是一套评估指标最重要的特性,通过指标分解把评估标准分解为一级、二级、三级、四级指标。指标的层次越高,越原则、笼统,层次越低,越具体、明确。

3. 朱小蔓认为,指标体系是以评价目标为核心,相互紧密联系,权重分配合理反映目标整体的系统化的指标集合。③

4. 高鸿源、刘淑兰认为,评价指标体系是由最能反映评价对象状态、属性的若干指标及反映每项指标在整个指标体系中的角色地位的权重所构成。合理、客观的评价指标体系不仅是评价活动的科学性、有效性的保证,还是实际教育、教学工作、学校管理工作的指挥棒。④

5. 洪煜亮认为,教育督导评估是一个完整的系统工程,是一个体系,主要由指

---

①　邵福球等主编;国防科技大学研究生院编. 教育评估理论与方法及在研究生教育评估中的应用[M]. 长沙:国防科技大学出版社,2004:108－109.

②　陶西平. 教育评价辞典[Z]. 北京:北京师范大学出版社,1998:112.

③　朱小蔓. 中国教师新百科——小学教育卷[M]. 北京:中国大百科全书出版社,2002:550.

④　高洪源,刘淑兰主编. 庙算之道——教育管理的理论与方法[M]. 北京:中国铁道出版社,1997:164.

标体系、方法体系、督导评估制度单个要素按照特定的督导评估目的构成。①

6. 刘淑兰认为,教育督导评估指标体系是督导评估的纲领和准则。它从质和量两个方面规定着督导评估的内容和标准。具体从构成上讲,督导评估指标体系是由最能反映督导评估对象状态、属性的若干指标及反映每项指标在整个指标体系中的角色地位的权重构成。教育督导评估指标的科学与否,有效性如何,直接影响着评估结果的准确性、可信度。②

7. 李素敏认为设计指标体系的方法有:确定督导评估的对象和目的、分析目标、指标的表述和指标内涵的确定、形成指标体系、确定每个指标的权重。权重是指在督导评估中,根据指标在目标中的不同地位和作用,分别赋予不同的数,这些根据指标的重要程度所确定的数就叫权重,也叫权数或系数。③

8. 王斌华认为,评估指标体系是评估标准的载体和具体体现,它是一系列相关的、系统的、个体的评估指标的总和。④

9. 王汉澜认为:"评估指标体系就是指由各级指标及其相应的量化方法、权重系数分配构成的指标集合体。"⑤

我们认为上述定义各有侧重,各有特色。国家教育委员会人事司 2001 年的定义、刘淑兰的定义、高鸿源和刘淑兰的定义、朱小曼的定义、王斌华的定义比较全面。

(五)国际比较研究

国际比较研究就是对一国以上的国家或地区所进行的对照和比较研究。⑥教育的比较研究是对某类教育现象在不同时期、不同地点、不同情况下的不同表现进行比较分析,以揭示教育的普遍规律及其特殊表现,从而得出符合客观实际的结论。比较研究的本质在于:从事物的相互联系和差异的比较中观察事物、认识事物,从而探索规律。⑦

---

① 洪煜亮. 教育督导及教育督导评估[M]. 北京:北京师范学院出版社,1993(4):185.
② 刘淑兰. 教育评估和督导[M]. 上海:华东师范大学出版社,2000:241.
③ 李素敏. 教育督导学[M]. 保定:河北大学出版社,1996:231.
④ 王斌华. 教师评估:绩效管理与专业发展[M]. 上海:上海教育出版社,2005:65.
⑤ 王汉澜. 教育评价学[M]. 开封市:河南大学出社出版,2002:325.
⑥ 孙河川等. 教育督导与评估指标[M]. 北京:中国社会出版社,2017:4.
⑦ 裴娣娜. 教育研究方法导论[M]. 合肥:安徽教育出版社,2013:223-224.

二、相关理论综述

(一)教育评价理论

评价从本质上说是一种价值判断的活动,是对客体满足主体需要程度的判断。教育评价是对教育活动满足社会与个体需要的程度做出判断的活动,是对教育活动现实的(已经取得的)或潜在的(还未取得,但有可能取得的)价值做出判断,以期达到教育价值增量的过程。① 现代教育评价的理论发端于美国。19 世纪末至 20 世纪 30 年代,被称之为"测量时期",代表人物是贺拉斯曼、高尔顿、冯特、桑代克等,其标志是"测量"理论的形成以及测验技术的大量实际运用,评价被等同于"测量",追求的是教育客观化。1930 年至 1950 年,被称之为"描述时代"。其代表人物为泰勒,其特征是对测验结果进行"描述",追求的是教育标准化。1950 年至 1970 年,被称之为"判断时代"。其价值取向指向社会效用,代表人物是布卢姆·斯塔弗尔比姆等。采用测量技术收集各种信息,并根据一定的价值取向进行判断,追求的是教育多元化。② 自 1970 年以来,被称之为教育评价的"心理建构时代"。以人为中心,价值取向指向人的需要,其代表人物为古巴和林肯等。提倡价值多元化、全面参与和共同建构,追求的是教育民主化。以下模式是这几个时代的代表③。

目标评价模式(Goal-based Evaluation):又称"泰勒模式",于 20 世纪 30 - 40 年代,由教育评价之父泰勒(R. W. Tyler)首先提出,它是教育评价理论发展史上第一个有着紧凑的结构且较为完整的模式。这种模式认为"评价过程本质上是确定课程和教学大纲在实际上实现教育目标程度的过程。但是,鉴于教育目标实质上是指人们发生的变化,也就是说,所要达到的目标,是指望在学生行为模式中产生某种所期望的变化,因此,评价是一种确定行为实际变化程度的过程"。这种模式以教育目标为核心,并以此为依据对学生是否达到规定的目标做出判定。该模式是泰勒在著名的"八年研究"(1933 - 1940)《泰勒 - 史密斯报告》中首次正式提出的。这个目标达成模式不但是影响最大、最深远的评价模式,至今仍然是最为主要的教育评价模式。泰勒的"八年研究"的主要目的是对核心课程(core curricu-

---

① 陈玉琨. 教育评价学[M]. 北京:北京人民教育出版社,1999:7.
② 韩立福. 教育评价理论与方法[PPT]. 北京师范大学教育管理学院,2013.
③ 史丞芜. 辽宁省公立中学教师评价指标体系研究[D]. 沈阳师范大学,2008.

lum)的评估,通过对使用核心课程的学生和使用传统课程的学生在个人学业成就上出现的差异,以及将他们所在学校由之而产生的学校效能差异进行比较。他早期的观点认为:"教育评价过程在本质上是确定课程和教学大纲实现教育目标的程度的过程。"1986年,在《教育评价概念的变化》中,他对该陈述做了修订,认为教育评价是"检验教育思想和计划的过程"①。这种观点认为教育评价就是以教育目标为依据,评判学生学习结果达到教育目标、教育思想、教育计划的程度。泰勒的这一"目标达成度"的观点成为后来学校效能评价的基本观点。

泰勒教育评估模式包括了教育评估的依据,即教育目标的达成度,教育评估的方法,即多维度综合法,自我评估,以及教育评估的性质对教育教学活动的影响等诸多方面。按照教育效能的观点,泰勒的行为目标模式指导下设置的教育评估指标,把教育评估工作看作是对效能的评定,认为评估的重点在于判断教育目标或者教育计划的实现程度。泰勒模式中最本质的部分就是对评估指标的分解,指标分解的原则是整个泰勒评估模式中最基本和核心的内容。即在进行评估指标分解时,以整体目标为核心维度,一步一步细化为下位的一级指标、二级指标、三级指标、四级指标等等。泰勒认为指标分解时应遵循科学性、一致性、独立性、整体性、可行性、可测性六大原则。②

A. 科学性原则

泰勒在《课程与教学的基本原理》一书中指出:首先,教育评估指标的陈述,应该是既清晰又能对教育计划的制定起指导作用。每一项分解的指标都是陈述整体目标的一个方面,旨在更加清楚地呈现整体目标,这样才有意义和有价值。其次,描述指标的每一个术语都必须有意义,而不是毫无具体和显著意义的含糊概括,这样才有利于评估工作的开展。③ 应把相对模糊的术语赋予具体丰富的内涵,保证指标分解的科学性。

第一,评估指标是在总体目标指导下的一级级更为具体的、可执行的子目标,它是对整体目标进行的科学分解,子目标是所有评估活动中最关键的标准。只有目标方向正确,才能分解出科学的指标。如果目标不明确或者根本上就是错误

---

① Tyler, R. W. Changing concepts of educational evaluation[J]. Journal of Education Research, 1986,10(1).

② 潘晶,孙河川. 教育评估指标制订应遵循的六项原则[J]. 辽宁教育,2015(9).

③ Tyler, R. W. *Basic Principles of Curriculum and Instruction*. University of Chicago Press; New impress,1969:33

的,那么具体化的指标也就会有性质和方向上的问题,无法达到教育评估的目的。第二,指标分解的方法也应该正确,必须从全局出发,统筹兼顾,合理地分析论证,把握其内在规律并结合实际具体情况,科学地分解各项指标,从而建立和完善一个科学的评估指标体系。

B. 一致性原则

指标必须充分地反映总体目标,根据总体目标分解的一级、二级、三级等指标,必须与总体评估目标保持一致。即分解的一级指标必须能准确地反映整体目标,每一层级的指标必须能正确的反映上一层级目标。预定的目标决定了教育活动,同时也规定了教育评价就是找出实际活动与教育目标的达成度,从而通过信息反馈,促进教育活动能够尽可能地逼近教育目标。在实际的管理实践中,若是对总体目标不能有全面、正确的把握,往往会出现各项指标与总体目标不一致的现象。要注意,在建立指标体系的过程中,一定要坚持目标的一致性原则,它是制定一切具体、可操作下位指标的依据,我们不能脱离整体目标去搞一系列空洞的指标,也不能出现妨碍整体目标实现的指标,各项指标应与总体目标保持高度的一致。

C. 独立性原则

独立性原则是指:在一般情况下,为了使评价简便易行,体系内各个指标间既要协调一致,又要相互独立,不重复,不存在互为因果的关系,不能在同一项指标中包含两种或两种以上的意义。具体来说,各项指标的分解,要保证每一层级的指标之间互相独立,每项指标都要有明确的独特的含义,做到内涵明确、外延清楚、词义清晰、明白易懂。同时,指标的分解应使主评者对指标的理解无分歧,每项指标的含义尽可能不重复,同一层次的各指标之间在逻辑上必须是并列的关系,避免交叉或者因果关系。同一层级的指标中不可以从一项指标导出另一项指标。因为同一层级的每一项指标反映的是目标的一个侧面或局部,只有它们结合起来,作为一个整体时,才反映目标的全部。各项同级指标之间,它们应具有各自的独立性,否则,重复的指标被重复地计分,会影响整个评价的科学性,不利于评估工作的开展。

当然,对于独立性的要求不能绝对化,在有些特殊的情况下,有时为了能尽可能地提高评估的可靠性,人们也常用两项或更多项相关的指标去测试对象的同一属性。可以证明,用多项指标测验同一属性比只用一项指标的信度更高。因此,在信度特别重要的场合,比如在人事决策的场合,具有一定重复性的相关指标也是有用的。不过在这种情况下须注意两个问题:要有较丰富的信息资源和人力、物力,以及正确地分配权重。①

D. 整体性原则

在一个合理完备的指标体系中,指标分解的过程应深刻理解目标的内涵和外延,既要把那些外显的因素分解出来列为指标,又要把那些内隐的因素分解出来列为指标,不能把重要指标遗漏掉。泰勒在《课程与教学的基本原理》一书中提出:一项令人满意的对教育目标的层级阐述,每一级指标都会同时具有行为和内容两个方面,并对教育任务做出清晰详细的表述。通过尽可能清楚地界定教育结果,评估者应用这些指标才可以实施后续步骤。② 指标分解中,要求各项指标在相互配合中反映目标,目标存在于指标体系的总和之中。另外,指标应有一个正确的导向性,它是一种可实现的期望,同时使被评者和参评者明白努力方向和达标的要求,为此而不断创新,不断改进,不断产生新思想,不断做出新贡献。只有具备了一个准确把握整体目标并涵盖全面的指标体系,在评估工作中我们才能对每一指标的完成情况做出评定和价值判断,从而才能对总体目标的实现情况做出整体上的评定。指标的整体性要求,在实际的评估工作中也可能会遇到挑战。如在微观层面,指标的制定越详细、越完备越好,实行360度全方位的管理、细化各项指标,有利于评估目标的实现。但是如果是在宏观层面、国家层面,如果制定过于细致化、完备的指标体系,那么在经济、文化、历史等背景完全不一样的省和自治区,不仅实施起来有困难,更可能会本末倒置,起到反作用。因此在国家层面,往往是制定出一级、二级指标,而更为细化的三级和四级指标则由各省市自治区在与国家制订的一级、二级指标相一致的前提下,自行制订。另外,指标在有些情况下并非越多越好,在做到对反映本质属性的指标全面把握的基础上,对于一些非本质属性的指标可以舍弃。比如评价教师的课堂教学质量,我们只要抓住教学目的、教学内容、教学方法、教师素养、教学效果等指标就可以了,对于教师教学中的衣着、打扮、发型、是否化妆等我们可以忽略不计,不作为评价教师课堂教学质量的指标。所以,指标的制定也应抓住关键要素,有所取舍。

---

① 陈玉琨主编. 教育评价学[M]. 北京:人民教育出版社,1999:38 – 39.
② Tyler. R. W. *Basic Principles of Curriculum and Instruction*. University of Chicago Press; New impress,1969:37.

E. 可行性原则

该原则强调的是指标设定必须切实可行,各项分解的指标应当符合实际,指标要求通过一定的努力可以达到,使评估者能够通过指标体系对被评者做出区分和判断。指标分解与制定时,要充分考虑到被评估对象或管理对象对指标的接受程度,并根据实际情况在科学分析的基础上得到各细化级层的指标,这样才是具有可行性的指标。它们的制定既要考虑期望达到的程度,又要充分考虑被评者现有的条件。也就是说,既要符合评价目标,又要符合被评者的总体状况,不能要求过高,也不可以姑且迁就。另外,可行性原则在强调指标分解的实用性方面主要说明以下三个问题:第一,在遵循总体评估目标中心思想的前提下,应设置尽量少的指标层级和数量,这样有助于进行具体的评估操作。指标的分级层次要适当,层级越多,操作反应不便,层级越少,具体施评越困难,一般来说,分解层次应当控制在三级以内比较合适。其二,采用广泛可行的收集信息的方式,并使收集到的信息在数量和质量上都达到一个满意的标准。其三,末级指标间的度量要保持平衡,权重设置要科学合理,保证教育评估工作量化的实现,而且进行的测量要有合理的区分度。

F. 可测性原则

泰勒在《课程与教学的基本原理》一书中提到:既然每一个教育计划都包括很多目标,既然对几乎每一个目标来说,都可以用一些分数或者描述性术语来概括与该目标相关的学生行为,那么通过评估获得的结果就不是一个单一的分数,或一个单一的描述性术语,而是表明学生目前成绩的一个剖析面,或一组描述性术语。当然这些分数或者描述性术语应该能用来与之前使用的分数或者术语相比较,这样就有可能指明正在发生的变化,并判断是否发生了教育方面的实际进步。① 根据泰勒的理论关于可测性原则方面的表述,我们可以得出,各具体指标都应能用可操作化的语言来界定,要求它所规定的内容是可以通过实际观察或直接测量来获得明确结论的。作为目标具体化的指标,应该是一项项可测的、易操作的目标,可以通过使用教育测量的手段进行测量。分解完成后的指标体系,其末级指标,也就是所说的测评点应是由通俗易懂、可操作性的语言来定义,应尽量减少概念化、抽象化的条文。即指标应当尽可能量化,量化有难度的可以尝试开

---

① Tyler. R. W. *Basic Principles of Curriculum and Instruction.* University of Chicago Press; New impress,1969:120.

展"二次量化"或是制定出明晰的定性要求,这样可以使目标蕴含的潜在意图形成一项项可以外显的、可测的具体行为。①

泰勒有关指标分解(指标制订)的上述六项原则至今仍有重要的意义,尤其当我们在进行教育督导评估指标体系的国际比较研究时,以及在制订或修订我国教育督导评估指标体系时。

除指标的分解和制订之外,泰勒认为任何评估工作必不可少的第一步就是明确项目或活动的目标,一旦目标得以具体化,那么评估就可以考察这些目标的实现程度。它至少应包含八个评估环节。如下表所示:

表1　泰勒模式的八个评估环节②

序号	主要内容
1	研究实际需要和征求专家意见
2	多次筛选,确立可行目标
3	将既定目标用术语表达
4	明确行为表现的条件和情景
5	确立客观性、可靠性和有效性的测量方法
6	运用方法检查行为变化
7	依据检查结果予以判定,说明原因
8	修正评估方案,重复评估过程

泰勒模式是以评估的教育目标为根本出发点,规划评估工作的进展方向,把学生的成绩和行为作为评估方案的主要依据,以此来评判教育教学活动是否达到了教育目标?是否偏离教育目标?有多大的差距?他还指出,基于目标的评估模式应遵循一些基本的步骤,如下:(1)确立宽泛的目的或目标;(2)对目的或目标进行分类;(3)以可观察、操作化的语言界定目标;(4)寻找证明目标实现的情景;(5)开发或选择测量技巧;(6)收集数据资料;(7)把数据资料与既定目标相对比。如果最后一步发现数据资料与目标不一致,那么我们可以调整项目或活动以改进其结果。在调整之后,重复评估以客观、准确地判断目标达成程度。但泰勒模式

① 潘晶,孙河川.教育评估指标制订应遵循的六项原则[J].辽宁教育,2015(9).
② [美]泰勒.方案评价原则(教育学文摘.教育评价)[M].北京:人民教育出版社,1989:249.

也有其自身固有的局限性,比如,忽略了对目标本身的合理性评价,另外如果只注重对结果的评价,很容易忽视对过程的评价,而在学校变革和学校改进中,更多需要关注的是变革或改进的全过程。

除泰勒模式外,还有 CIPP 模式(Context-Input-Process-Product Evaluations,背景 – 投入 – 过程 – 产出评估模型):又称"决策类型模式",于 1966 年由美国学者斯塔弗尔比姆(Stuffle-beam)提出。斯塔弗尔比姆认为评价就是"为决策者提供有用信息的过程"①。这一评价模式将评价过程分为背景评价(Contextual Evaluation)、投入评价(Input Evaluation)、过程评价(Process Evaluation)、成果评价(Product Evaluation)。

CIPP 模式吸收了现代人力资源理论、教育效能理论、社会经济学的精髓,它的基本特点是以决策为中心或以决策为导向,强调评价为决策者提供信息服务,强调评价贯穿教育活动的全过程。背景评价形成计划决策,输入评价为组织决策服务,过程评价指导实施决策,成果评价为再循环评价效力,通过评价监测进行方案的改进,突出了评价的"改进"功能。该模式认为,评价是为决策者提供信息服务的过程,它更强调管理过程,认为评价者的任务是收集、组织、分析和报告有用的信息,帮助决策者做出正确的决定。向决策者提供真实有效的信息,从计划决策,组织,实现决策的循环系统收集信息,形成一个完整的循环系统。② 这一观点与学校改进研究流派的评价观基本一致。

CIPP 模式认为,评价最重要的目的不在证明,而在改进。它主张评价是一个系统的工程,为评价听取人提供有用信息,使得方案更具成效。CIPP 模式的四种评价独具一格,目标的确立建立在对背景的评价之上;规划的制订与对投入的评价紧密相关;对过程的评价与行动密切相关;对产出的评价与成就密切相关。而位于"目标 – 规划 – 行动 – 产出"中心位置的是核心价值观。

这是斯塔弗尔比姆模式不同于泰勒模式的地方。核心价值观始终位于评价的中心和核心位置。因此,CIPP 模式被认为是一种动态的评价模式,它突出了评价的发展性功能(含有诊断性的功能),又含有终结性评价的功能。有关斯塔弗尔比姆 CIPP 模式的细节和各部分的相关之处,请见图 1。

---

① 克龙巴赫著,陈玉琨译 . 通过评价改进教程[M]. 北京:人民教育出版,1988:301.
② 辛涛,李雪燕 . 教育评价理论与实践的新进展[J]. 清华大学教育研究,2005(6).

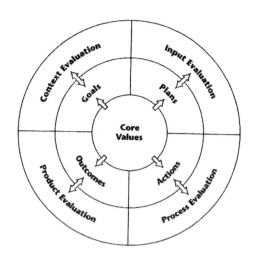

图 1　CIPP 模式

目标游离模式(Goal-free Evaluation):是由美国学者斯克里文(M. Scriven)提出的①,这种模式认为,实际进行的教育活动除了收到预期的效益外,还会产生各种非预期的效应,因此,评价活动应重视结果胜于意图。即应从检查方案的实践结果或全部效果来判定其价值,而不应使评价范围受方案目标的限制。这种评价模式被看作是"以需要为基础的评价",评价的依据不是方案制定者的预定目标,而是活动参与者的实际成效。这种评价模式打破了对评估目标的预设限制,强调实然的评估结果。其结果往往会导致评价的盲目性和评价者的主观性。

应答模式(Responsive Model):这种模式是由美国学者斯塔克(R. E. Stake)于1973 年提出来的②。他认为:要使评价结果能真正产生效用,评价人要关心活动的决策者与实施者所关心的问题。这种理论的主要特点是以问题作为评价的先导,重视评价人员与当事人之间的相互交流、沟通,以反映各类人员的需要和愿望,具有民主性。评价方法以定性分析为主。

增量评价模式(Value-Added Assessment Model):增量评价模式是一种借助统计方法,对教师的教学效果、学生成就、学校管理、学校质量等方面做出"进步幅度"判断的评价方法。增量评价法的基本公式是:增量 ＝ 输出 － 输入(value added ＝ output － input)。增量评价法不以绝对的分数去评价学生的最终成就,

---

①　克龙巴赫著,陈玉琨译. 通过评价改进教程[M]. 北京:人民教育出版,1988:301.
②　沈玉顺. 现代教育评价[M]. 上海:华东师范大学出版社,2002:44.

也不以校外因素、家庭背景因素等去固化地评价学生的发展,而是以学校对学生学习成绩、高阶思维和各种能力的培养、全面发展等诸多方面的最优化"进步幅度"去评价学生的发展和成长。它既可以对学校的总体增量进行评价,也可以对学校内部的不同学科、不同人群进行增量评价。一所有效能的学校是对学生的进步有增量作用的学校。首先,它有利于促进教育公平。学校增量是在学生进步幅度的基础上计算的,这样学校就不会过于关注生源,有利于弱化学校争抢好生源的行为。同时,为了获得较高的增量,学校会更加关注大多数学生的发展。对学生而言,"后进生"可以发现自己与优等生同样具有提升进步幅度的能力和空间,从而获得自我肯定和进步的动力,有利于减少辍学率。还可以引导社会给生源差的学校以公正评价。这种增量评价法具有科学性、公平性,使被评价的各方心服口服,并将评价转化成进一步改进和变革的动力。①

增量评价法的优点:①考虑了学生的原有基础和进步幅度;②使得对不同生源的学校或班级进行相对公平的评价成为可能;③使教师更加重视每个学生的学习;④提高了教师的竞争意识、危机意识和责任意识;⑤促进教师学习和掌握评价知识和评价技能。增量评价法面临的主要困难:必须具有清晰的界定;必须建立恰当的模型;必须采用恰当的统计方法;必须兼顾影响学生学习的其他因素。事实上,教师仅仅是影响学生学习和成长的一种要素,而不是唯一的要素;影响学生学习和成长的因素还包括遗传基因的影响,家庭成员的影响,玩伴的影响,好友和同学之间的影响,社会环境的影响,学校其他教师和其他方面的影响等诸多方面。

全面质量控制模型(TQC, Total Quality Control)是费根堡姆(A. V. Feigenbaum)博士于1961年在《全面质量管理》一书中首次提出的。他对全面质量管理下的定义是:"为了能够在最经济的水平上并考虑充分满足顾客要求的条件下进行市场研究、设计、制造和服务,把企业内各部门的研究质量、维持质量和提高质量的活动构成为一体的一种有效的体系。"除了成品的质量管理外,还将设计、制造、成品及售后服务等项目均纳入质量管理,由过去单向度注重绩效观,向注重全方位的质量观转变。

20世纪80年代末,全面教育质量管理最先被引进国外的学校教育中,经过在理论与实践中的探索与发现,逐渐形成一种有效的学校管理思想。其主要特点为:(1)学校里的一切活动都以追求质量为核心,这里的质量指的是活动全过程的

---

① 孙河川. 教育效能与学校改进研究的引领者和推动者 [J]. 比较教育研究,2009(3).

质量;(2)面向全体教职员工,上到学校领导,下至教师、学生人人都参与到学校质量管理中,每个人都为提高学校的教育质量而努力;(3)坚持全过程管理,学校工作的各个环节从教育目标制定、课程设置到教学工作都要进行严格、有效的质量控制;(4)另外,全面质量管理将带来一种教育观的转变,视学生为教育服务的"消费者",强调"以学生为本",学校也要建立一套"质量体系",以"持续地提高教育质量";(5)注重学生的全面发展,提高包括学生的认知能力、实践能力、审美能力、身心健康以及道德品质在内的综合素养,全面提高教育质量。

除上文所介绍的教育评估模式之外,根据侧重点不同,教育评价思想的发展还可被划分为三个阶段:目标导向阶段、决策导向阶段、人本导向阶段。

第一个阶段:目标导向阶段。这一阶段教育评价的基础思想是以目标为导向,代表人物首推"教育评价之父"泰勒。李聪明认为其主要特征是:(1)教育哲学乃至教育目标,必须以行为的形式来解释,不能以行为达到目的的哲学或目标,不能成为教育哲学或教育目标;(2)评价时必须依据教育的目标进行观察、测验、评定、记录,才能获得理解,并获得适当的评价;(3)评价要有效地进行,必须根据教育目的,逐步进行。20 世纪 50 年代初,泰勒的学生布鲁姆(B. S. Bloom)提出了"教育目标分类学",进一步完善和发展了泰勒的评价思想,确立了目标在评价中的中心地位。他将教育目标进行分类、整理和结构化,注重对教学效果进行评价。

第二个阶段:决策导向阶段。美国教育家克龙巴赫(Lee Cronbach)指出,评价要为决策服务,有三类决策需要使用评价:(1)教程改革(Course Improvement):确定何种教材和教学方法是令人满意的,以及何处需要改革。(2)关于学生个体的决策(Decision About Individuals):为规划教学而辨明学生的需要,为选择与分组而辨明学生的长处,掌握有关学生的进步和缺陷的情况。(3)行政的调控(Administrative Regulation):判断学校系统的优良程度,教师个体的优良程度,等等。①

第三阶段:人本导向阶段。美国教育研究者桑德(O. Sand)(1970 年)认为:(1)注重对学生的持续性成长评价;(2)多样化评价技法;(3)注重创造性和问题意识评价;(4)注重形成性评价;(5)测量的范围应包括认知、情感、运动技能等各种能力的评价;(6)评价的主体应包括教师和学生自身;(7)丰富评价技法,注重大学和中学合作。②

----

① 瞿葆奎.教育学文集.教育评价[M].北京:人民教育出版社,1989:160-161.
② 耿涵.教育评价的意义和动向[J].教育理论与实践,1987(4).

随着世界各国对高质量教育的发展需求,教育评价呈现新的发展趋势,被称为"第四代教育评价理论"。涂艳国认为这种发展趋势应包括:(1)量化评价与质性评价互补;(2)结果评价与过程评价并重;(3)他人评价与自我评价结合;(4)正式评价与非正式评价共存;(5)元评价日益受到重视。就我国教育督导评价而言,包括"督政""督学""监测"三个方面。"督政"的主要工作任务是上一级督导部门对下级人民政府及其职能部门的教育工作进行监督、检查、评估、指导。因此,在这一过程中,接受督政的下级政府及其教育督导职能部门是上级教育督导评价的客体。而"督学"的主要任务是对学校内部教育的开展情况进行督导评定,因此在这一过程之中,市县一级人民政府的督导室、责任督学、教研员构成了教育督导的主体,被督导学校或师生构成教育评价的客体。而在我国,"监测"主要是对义务教育阶段四年级和八年级学生的教育教学质量进行监测,承担该项职能的是教育部的基础教育质量监测中心。因此,在这一过程中,四年级和八年级的学生成为评价的客体。而国外的教育督导主要是"督学"和"监测"。所以"督政"成为我国教育督导独特的特色职能。

(二)教育效能理论

广义上的"学校效能"(School Effectiveness)研究,即"教育效能"(Educational Effectiveness)研究是教育管理研究的重要组成部分,被各国学者称之为教育管理研究的前沿。学校效能研究始于1966年美国学者詹姆斯·科尔曼(James Coleman)发表的《教育机会均等报告》。这份报告认为在考虑家庭背景、同伴影响变量的背景下,学校对学生的成就只有极小的影响,甚至是没有影响。就是这场轰动美国乃至全球教育界的科尔曼报告,揭开了人们对学校效能研究的序幕。

就其本质而言,学校效能研究关注学校、教师对学生学习和发展的增值提效影响,关注学生的学习成就(outcome,含括学生的认知成果、高阶能力、学习态度和行为等)。学校效能研究有两个目的——识别优质学校的特征与因素,鉴别学校"产品"之间的差异。从广义上看,鉴别高效能学校的试金石是学校是否对学生的学习成果、学习态度、高阶能力培养、未来发展产生最优化的增值影响。[①] 从狭义上看,"增值影响"可指学校使学生实际的学习进步大于根据其起点做预测所能获得的学习进步。换言之,即指在同一抽样中,在同一时间段内,一个学生与和他起点相似的另一所学校的学生相比,所取得的某方面或各方面的相对进步幅度

---

① 孙河川.教育效能与学校改进研究的引领者和推动者[J].比较教育研究,2009(3).

更大。

　　郑燕祥教授指出自 20 世纪 70 年代以来,世界教育改革经历了三次浪潮,这些浪潮以不同的教育效能理论和范式为依据,产生了不同的影响。① 这三次浪潮和与之追求的效能范式是:学校内部效能(始自 1970s),学校的外界效能(始自 1990s),学校的未来效能(始自 2000s)。学校的内部效能主要指根据学生的学业成就来评价学校是否完成预定的教育目标。学校的外界效能主要指学校的教育服务满足利益攸关者需求的程度以及表现出学校工作对公众问责的程度。学校的未来效能是学校能帮助个人和社会迎接未来发展需要的程度。越能帮助未来发展的学校,就是越有效能的学校。如果说第一浪潮的效能保证是以增值理论(theory of value added)为基础的,那么,学校的未来效能则关注通过提高教育对未来的相关性以创造新的价值(theory of value created)。如果一所学校能同时改进内部过程,增强教育的未来相关性,那么在学校效能方面,就可同时有附加的增值和创值。如果一所学校能保证内部改善,满足外界的需要,又能适应未来发展,那么就可以说学校有全面效能保证。考虑到时间和资源的限制,学校可以在不同时间段内提高内部、外界、未来的效能。在早期阶段,学校无法保证全面的效能提高,但如果持续不断地学习和发展,追求三种类型的效能,那么在后一个阶段,整体效能就会不断提高,从而迈向全面效能(total effectiveness)。

　　学校效能理论注重从纷繁杂乱的各种要素中提炼和抽取出对学校教育质量和学校改进真正起作用的要素/因素。早期的较有影响力的学校效能理论有美国学者 Edmonds(1979)的五因素理论即影响学校效能的五个因素,它们包括强有力的教育领导、对学生成就的高期望、对基础技能的强调、安全有序的环境、对学生成长的经常性评估。② 此后,Mortimore(1998)在对伦敦随机抽取的 50 所小学为样本的基础上,对 2000 名儿童在学术和社会领域的发展进行了跟踪研究,发现了高效能的学校具有的 12 种特征因素,它们是:领导对成员的有目的性的领导、副职领导的参与、教师的参与、教师之间的一致性、有条理的校园生活、挑战智力教学、营造以学习为中心的环境、课堂内有限的聚焦、师生间最大化的交流、全程精

---

① 郑燕祥. 教育范式转变:效能保证[M].上海:上海教育出版社,2006:5.
② Rutter, M., Maughan, B., Mortimore, P., & Ouston, J. *Fifteen Thousand Hours*. London: Open Books, 1979.

确记录、家长参与、积极的氛围。① 比较具有代表性的理论还有由荷兰 Creemers
(1992)所发现的高效能课堂层面的因素和高效能课堂教学综合模式。由英国
Sammons(1995)等总结的中学效能 11 因素,以及由英国 Reynolds(2002)及其团队
在跨国项目中所验证的中小学学校效能的 12 因素等。② 对以上学者所发现的因
素进行归纳总结后不难发现,学校效能各因素可归纳为三个宏观维度:有效学生
效能、有效课堂教学、有效学校领导与学校管理。

　　学校改进研究出现的时间晚于学校效能研究十余年。学校改进研究认为,对
一个成功学校瞬间的"素描"不能揭示成功学校是怎样获得成功的。而这正是学
校改进研究的强项,因为它关注的是整个成功的过程和支持成功改进的必要条
件。学校效能研究注重量化研究,关注学生的学习成果(含认知和高阶思维能力)
和学校的绩效。而学校改进注重质化研究(如:案例研究),关注学校改进计划的
制订、学校文化和学校改进的全过程。Creemers 和 Reezigt (1997)认为学校效能
是以研究为取向的,关注的是理论和解释;学校改进则是以实践改革为取向的,关
注的是教育实践过程中的变革以及问题解决。卢乃桂与张佳伟(2007)指出:学校
效能研究是一种以"技术的认知兴趣"为导向的,以经验 – 分析科学的态度所进行
的研究,在具体的研究过程中是以工具理性为指导的。而学校改进研究是一种以
"实践的认知兴趣"为导向的,以历史 – 解释科学的态度所进行的实践性研究,在
具体的研究过程中是以沟通理性为指导的。实践证明,它们之间的关系是相互作
用的,学校效能的理论可以成为学校改进的抓手,而学校改进则能提升学校效能;
但如果学校效能低下时,学校改进就成为必须。研究学校效能,可以为改进学校
管理、提升办学质量提供可信的依据与有效的对策。

　　随着后结构主义和后现代主义的兴起,在美国、英国、荷兰、澳大利亚、新西
兰、加拿大、瑞典、丹麦、以色列等发达国家,学校效能研究与学校改进研究已成为
其教育研究的热点,成为对社区或学区的学校进行宏观管理和评价的一种科学化
手段,并受到了各国政府前所未有的重视,得到了丰厚的研究经费,学校和教育机
构也愿意出资购买其服务和研究成果。自 20 世纪 90 年代起,为了在 21 世纪成为
或保持具有竞争力的经济强国,西方发达国家对学校教育质量和学校效能空前关

---

① Motimore,P.,Sammons,P.,Stoll,L.,Lewis,D. & Ecob,R. *School Matters:the Junior Years*.
Wells:Open Books,1988.

② Sun,H. C. *Contextual Factors and Effective School Improvement*. Groningen:RUG,The Nether-
lands,2003.

注,例如英国政府的国家教育目标明文强调教育必须为提升英国国力、使英国在
21 世纪成为一个具有竞争力的经济强国服务。美国对教育质量和学校效能的关
注不亚于英国,因为其公立中小学教育质量低下,这不仅被美国国内的研究结果
证明,更重要的是被国际教育评价协会所举办的数学、科学等学科的比赛结果所
验证。因此,美国自 20 世纪 90 年代以来的全部教育改革都与提升学校效能和教
师效能、提高学生的学业成绩和学习效能紧密相关。

纵观教育效能研究与学校改进研究的历程,它在理论及实践上的主要贡献可
以总结为以下八个方面。

第一,发现和验证了提高不同层面学校效能的因素(见上文)。学校效能研究
通过长期、大量的实证研究,包括大规模的跨国调查研究、小样本研究、个案研究、
多元模式分析等,发现和验证了提高不同层面学校效能的因素,使之上升为理论,
而这些效能因素原本只是教育实践者朦胧的感觉或经验。这些要素/因素可为政
府、学校和教育实践工作者提供高度提炼的、科学可行的质量提升策略和质量评
估标准和指标。

第二,进行理论模式构建。在学校效能和学校改进领域的理论模式构建方
面,较早的有卡罗尔[1](Carroll,1963)的学校学习模式,墨菲等人[2](Murphy, et al.,
1985)的学校技术 - 环境 - 学生学习结果模式,由希尔恩斯[3](Scheerens,1990)提
出的背景 - 输入 - 过程 - 输出的学校效能模式,思准菲尔德和斯莱文[4](String-
field & Slavin,1992)的质量 - 适切 - 激励 - 讲授时间模式,科锐魔思(Creemers,
1994)提出的四层面质量 - 时间 - 机遇综合教育效能模式,斯托尔和芬克(Stoll &
Fink,1996)提出的学校效能与学校改进的链接模式,萨蒙丝(Sammons,1999)提出
的中等学校效能模式,科锐魔思及其欧盟八国项目团队 (2001)所提出的高效能

---

[1]　Carroll,J. A model of school learning. In:L. W. Anderson (Ed.). *Perspectives on school learn-
ing. Selected writings of John B. Carroll.* Hillsdale:Lawrence Erlbaum Ass. Inc,1963:19 - 31.

[2]　Murphy,J.,Hallinger,P.,Mesa,R. P. School effectiveness:Checking progress and assumption
and developing a role for state and federal government. *Teacher College Record*,1985,86(4):
620.

[3]　Scheerens,J. School effectiveness and development of process indicators of school functioning.
School Effectiveness and School Improvement,1990(1):61 - 80.

[4]　Stringfield,S. C. & R. E. Slavin. A hierarchical longitudinal model for elementary school effects.
In B. P. M. Creemers & G. J. Reezigt (Eds),*Evaluation of effectiveness*,Groningen:ICO,1992:
35 - 69.

学校改进综合模式,孙河川(Sun,2003)提出的宏观层面目标－压力－支持高效能学校改进模式,郑燕祥(Cheng,2006)提出的内部－外界－未来学校效能模式等。在这些模式中,卡罗尔的学校学习模式和科锐魔思及其团队的高效能学校改进综合模式在国际上有相当的影响,前者是早期学校效能领域研究模式的奠基者,而后者则通过大型国际项目开启了西班牙、意大利、葡萄牙、芬兰、希腊以及南美洲国家的学校效能和学校改进研究及实践活动。①

第三,学校效能与学校改进流派的结合。从国际学校效能学会创建初期的单纯学校效能研究发展到与学校改进学科的"婚配"结合,无疑是十分正确、重要而关键的一步。学校效能研究所发现的有效因素及其构建的理论模式和研究成果为学校改进运动提供了理论基础和可供操作的"抓手",而学校改进运动则检验了、丰富了、修正了这些学校效能和学校改进的因素、模式和理论,并关注了教师的专业发展和学校改进的全过程。比较典型的将两个流派结合在一起的大型项目有:加拿大的"哈尔顿有效学校项目"(HESP,1986),英国的"全面提升教育质量计划"(IQEA,1991),美国的"巴克莱－克维特项目"(The Barclay-Calvert Project,1995),欧盟八国的"高效能学校改进项目"(ESI Project,1998)等。

第四,研究层面的扩展。学校效能研究从最初面向中观层面(学校层面和家长层面)以及微观层面(班级层面、学生层面),逐步扩展到宏观层面(国际层面、国家层面、地方层面)。研究层面的扩展进一步揭示:学生的学习结果和学校教育质量的高低是不同层面因素合力影响、相互作用的结果。这种影响并非孤立,在不同层面间相互作用,相互交织。尽管班级层面(含教师效能)和学生层面仍然是提高学校效能和教育效能的刀刃,但宏观层面的影响不容忽视,在一定的条件下,宏观层面的影响,尤其是国家层面政府的导向、国策、教育目标、政策法规、举措对一个国家的教育及其质量高低有着至关重要的影响,导向和国策的失误往往是最大的失误。国际层面的研究有利于找出跨越各国的共同因素,并使我们以更开阔的视野看待各国和本国的教育。

第五,研究方法和统计技术的大发展。学校效能和学校改进的研究方法在过去的20多年中突飞猛进地发展。最初的研究大多是简单的对基本技能的成绩测试,如测量学生阅读和数学两门功课的成绩,在已有的数据基础上,挑选出正面和负面的极端学校进行对比。后来运用新生的统计分析技术,如分层线性模式,进

---

① 孙河川.教育效能与学校改进研究的引领者和推动者[J].比较教育研究,2009(3).

行学校效能的研究。目前大多运用混合研究方法,即量化分析和质化分析相结合的方法,如:课堂观察、学校实地考察、对学生全天候的在校跟踪观察、多阶模式技术分析,多重因素分析模式等。其次,它逐渐注重以过程为导向的质化变量。近年来,它还通过网络化分析来进行校内人际关系模式的研究。如泰德利等探讨了高效能学校与低效能学校教师之间的关系,他们发现高效能学校的社会关系模式图解是"纵横交错"的,而低效能学校却呈"线状"的。可以说新的研究方法和统计技术打造出了新一轮的教育效能和学校改进研究。

第六,增量法评价(相对进步幅度评价)。新世纪中的教育效能研究以学校对学生的学业成就、高阶思维和各种能力的培养、全面发展等诸多方面的最优化"增量"(即相对的进步幅度)去评价学生的发展和成长。它既可以对学校的总体增量进行评价,也可以对学校内部的不同学科、不同人群进行增量评价。一所成功的学校是对所有学生的进步有增量作用的学校。任春荣教授认为增量法去评价学校效能是一种更为公平、更有意义地体现学校考试成绩的方法,它考虑了学校难以控制的因素,如学生入学成绩、学生个人及家庭背景等对学生成绩的影响,能够比较精确地估算出学校和学生的相对进步,看到学校、教师、学生所付出努力的效果。在对教育质量的评估中,运用增量法评估学校的质量和效能具有重大意义,它兼顾了教育的公平和质量两个方面。除此之外,由于它的科学性和公平性,在评价的过程中能使被评各方心服口服。

第七,实证研究服务于实践。该领域已形成一种既关注结果又关注过程的实证研究,在进行教育政策的制定与实施时的多视角、多层次、多范式的研究模式。它缩短了研究者与实践者、理论与实践的距离,使教育政策的制定能够建立在科学研究的基础之上(research based)、数据之上(data-based)和证据之上(evidence-based)。另外,从事学校效能研究的大多是高校的专职研究人员和学者,而从事学校改进运动的不少是中小学校长、教师和各级教育行政官员等。学校效能和学校改进的结合无疑向所有教育工作者敞开了大门,团结了一切可以团结的力量。

第八,大型跨国研究的兴起。学校效能研究需要了解为什么有的效能要素/因素能跨越国界,具有普适性,而有的因素则仅为一国所独有。而只有跨国的国际研究才能获取学校和班级质量的全方位变量,进而探寻潜在的学校和班级效能。在任何一个国家中,学校层面因素中数的变量(如:学校规模、教学楼质量等)和质的变量(如:教师经验、学校文化等)的级差范围都远远小于它们在跨国比较研究中的级差范围。因而,学校以及课堂层面对学生学习成绩真正的影响只能在跨文化的国际比较研究中才能被发现。近年来,教育效能与学校改进领域所进行的大型跨国研究有:"高效能学校改进"(ESI),八个欧盟国家参加,四个北欧国家:英国、芬兰、荷兰、比利时;四个南欧国家:意大利、希腊、西班牙、葡萄牙。该项目的独特之处在于充分吸纳教育效能与学校改进的长处,构建出了被八国所认同的高效能学校改进综合模式,拓展了教育效能的理论和研究方法,首次对国家层面的高效能因素进行了系统的探究,成为大型教育效能跨国研究的成功范例。另一个跨国项目是"国际学校效能研究项目"(ISERP),有九个国家或地区参加,该项目运用了学校效能领域最前卫的研究方法。它总结了 20 种研究方法,其中十种是质化的研究方法,十种是量化的研究方法。其研究成果《世界顶尖级学校》已在英国和中国高等教育出版社出版。还有一个跨国项目是"国际教师观察与反馈体系(ISTOF)",其目的是找到一个可以测评教师效能的工具,有美、中、英等 19 个国家或地区参加。从这些大型跨国研究的发现来看,构建高效能学校的许多因素极其相似,具有普适性,不管它们居于何种文化和何种社会之中。例如在班级层面,高期望值、有效的管理、清晰明了的授课质量这些因素跨越了文化,具有普适性。[1]

教育督导评价指标的制定以教育督导评价理论和教育效能理论作为理论依据,由于教育督导和教育效能的最终目的以及评价方法的一致性,这也使得教育督导和教育效能两个理论流派具有很强的相关性。

(三)教育政策理论

国内学者对教育政策理论持有不同的观点,可谓仁者见仁,智者见智。叶澜教授[2](1991)认为"教育政策是政府或政党制定的有关教育的方针、政策,主要是某一历史时期国家或政党的总任务、总方针、总政策在教育领域的具体体现"。袁振国[3]认为(2003)"教育政策是从国家的最高行政机构到最小的学区行政机构作出的影响两个学校以上行为的行政决定"。萧宗六[4]认为"教育政策是国家或政党为实现教育目标而制定的行政准则"。张新平[5]认为"教育政策是有关教育的

① 孙河川.教育效能与学校改进研究的引领者和推动者[J].比较教育研究,2009(3).
② 叶澜.教育概论[M].北京:人民教育出版社,1991:148.
③ 袁振国.教育政策分析与当前教育政策热点问题研究[J].《复旦教育论坛》,2003;01.
④ 萧宗六.学校管理学[M].北京:人民教育出版社,2008:14.
⑤ 张新平.教育管理学导论[M].上海:上海教育出版社,2006;24.

政治措施,是有关教育的权利和利益的具体体现"。孙绵涛①认为"教育政策是一种有目的、有组织的动态发展过程,是政党、政府等政治实体在一定历史时期,为了实现一定的教育目标和任务而协调教育的内外关系所规定的行动准则"。吴志宏②认为"教育政策是政府在一定时期为实现一定教育目的而制定的关于教育事务的行动准则"。祁型雨③对教育政策的内涵和外延进行了系统的分析:从教育政策的内涵角度讲,教育政策是有关教育利益表达与整合的政治措施和政治行为,是通过保证和促进教育的生存与发展而培养全面自由和谐发展的人,从而促进社会政治经济文化可持续发展的战略性和准则性的规定和行为。从教育政策的外延角度讲,教育政策不仅指一种静态的文件组合,而且包括其真实运行过程;教育政策不同于教育法律,表现在制定主体、调整范围、执行方式、稳定性,以及规范性和确定性特征等方面有所不同;教育政策是指规范两个或两个以上教育组织的规定和行为,不包括学校内部制定的各种规章制度;教育政策不是一般公共政策简单演绎的结果,它在利益分配上有更强的公益性,在活动特征上有更广泛的参与性。

从国内学者对教育政策的定义来看,主要是从内涵和外延的角度入手,大多数学者对教育政策的定义都突出了教育政策作为行动依据和准则的意义。为了普及和发展教育,现代各国无一例外地借助国家的力量对教育实施计划、指导、协调和控制。各国对教育事业的领导从根本上说是政治领导,这种领导主要是通过制定教育政策实现的。④ 当今世界,科学技术突飞猛进,知识经济已见端倪,国力竞争日益激烈。为跻身世界强国之列,需要全面提高我国的教育质量,因此就要根据社会需要,不断改进和完善教育政策。不断完善的教育评估指标是提升教师质量和教育质量的"推手",教育评估指标也应随着时间、目标、社会发展、国民素质、环境、条件而不断变化和完善。

教育督导是宏观层面政府对教育的检查与评价,其性质带有国家意志。自然,督导行为也就变成了国家行为。《暂行规定》等督导相关法律法规就是国家政策的延伸。在2008年的两会期间,全国人大代表孙鹤娟代表认为,在国家教育制

---

① 孙绵涛.教育管理学[M].北京:人民教育出版社,2006:22.
② 吴志宏.新编教育管理学[M].上海:华东师范大学出版社,2000:97.
③ 祁型雨.利益表达与整合——教育政策的决策模式研究[M].北京:人民出版社,2006:45.
④ 袁振国.中国教育政策学[M].北京:教育科学出版社,2000.

度体系中,除义务教育体制之外,最能承载国家意志的当属教育督导制度。① 为确保督导制度的有效实施,我国也在不断完善教育督导方面的相关法律法规。教育政策是为实现教育目的服务的。教育目的的实现涉及教育的各个方面。从整个国际教育的发展趋势来看,凡是重视教育、教育事业比较发达的国家,对教育政策也颇为关注。尤其是进入七八十年代,各国的教育改革,都把提高教育质量、加强教师管理作为教育改革的中心环节来抓,在改善师资的培养和进修制度等方面都采取了一系列的措施,提出了相应的教育政策,促进了各国教育事业的发展,从这个意义上说,世界各国教育事业的成功,都离不开教育政策。②

就本书而言,教育政策理论是重点研究的三大理论流派之一。教育督导在宏观层面上讲,是一个国家教育政策的体现和落实,是监督一个国家教育政策法规是否落实的“法警和检查官”。正如上述学者所言,教育政策是国家层面对教育的审视和监控,这同教育督导的作用在宏观层面上来讲是一致的。本书下文中提到的五个一级维度中的质量保障、法律法规、特殊需要和保障都可以从教育政策理论中找到理论基础,所以教育政策理论为本课题提供了理论支撑,奠定了基础。我们对建国以来关于教育督导的法律法规的相关文献及国家主要领导人的讲话进行了简要的综述,请见下表。

表2　1949－2010年关于教育督导的法律法规文献以及国家主要领导人的讲话

时间	内　容
1949.11	视导司的工作任务主要是视导工作,检查各大行政区对于中央人民政府的各项教育政策、决议、指示的执行情况。各司指定专人负责,配合视导司组织视导小组。
1977.9	邓小平同志在与教育部负责人谈话时提出:“要健全教育部的机构。要找一些四十岁左右的人,天天到学校里去跑。搞四十人,至少搞二十人专门下去跑。要像下连队当兵一样,下去当‘学生’,到班里听听课,了解情况,监督计划、政策等的执行,然后回来报告。这样才能使情况反映得快,问题解决得快。可以先跑重点大学,跑重点中学、小学。这些就是具体措施,不能只讲空话。”这实际上提出了恢复我国教育督导机构和教育督导制度的设想。
1983.7	在全国普通教育工作会议上,教育部提出了《建立普通教育督导制度的意见》。提出县以上教育行政部门都要设立督导机构,并要求先试点,而后逐步实行。

---

① 引自中国教育报,http://learning.sohu.com/20080312/n255662216.shtml.
② 孙绵涛.教育政策学[M].武汉:武汉工业大学出版社,1997:261－263.

续表

时间	内 容
1984 – 1985	1984 年 8 月,国务院批准教育部设视导室,负责巡视、检查和指导帮助全国各地的普教工作。1985 年 6 月教育部任命 12 位教育部视导员。
1986	六届全国人大四次会议通过的国务院关于第七个五年计划的报告中明确提出:要加强教育事业的管理,逐步建立系统的教育评价和监督制度。
1986.9	国务院办公厅转发国家教委、国家计委、财政部、劳动人事部《关于实施〈义务教育法〉若干问题的意见》,明确指出要逐步建立基础教育督学(视导)制度。国家和地方逐步建立基础教育督学(视导)机构,负责对全国或本地区范围内义务教育的实施进行全面的视察、督促和指导,并协同当地人民政府处理有关实施义务教育的各项问题。
1986.10	国务院批准教育部视导室更名为国家教委督导司,这标志着我国教育督导制度的正式恢复和重新建立。
1988.7	国务院批准印发《教育部职能配置、内设机构和人员编制规定》(国办发〔1998〕108 号),教育督导团办公室成为教育部 18 个职能司(厅、室)之一。其主要职责是:承办教育督导团的日常工作,组织国家督学对各地中等及中等以下教育的督导评估和检查验收,宏观指导各地的督导工作。
1988	8 月,国务委员、国家教委主任李铁映同志批示:要加强执法监督,强化教育督导制度,不仅督学,而且要督政。当前国家教委督导工作的重点是对下级政府教育工作的督导。10 月,李铁映批示:要建立学校督导制度,建立督导条例。以法促教,依法办学。
1991	4 月李铁映签署国家教育委员会第 15 号令,颁布了《教育督导暂行规定》。8 月 24 日,李铁映在中南海接见第二届国家督学时提出:要督导下一级政府贯彻党和国家教育的法律法规、方针政策落实情况。督导的一个重要任务是帮助地方政府、教育行政部门和学校办好教育,为社会主义经济建设服务。
1993.2	中共中央、国务院印发《中国教育改革和发展纲要》,提出:各级政府要认真贯彻执行《中华人民共和国义务教育法》及其实施细则,……要建立检查、监督和奖惩制度,确保义务教育法的贯彻执行。建立各级各类教育的质量标准和评估指标体系。各地教育行政部门要把检查评估学校教育质量作为一项经常性任务。要加强督导队伍、完善督导制度,加强对中小学校工作和教育质量的检查和指导。

时间	内　容
1994.6	李岚清副总理在接见国家督学时提出：政府要充分重视督导工作的作用。……希望各级政府要充分发挥各级督导机构和督学的作用。"我们的督导工作，要监督、指导《义务教育法》《中国教育改革发展纲要》和全教会有关要求和措施的贯彻实现。……实行义务教育的责任主要在政府。干部的任期目标责任制，要把教育包括进去。督导机构和督学要监督、督促、帮助、指导这些目标的实现。……基础教育办得怎么样，这是政府的责任，也要包括到政绩里去。同志们提出要依法进行督导，我赞成，要搞一个督导条例，使工作有据可依。"
1995.3	第八届全国人大第三次会议审议通过的《中华人民共和国教育法》第二十四条规定：国家实行教育督导制度和学校及其他教育机构教育评估制度。
2000.1	教育部印发了《关于转发中央机构编制委员会办公室〈关于原国家教委教育督导团更名的批复〉的通知》，要求加强地方各级教育督导机构和教育督导制度建设，为贯彻落实第三次全国教育工作会议精神，落实教育优先发展的战略地位，全面推进素质教育，做出更大的贡献。
2001.6	国务院印发的《国务院关于基础教育改革与发展的决定》第 39 条提出：加强和完善教育督导制度。坚持督政与督学相结合，继续做好贫困地区"两基"评估验收工作，保证验收质量；对已实现"两基"的地区，建立巩固提高工作的复查和督查制度。积极开展对基础教育热点、难点问题的专项督导检查。在推进实施素质教育工作中发挥教育督导工作的保障作用，建立对地区和学校实施素质教育的评价机制。"十五"期间，国家和地方要对实施素质教育的先进地区、单位和个人进行表彰。
2008	国务院颁布《国家中长期教育改革和发展规划纲要(2010－2020 年)》，将均衡发展作为义务教育发展的战略性任务，提出到 2020 年"基本实现区域内均衡发展"的目标，明确了分地区推进义务教育均衡发展的目标和任务。当前，促进公平、提高质量是义务教育发展的两大核心任务，推进义务教育均衡发展也成为新时期教育发展的"重中之重"。为使这项工作切实得到落实，为推进义务教育均衡发展工作提供制度保障，教育部于 2012 年 5 月 29 日印发了《县域义务教育均衡发展督导评估暂行办法》(教督〔2012〕3 号)的通知，决定建立县域义务教育均衡发展督导评估制度。

通过对 1949 - 2010 年我国教育督导政策的梳理,不难看出,我国教育督导制度正在从建立初期的"督政"向"督政"和"督学"并重转变。相对来讲,西方国家的教育督导对象大多是学校,主要针对学校的管理效能、教师效能、学生的学习效能以及全面发展等,关注点是在督"学"上。在我国由"督政"向"督学"转变的过程中,西方国家也意识到单纯"督学"的局限性,并向我国学习,也开始对地方政府或教育局实施督"政"。①

目前,很多国家已先行一步,建立相对独立的教育督导机构,独立行使教育督导职能,坚持督政与督学并重,重视教育质量监测与评估,进行督学队伍的建设与培训,充分发挥第三方评价机构的作用,除了基础教育领域外,督导的范围和职能拓展到高等教育、职业教育等各级各类教育以及教育培训机构,重视督导结果的运用,建立了透明、公正、客观、权威的督导报告制度和公告制度,接受全社会的监督。与发达国家相比,我国正处于经济社会转型期,教育发展要为经济社会发展提供人才支撑和智力支持,需要切实提高质量。与教育发展的新形势、新任务、新要求相比,要承担保驾护航、风险预测的使命,但当前的教育督导机构、队伍和工作机制,尤其是教育督导评估指标体系,还存在不少需要解决的困难和问题。

我国的教育督导工作,从 1977 年邓小平提出恢复教育督导制度的构想算起,已经经过了 40 年的发展历程,伴随国家改革开放和教育改革发展,取得了一定的成绩。21 世纪初,教育部下发《关于加强教育督导与评估工作的意见》,提出"从中央到地方初步形成教育督导的法规体系和依法督导的工作程序",促进教育督导制度的进一步发展。"十二五"期间,我国教育督导发展更是取得巨大突破和可喜的进展——2012 年 8 月 26 日,为贯彻落实《国家中长期教育改革和发展规划纲要(2010 - 2020 年)》,进一步健全我国教育督导体制,国务院决定成立国务院教育督导委员会。② 10 月 1 日起开始施行《教育督导条例》,标志着我国教育督导正式步入法制化发展轨道。六年间,教育督导制度逐渐有章可循、有法可依,总结国家从"十二五"规划至今有关教育督导的政策文件,能够清晰地看出我国教育督导制度的发展脉络,请见下表:

---

① 教育部:教育部督导办负责人就《强化督导问责制度 办好人民满意教育》答记者问[EB/OL]. http://www. moe. gov. cn/publicfiles/business/htmlfiles/moe/A11 _ zcwj/201206/137888. html
② 国务院办公厅关于成立国务院教育督导委员会的通知[J]. 中华人民共和国国务院公报,2012(25).

表3 "十二五"以来国家颁布的教育督导相关政策和法规

颁布时间	颁布主体	政策文件名称	政策主要内容
2011.12.30	教育部	《中等职业教育督导评估办法》	就建立中等职业教育督导评估制度,做出了政策规定和设计。且要求各地根据该《办法》,结合本地实情制订相应实施方案,做好督导评估工作。
2012.1.20	教育部	《县域义务教育均衡发展督导评估暂行办法》	推进义务教育均衡发展目标的实现,主要包括对县域内义务教育校际间均衡状况评估和对县级人民政府推进义务教育均衡发展工作评估两个方面。公众对本县义务教育均衡发展的满意度,将作为评估认定的重要参考。
2012.2.12	教育部	《学前教育督导评估暂行办法》	进一步推动各地学前教育三年行动计划的实施,大力发展学前教育,切实解决当前学前教育发展存在的突出问题。
2012.5.04	教育部	《关于加强督学责任区建设的意见》	为进一步推进教育督导改革创新,就加强督学责任区建设提出关于建设的意义、原则和职能、工作任务及要求、管理办法等意见。
2012.9.05	教育部	《关于进一步加强中小学校督导评估工作的意见》	就进一步加强中小学校督导评估工作提出明确总体要求、突出科学管理和内涵发展、发展监督指导作用、落实责任等意见。
2012.9.05	国务院	《关于深入推进义务教育均衡发展的意见》	为深入推进义务教育均衡发展,提出:充分认识其重要意义、明确指导思想和基本目标,推动资源共享与均衡配置、保证特殊群体接受义务教育、提质量、促管理、强督导等。
2012.9.09	国务院	《教育督导条例》	对法律、法规规定范围的各级各类教育实施教育督导。包括教育督导内容、责任、督学、督导实施、法律责任。该《条例》标志我国教育督导制度走上法制化轨道。
2012.9.17	国务院	《中小学校责任督学挂牌督导办法》	《办法》共12条,分别对中小学校挂牌督导的性质、责任督学的选聘配备、职责任务、工作要求,培训与考核以及工作条件保障和督导结果运用等方面作了具体规定。

续表

颁布时间	颁布主体	政策文件名称	政策主要内容
2012.10.12	教育部	《中小学校素质教育督导评估办法（试行）》	该办法就实施中小学校素质教育督导评估原则、国家层面的一级和二级评估指标、内容、程序、实施、工作方式和督导评估结果运用作了规定。
2013.11.01	国务院	《关于开展北方地区中小学校冬季取暖专项督导工作的通知》	为督促北方有关省（区、市）做好中小学校冬季取暖工作，确保广大师生温暖、安全过冬，根据《教育督导条例》，国务院教育督导委员会办公室定于11月上旬对中小学校冬季取暖工作进行专项督导。
2013.12.19	国务院	《中小学校责任督学挂牌督导规程》和《中小学校责任督学工作守则》	为落实《中小学校责任督学挂牌督导办法》，规范中小学校责任督学挂牌督导工作，根据《教育督导条例》有关规定，特制定《规程》并提出十条工作守则。
2014.2.07	国务院	《深化教育督导改革转变教育管理方式的意见》	《意见》指出了深化教育督导改革在转变教育管理方式中的重要意义，提出了深化教育督导改革的总体思路和工作目标，明确了深化教育督导改革的主要任务，强调要加强组织领导、教育督导机构建设、督学队伍建设和经费保障。
2014.4.05	国务院	《关于开展农村义务教育学校基本办学条件专项督导》	督导范围涵盖全国农村义务教育学校，重点是贫困地区、边远地区、民族地区、革命老区的义务教育学校。重点督导农村义务教育学校基本教学条件和基本生活条件。
2015.12.07	国务院	《关于改善贫困地区义务教育薄弱学校基本办学条件工作专项督导办法》	着眼加强对全面改善贫困地区义务教育薄弱学校基本办学条件工作的督导落实，通过建立评估、激励与问责机制，推动地方政府履行责任，切实保障工作进度与成效。
2016.3.14	国务院	《高等职业院校适应社会需求能力评估暂行办法》	《暂行办法》共五章17条，分别对高等职业院校适应社会需求能力评估的目的、原则、评估范围、内容和工具、实施方式和结果运用等作了具体规定。
2016.3.22	国务院	《中等职业学校办学能力评估暂行办法》	《暂行办法》共五章16条，分别对中等职业学校办学能力评估的目的、原则、评估范围、内容和工具、实施方式和结果运用等作了具体规定。

第三章　英国、荷兰、法国、美国、新加坡的教育督导评估指标体系

一、英国（2010 年教育督导评估指标体系）

（一）现代英国学制及国家考试概况

"英国国家全称是大不列颠和北爱尔兰联合王国。大不列颠包括英格兰、威尔士和苏格兰。1801 年大不列颠与爱尔兰合并称大不列颠与爱尔兰联合王国。1921 年爱尔兰独立，北爱尔兰留在联合王国之内，改称大不列颠和北爱尔兰联合王国。"①英国按照各地区教育历史和教育制度的不同可以分为英格兰和威尔士地区、苏格兰地区和北爱尔兰地区。由于历史原因"苏格兰和北爱尔兰地区一般采用其特有的教育制度，因此英国教育制度多指英格兰威尔士地区的教育制度"（引自同上）。本书中所说的英国教育督导评估指标体系，所指的是由英国政府官方制订，英格兰和威尔士地区正在使用的教育督导评估指标体系。

"二战期间，英国教育遭受了严重的破坏。战后为重振教育，英国政府于 1943 年发表一份题为《教育改造》（Educational Reconstruction）的白皮书。1994 年，英国议会通过了教育大臣巴勒特（R. Butler）递交的教育法案，称《1994 年教育法》。该法案规定：英国法定的公共教育体系由初等教育（5－11 岁）、中等教育（11－18 岁）及继续教育三个连续的阶段组成；确定郡和郡自治市为负责三个阶段公共教育的地方教育当局；改组民办学校，在一定程度上将他们纳入公共教育体系。"②该教育法规定了英国的学制，为其后期优质教育的发展奠定了基础。

---

① 王承绪分卷主编. 英国教育[M]. 长春:吉林教育出版社,2000(10):1.
② 王承绪分卷主编. 英国教育[M]. 长春:吉林教育出版社,2000(10):321.

《1988 年教育改革法》是英国最为重要的教育立法之一,对英国现代教育发展的影响十分深远。"英国 70 年代社会经济变化后,人们对基础教育开始了新一轮的讨论,1977 年,英国政府发布了题为《学校教育》的绿皮书,提出各方应就课程结构问题达成一致,如设立核心课程、建立国家课程等。1985 年英国政府发布了《更好的学校》白皮书,强调了政府设立国家课程的愿望,旨在提高学校水平,改善教育体制的效率和效能。"①这些举措为《1988 年教育改革法》的制定与颁布确定方向,是当时教育改革的序曲。"《1988 年教育改革法》最重要的改革措施是:设立国家统一课程;进行国家统一考试;学校自主管理;扩大家长权力和开放入学政策。"②随之出台了相关的国家课程大纲以及配套的 7、11、14、16 岁学生的国家考试,自 1993 年以来由英国教育标准局所领导的外部评估系统,以及年度学校绩效排行榜的公开发布。③

《1994 年教育法》中有关学制的内容涉及"把义务教育年限从 9 年(5 - 14 岁)延长到 11 年(5 - 16 岁),公立学校实行免费教育;根据不同经费来源将学校分为郡立学校(地方教育当局设立的公立学校)、志愿学校(教育或民间团体设立的学校)和独立学校(私立学校,财政独立,在行政管理上独立于国家教育之外,但必须在教育部注册);规定了地方教育当局的职责,如为有生理缺陷的儿童提供特殊教育,为接受继续教育的学生提供奖学金等;确立 11 岁考试,对小学毕业生接受中等教育进行分流;确立三轨中等教育体制(文法、现代、技术)"。④

1997 年布莱尔就任首相时宣称:英国要建立世界一流的教育体系和培养世界级的技能人才。2007 年布朗首相发布了新政府的教育施政纲领,他提出英国的抱负是建立"世界级"的教育体系,成为全球教育联盟的领头羊。2009 年英国政府官方网站称:要提升英国的核心竞争力,使之在全球经济竞争中立于不败之地,英国的教育应当达到世界顶级水平。英国出台了一系列的举措,追求卓越的学校教育成为英国政府 1997 年教育白皮书、2009 年新教育白皮书和 2010 年教育发展计划的主要内容。另外还规定从 2010 年起,教师证书必须每五年更新一次,在教育与就业部中专门成立了"标准与效能部门"。建立了全国统一的国家课程和中小

---

① 强海燕. 中、美、加、英四国基础教育研究[M]. 北京:人民教育出版社,2005:394.
② Brock,C. *Education in a single Europe*. Taylor & Francis,Inc. Vol. 2,2000,pp. 377 - 378.
③ 孙河川,高鸿源,刘杨云. 从薄弱走向优质:欧盟国家薄弱学校改进之路[M]. 北京:高等教育出版社,2006:1.
④ 强海燕. 中、美、加、英四国基础教育研究[M]. 北京:人民教育出版社,2005:382.

学课程标准。通过教师培训机构将国家教师新标准介绍给教师,校长聘任的前提是必须取得国家职业校长资格证书。在学业不良的地区,政府和学校效能与学校改进领域的专家合作,开展了囊括英格兰1000多所学校的"教育行动区计划"。政府还要求每所学校都设立学校改进目标,家庭与学校合作协议和家庭作业成为立法的主题,学校必须向家长提供学校工作绩效的信息。政府对地方教育局问责。每个地方教育局必须拟定帮助辖区内学校改进的计划并建立起有效的它评和自评机制。高等教育同样也受到了这种不断增长的问责制与绩效评估的影响。科研经费越来越多地取决于使用者的评价,评估结果产生的等级作为高等教育基金划拨的依据。在国家层面实施的政策更强化了对卓越教育的追求:在媒体与政府网站公布学校绩效排行榜和对每一所学校的督导报告,对教育质量不合格的学校,教育督导部门有权向政府建议"封校"和"杀校"。

英国的教育系统主要由三个部分、四个级段(stage)组成①:基础级段针对3-5岁儿童,相当于中国的幼儿园;第一和第二级段相当于中国的小学和初中;第四级段相当于中国的高中(Sun,2004)。对于学习全国统一课程的第一、二、三级段的学生,国家配备有相应的全国考试和所应达到的学习标准。"在每一级段结束时,学生须接受国家考试,用来评测学生是否达到该年龄段的培养目标水平,和学校教学的效能。"②对各级段学生的考试主要有7、11、14、16岁全国统一考试,这些考试是根据课程大纲对学生学习成果的测试,起到甄别和提高国家教育整体教育水平的作用,14岁与16岁的考试与中国的中考、会考在性质上有相似之处。"学生一般在16岁时需要参加中等教育证书考试(GCSE)。凡通过证书考试的学生有资格继续学习为期两年的高级证书(A - Level)考试课程。"③学习A-Level课程时期相当于为进入高等教育做准备,也就是大学预科教育阶段。在学生通过 A-Level 考试并获得高级证书后才有资格进入大学或其他高等教育学校继续深造。

---

① Sun, H. *Accountability and Successful School Improvement in the United Kingdom*. Liaoning People's Publishing House,2004,pp. 3 – 11.

② Sun, H. *Accountability and Successful School Improvement in the United Kingdom*. Liaoning People's Publishing House,2004,p. 11.

③ Sun, H. *Accountability and Successful School Improvement in the United Kingdom*. Liaoning People's Publishing House,2004,pp. 7 – 11.

(二)英国教育督导历史溯源

英国教育督导制度始自 1839 年首次任命女王督学。在英国政府对教育督导的高度重视和不断改革下,这一制度经历了多次变革与改进,现已形成稳定、成熟的中央和地方两级制度并行的全国督导网络。① 以下是对英国教育督导历史和现状的简要述评。

顾明远教授、王璐教授等学者认为英国教育督导制度从 1839 年第一次任命女王督学开始直至 20 世纪 80 年代可以分为三个阶段,即女王督导团的产生、中等教育督导的开端、全面督察教育质量。王璐教授认为在这三个阶段后直至目前,英国教育标准局取代了女王督导团。

女王督导团的产生(19 世纪 30 年代到 19 世纪末)②:女王督导团是随着普及义务教育的需要、政府对教育事业的宏观指导和监督的需要而发展的。18 世纪后期,英国工业革命开始,社会发生巨大变化,人口激剧增加,大工业城市相继出现。工业革命使解决普及初等教育问题更为迫切。1833 年起,议会开始拨款补助教育事业。伴随政府对教育的拨款和管理,暴露出教育有待监督和控制的问题,为此政府在 1839 年任命了国家督学。英国督导制度是从初等教育开始的,同时也抓了师资培训。职业技术教育督导首先是由教育局以外的部门开始,后纳入教育部。在资金困难的情况下,首先重视对教育经费的监督和检查,重视调查了解情况。但这一时期,督学的职能还比较狭窄,以检查为主。

中等教育督导的开端(19 世纪末到二次世界大战前)③:《1902 年教育法》颁布以后,公立教育的发展使中等教育督导正式开始实行,也使得各项督导工作深化。公立教育的发展促进了中等教育督导的实施,督学为加强继续教育的计划性和系统性做出了努力,大学开始进行师范教育,督导工作面临新的问题。这一时期,督学团内部的机构设置和领导管理进一步完善,职能进一步扩大,从以检查为主向专业指导、课程与考试监督的方向发展。

全面督察教育质量(二次世界大战后至 20 世纪 80 年代初)④:在这期间英国政府颁布了《1994 年教育法》,确立了英国以初等教育、中等教育和中等后教育与高等教育组成的公立教育体系。除大学外,其他都由地方教育局直接管理,督学

---

① 顾明远.外国教育督导[M].北京:人民教育出版社,2002(8):1.
② 顾明远.外国教育督导[M].北京:人民教育出版社,2002(8):4.
③ 顾明远.外国教育督导[M].北京:人民教育出版社,2002(8):9.
④ 顾明远.外国教育督导[M].北京:人民教育出版社,2002(8):12.

都有督导的职责。第二次世界大战之后教育改革频繁,督学紧密配合教科部的工作,及时了解情况,提出许多建设性建议,保证各项改革的顺利进行。另外,中央对教育统一管理的加强,督学的作用愈加明显,英国督学工作成为教科部决策的重要基础。

教育标准局取代了女王督导团(20世纪90年代后):20世纪80年代末,英国政府宣布解散女王督导团。"1992年教育法"公布新的教育督导制度方案时,教育督导不但没有被削弱,反而以全新的面貌出现。① 1992年教育标准局成立后,为了有效地对学校进行全面的督导,做了以下工作②:补编了新的《幼儿园、小学、中学和特殊学校督导指南》,就有关修订了的国家课程基础阶段及其学科的督导提出指导;为中学和16岁后教育阶段的学科和课程的督导提出了指导;根据白皮书《学校——迈向成功》,从2001年4月起,中等学校的督导工作开始关注第六学级(大学预科)及其学科和课程。将市场竞争机制引入督导领域;建立以注册督学为主的独立督导小组制;规定所有的督导小组须含有一名行外督学参与督导;制定内容详尽的"学校督导纲要",并向社会公布督导报告结果;督学有权将评定结果差的学校评定为"失败学校",并令其在规定时间内整改,甚至是封闭学校。③

通过英国督导的历史演变,我们可以发现:首先,督学的职权范围不断扩大,从以检查教育经费和拨款是否落实为主向专业指导、对学校的管理效能、教师教学效能、学生学习效能进行评估和监督的方向发展,再到督学工作成为教科部以及国家教育政策制定的重要依据。说明英国对教育的集权程度不断加强,对教育的督导日益重视。其次,随着时间的推移,英国教育督导评估体系不断得到完善。从工业革命时期对职业教育的重视直至19世纪80年代对义务教育、师范教育、继续教育的重视,其教育体系与制度的建立接近完善,教育督导作为教育管理过程中的重要环节,在教育问责的大环境下愈显重要。教育标准局时期,其对学校和地方教育局进行督导,根据1992年和1996年的教育督导法案规定,英国小学、中学、特殊学校每四到六年被督导一次。④ 最新的改革是学校督导频率与学校的

① 王璐.英国教育督导与评价:制度理念与发展[M].北京:高等教育出版社,2010:47.
② 祝怀新.英国基础教育[M].广州:广东教育出版社,2003:38.
③ 王璐.英国教育督导与评价:制度理念与发展[M].北京:高等教育出版社,2010:47.
④ Sun, H. *Accountability and Successful School Improvement in the United Kingdom*, Liaoning People's Publishing House,2004.

质量成反比例,获得"良好"和"优秀"的学校每五年督导一次,对不合格学校督导的频率加快,甚至可以一年多次。可见,1992年英国教育标准局的设立对于英国的教育督导及其未来发展具有划时代的意义。

(三)英国教育督导指标体系的演进

学校督导评估是英国教育督导评估中最为重要的任务。而各种学校督导评估类型中,对普通中小学校的评估又是督导评估中的关键,特别是在教育标准局时代,中小学督导评估由过去的抽样督导评估变为每校必督之后,这一特点更加突出。教育督导评估与一般教育评估的重要区别就是它的权威性,因为它代表的是国家和政府的意志,这就决定了学校督导评估指标的主要来源是国家的方针、政策、法规。① 随着英国教育国策的变迁,学校教育督导评估指标和标准也随之不断做出调整,大致可分为两个时期的评估标准:女王督导团时期的评估指标和教育标准局时代的评估指标。

1. 女王督导团时期的评估指标

女王督导团时期学校全面评估方案与标准的特点是:首先,督导评估指标由督导评估目的决定;第二,注重硬件、办学条件、过程与人力资源投入与合理配备,注重供给侧方面的质量;第三,从评估标准可以看出英国中小学教育以学生为中心的理念,尤其是注重学生的兴趣与年龄特点;第四,注重定性评估,没有权重。(见下表)

表4 英国学校督导评估指标(1992年之前)②

一级指标	二级指标
校舍与资源	校舍;布置与展览;资源;图书馆
教学组织	灵活性;班组规模;学科教学时间分布;学科的相互交叉;特殊学校教育的组织
课程	办学目的与宗旨;课程设置;课程的相互联系;16至19岁课程平衡问题;多元文化;对后进生的关心;机会均等

① 王璐. 英国教育督导与评价:制度理念与发展[M].北京:高等教育出版社,2010:136.
② 王璐. 英国教育督导与评价[M].太原:山西教育出版社,1992:45-99.

一级指标	二级指标
教学大纲与计划	教师对学生的要求;教学大纲;计划的形成
衔接与联系	幼儿园与小学的衔接;第六学级与中学阶段的衔接;中小学与师范教育的衔接
人员、管理及领导水平	教师专业水平的发挥;教师的使用与调配;小学课程专家与顾问的配备;教研室领导能力;研究;与工商业的联系;教师管理;有关教师的改革与试验;教师发展;领导水平
学生管理的组织与活动,个性与社会教育	目的;人际关系;班级管理;个别辅导;出勤率;入学引导;家长与社区;早集会;课外活动;个性与社会教育;参与和主动性;忍耐与理解他人;职业教育与指导
教与学	幼儿教学;课堂教学的组织;具有挑战性的教与学;主动性与责任感;学习技能;课堂教学;语言发展;口头作业;阅读;写作;数学;家庭作业
考试、评定与记录	考试;评定与记录;有目的的作业批改;初等教育的评定与记录;中等与中等后教育的评定与记录
特殊教育	普通学校中的特殊教育;特殊教育类型;特殊需求的发现与诊断;特殊教育条件;学习经验;教师之间的关系

2. 教育标准局时代的评估指标

女王督导团时期,学校教育评估方案主要是以评估标准的形式呈现,不仅包括评估的主要指标,同时也包括多项内容。教育标准局的督导评估指标与英国政府教育改革的课程标准和考试标准相配套,从模式到方法都更加贴近国家的各项教育政策法规,并且更加专业化。

英国1992年正式成立教育标准局后,首次制定了大约300页的《学校督导手册》,整个手册包括九部分,其中第二部分的"学校督导框架"主要用以说明学校督导评估的主要内容、指标、标准。"学校督导框架"明确指出了学校督导评估的内容为:(1)学校的教育质量;(2)学校所达到的教育标准;(3)学校对所拨教育经费资源的管理是否有效;(4)学生在精神、道德、社交和文化方面的发展。①

表5 英国中小学教育督导评估指标(1994)②

指标	评估标准与说明	
1. 水准与质量	1.1 成绩水准:评估学生认知和理解能力以及所取得的成绩	1.1.1 关键级段1之前的学习范围:国家课程科目,包括成就目标和国家课程学科学习计划;宗教教育的课程大纲;16岁之前或以后的其他课程考试的成绩和资格证书。 1.1.2 学生在听说读写方面的核心技能;在数字和信息技术以及课程总体方面的能力。
	1.2 学习质量:在督导期间直接观察大量的课堂教学情况,评估学生学习质量的如下方面	1.2.1 在知识理解能力和技能方面取得的进步 1.2.1 学习能力 1.2.3 学习态度
2. 学校效能	2.1 学校财政计划和管理的水平 2.2 学校在人事安排、学习资源和设施分配达到学校目标以及与其优先发展权相匹配的效率和效能 2.3 财政控制程序的效能 2.4 学校采取的任何评估其资金利用率自评措施	
3. 学生的个人发展和行为	3.1 学生的精神、道德、社交和文化发展,通过观察学生的行为和与学生交谈评估学生	3.1.1 精神发展。学校在多大程度上为学生提供机会反思个体生命和人类的问题 3.1.2 道德发展。学校在多大程度上提高了学生明辨是非的道德判断能力 3.1.3 社交发展。学校在多大程度上培养了学生的社会适应能力、承担责任的能力、首创精神和团队合作的能力 3.1.4 文化发展。学校在多大程度上通过宗教、社会等培养学生理解自己和其他文化环境的能力

---

① Ofsted. Handbook for the Inspection of Schools, Part 2: Framework for the Inspection of Schools, 1994, p. 5.

② Ofsted. Handbook for the Inspection of Schools, Part 2: Framework for the Inspection of Schools, 1994, pp. 15 – 35.

续表

指标		评估标准与说明
	3.2 行为和纪律	3.2.1 评估学生的态度和行为是否有助于提高成就水平 3.2.2 学校的规章制度是否有助于学生形成良好的行为,是否有助于提高学校生活质量
	3.3 出勤	3.3.1 学生的实际出勤情况,对于那些出勤率低于90%的年级或班级,督学应详细调查缺席原因并评估学校为提高出勤率所采取的行动 3.3.2 学生准时上课的情况,每天和每节课学生的准时上课情况
4. 教育质量	4.1 教学质量	4.1.1 教师对所教课程具有清晰目标的程度 4.1.2 学生对这些目标的理解程度 4.1.3 教师对科目是否有明确要求 4.1.4 教学内容和教学设计的适宜性 4.1.5 教学内容是否促使所有学生都取得进步
	4.2 评估、记录和报告	4.2.1 学校评估、记录和报告能够全面而准确地描述每个学生在实现国家课程的成就目标与其他目标时所取得的成绩,评估工作的过程和结果对教师、家长和学生来说是可靠的、可操作的、富有建设性的和有帮助的
	4.3 课程	4.3.1 课程的内容和范围 4.3.2 机会均等
	4.4 为有特殊教育需求学生提供的教育	4.4.1 评估学校教育在大多数程度上使有特殊教育需求的学生以适合的进度发展他们的能力 4.4.2 在国家课程、宗教课程以及其他课程教育的广泛性和平衡性上是否适合有特殊教育需求的学生的能力
	4.5 管理与行政	4.5.1 学校目标和目的是否促进了学生学习质量和成绩水平的提高,以及精神、道德、社交和文化方面的发展 4.5.2 校董会、家长和教职工是否有效地执行学校目标、小组目标和个人目标,并提升学校质量和学生的成就 4.5.3 学校是否能有效地执行任务,是否制定了学校可达到的目标 4.5.4 学校日常的行政管理和组织机构是否有效运行 4.5.5 校董会、教职工、学生和家长之间是否为达成共同的目标而建立了有效的协作关系 4.5.6 在校内外是否开展了有效的沟通或建立了很好的公共关系

续表

指标	评估标准与说明
4.6 人事、学习资源和教学设施	4.6.1 教师和教辅人员。学校是否拥有合格而有经验的教师胜任不同课程、年龄和能力范围学生的教学 4.6.2 学习资源。学习资源在促进所有学生的质量和达到的水平上是充分的、可用的、合格的 4.6.3 教学设施。教学设施是否充分,是否得到有效使用,是否有特殊教育的教学设施,是否与学生的年龄和数量相匹配
4.7 学生的健康和指导	4.7.1 学校确保学生幸福、健康和安全的效能 4.7.2 学校满足学生学业和个人需求的措施以及对学生课程和就业的指导 4.7.3 校董会执行健康教育和性教育的有效性
4.8 与家长和其他机构的联系	4.8.1 评估学校是否积极地与家长、社区、业界和地方教育局联系 4.8.2 是否定期向家长汇报学生情况 4.8.3 对学生社会实习安排的有效性 4.8.4 与其他学校的关系 4.8.5 学校利用各方面关系提高学生学习成就和学校影响力的程度

2005 年英国教育与技能部发布了《每个孩子都重要——英格兰学校督导框架》的重要文件,该文件对英国的教育督导评估政策产生了重要的影响,教育标准局对学校督导的标准在 1994 年的督导评估指标的基础上进行了修改。并于 2007 年 9 月颁布了新的题为《每个孩子都重要——英格兰学校督导框架》的文件,这是在 1994 年英国学校督导评估框架的基础上,经多次修改和试用后修订而成的。框架分为四个部分:"督导制度""督导过程""中小学和其他 16 岁以后学校的共同督导框架""质量保障"。① 其中的"中小学和其他 16 岁以后学校的共同督导框架"包括学校总体效能、成绩和标准、教育质量、领导和管理。(见下表)

---

① 王璐.英国教育督导与评价:制度理念与发展[M].北京:高等教育出版社,2010:145 - 147.

表6　英国中小学教育督导评估一级和二级指标(2007)①

核心指标	评估标准与说明
1.总体效能	1.1 教育的总体成效,包括所有特色教育和延展服务,学校的主要缺点 1.2 进一步改进的能力 1.3 自上次督导以来学校改进措施的成效 1.4 为促进学生发展与其他机构合作的成效 1.5 基础学段的成效 1.6 第六学级的成效
2.成绩和标准	2.1 学生作业的水平 2.2 学生相对于他们先前的成绩与潜能所取得的进步,不同学生群体表现出的显著差异 2.3 学生喜欢他们学习与任务的程度 2.4 职业技能的获得 2.5 有助于学生社会与经济能力提高的技能发展情况 2.6 学生的情感发展,学生的行为,出勤率 2.7 学生养成安全的行为习惯和健康的生活方式的程度 2.8 学生的精神、道德、社交和文化发展 2.9 学生是否能对社区做出积极的贡献
3.教育质量	3.1 教学和培训以及资源在促进学生的学习、满足所有学生的需求以及达到课程或研究计划要求方面的成效和程度 3.2 在制定计划和监督学生的进步方面,考核的适宜性和严格程度 3.3 对额外学习需求的认定与满足 3.4 家长和监护人参与孩子学习与发展的程度 3.5 在学生先前的成绩与经验的基础上,计划或活动满足学生需求、指向以及潜能的程度 3.6 计划或课程满足外部需求的程度以及对当地情况做出回应的程度 3.7 丰富的活动和课外辅导有助于学生的兴趣和成绩提高的程度 3.8 教育在多大程度上有利于学生的个人发展和福祉 3.9 为了保障学生的福祉,促进个人发展以及达到高标准所提供的看护、忠告、指导和其他支持的成效 3.10 向学生提供的有关课程与计划以及生涯规划方面的信息、咨询和指导的质量和可获取性

① Ofsted. Framework for the Inspection of Schools in England from September 2005, pp. 20 – 22. 引自王璐. 英国教育督导与评价:制度理念与发展[M]. 北京:高等教育出版社,2010: 148 – 150.

续表

核心指标	评估标准与说明
4. 领 导 和 管 理	4.1 将自评用于学校改进的成效 4.2 将挑战性的目标用于提高所有学生水平的成效 4.3 学校各个层级的领导和管理者通过高质量的看护、教育和培训、领导学校的改进以及促进学生发展方面的成效 4.4 为了使所有学生的潜能得到发展,学校在促进机会均等和消除歧视方面的成效 4.5 教师队伍的质量,包括招聘和筛选教师的程序,在保证学生获得良好的教学和保护方面的成效 4.6 特殊设备、学习资源以及校舍的满意程度和适宜性 4.7 为了达到价值最大化,在资源的分配与使用上的有效性与效率 4.8 为了促进学生的学习和发展,与其他教育机构、服务机构、雇主和其他组织在整合看护、教育和课外活动方面的合作成效,校董会和其他监督委员会行使职责的成效

2007 年督导评估指标体系与 1994 年的督导评估指标体系相比,在内容的排序上发生了很大的变化:首先,在 1994 年督导评估指标的一级指标和二级指标中,突出"学生的学习成绩和学业标准"。而 2007 年则将"学校的整体效能作为评估的重要指标","学生的成绩标准"居于第二位。由此,可以看出 2007 年的学校督导评估指标尤为重视学校对学生的影响,追求学生的全面发展。其次,在指标维度的划分上,1994 年将学生的水准与质量与学生的个人发展和行为割裂为两个维度。2007 年则将二者合并为学生的成绩和标准。可以说明英国将学生的全面发展与成绩的提高视为衡量学生在校期间进步与发展不可或缺的部分,国家教育政策也侧重于培养全面人才。第三,2007 年的评估指标还提出了学校自评的理念,加强督导与学校自评之间的合作,有利于学校自身的发展。

（四）2010 年英国中小学教育督导评估指标体系解析

2010 年英国颁布了新的全国教育督导评估指标,该指标曾于 2009 年夏季在英国部分地区试点使用后经修订于 2010 年 4 月正式推广。我们历经数月将英国教育评估标准局 2010 年教育督导评估细则的文件由英文翻译成中文,经几十次反复修改、校译、回译,专家校对后,提炼整理成本节中所分析的评估指标。

英国 2010 年教育督导评估指标体系针对英国五种不同类型学校的督导评估

(普通中小学校、学前教育、大学预科①、寄宿学校、特殊教育学校)分别制定了《普通中小学校督导评估指标》《学前教育督导评估指标》《大学预科督导评估指标》《寄宿学校督导评估指标》和《特殊教育学校督导评估指标》。它们之间既有共性也有各自的特性,但均以"普通中小学校督导评估指标"为共核,不同类型学校的评估指标只是在"普通中小学校督导评估指标"的基础上有所增减而已。②

1. 英国 2010 年普通中小学督导评估指标(共核部分)

英国 2010 年颁布的"普通中小学校督导评估指标"体系显示,英国对中小学校的督查主要集中在三个方面:"学生成就""学校教育效能""学校领导与管理的效能",这也就是对中小学校督导评估的三项一级指标,在此三项一级指标下,包含 19 项二级指标、39 项三级指标、156 项四级指标(又可称为"测评点"),可以说是相当地详尽且操作性极强。由于督导指标在实际操作中需要更细化的测评点,因此本文中的四级指标又称测评点。

一级指标"学生成就"包括八项二级指标:学生的成就以及乐学的程度;学生的安全感程度;学生的行为表现;学生采用健康生活方式的程度;学生对学校和社区的贡献程度;学生出勤;学生掌握适应未来工作的能力和保障经济无忧的技能程度;学生的精神道德,社交和文化发展的程度。

一级指标"学校教育效能"包括三项二级指标:教学的质量(包括以评促学的运用);通过合作、课程满足学生需求的程度;有效的关爱、引导和支持。

一级指标"学校领导与管理的效能"包括八项二级指标:领导与管理的效能,包括对改进的愿望与推动力;校董事会激励和支持学校攻克难关、履行法定职责的效能;让家长和监护人积极参与学校改进的效能;促进学生学习和其福祉的合作效能;促进公平消除歧视的效能;实施监管的效能;促进社区和谐的效能;获取资源和有效使用资金的效能。

以上是对英国中小学校督导评估指标中二级指标的介绍,三级指标见下表:

---

① 大学预科:有学者译为第六学级或六级学院.
② 孙河川,刘文钊,王小栋,郝玲玲.英国最新教育督导评价指标述评[M].比较教育研究 2003(3):55.

表7 英国中小学校督导评估指标一、二、三级指标

一级指标	二级指标	三级指标
1. 学生成就	1.1 学生的成就以及乐学的程度	1.1.1 学生成绩(学校所提供的16岁学生的成绩,如:测试、考试成绩及其他,也应考虑不同学生群组之间、课程、学科、发展趋势中任何重要的变量)
		1.1.2 学习质量和进步,包括特教生和残疾生
		1.1.3 成就及乐学的程度(学生学习质量、进步及成就,包括学前教育和大学预科取得的成就。不能只用一年的数据,一般是用连续三年的数据,除非是新校)
	1.2 学生的安全感程度	1.2.1 学生在校安全感以及对安全的认识
		1.2.2 学生感到不安全时,能向学校寻求保护
	1.3 学生的行为表现	1.3.1 学生的课堂表现和在校期间的表现
	1.4 学生采用健康生活方式的程度	1.4.1 学生(特别是高危生)了解伤害他们的生理、心理健康的因素,以及他们对待这些因素的态度
		1.4.2 学生(特别是高危生),在学校通过努力,改善身心健康
	1.5 学生对学校和社区的贡献程度	1.5.1 学生愿意为学校或社区承担一份责任并发挥作用
		1.5.2 学生参与影响他们学习和福祉问题的决策与咨询
		1.5.3 学生对社区和学校贡献所产生的影响
	1.6 学生的出勤	1.6.1 学生的出勤情况
	1.7 学生掌握适应未来工作的能力和保障经济无忧的技能程度	1.7.1 学生的语言、识字、数字、信息、沟通能力水平与年龄相适应
		1.7.2 扩展知识和增强理解力,精通技术和提高素质,对未来的学习、培训、工作和生活有所帮助
		1.7.3 学生对他们未来的选择和愿望有所了解
	1.8 学生的精神道德,社交和文化发展的程度	1.8.1 学生的见解和生活目的,以及他们对社会主流价值观的理解
		1.8.2 学生发展生活和工作中必备的技巧和个人素质,以及他们对自身文化和其他不同国度、不同地区和不同地域文化的理解

续表

一级指标	二级指标	三级指标
2. 学校教育效能	2.1 教学的质量	2.1.1 教学促进全体学生的学习、发展和兴趣提升的程度
		2.1.2 以评估满足学生需求的程度
	2.2 通过合作、课程满足学生需求的程度	2.2.1 对学生个体与学生群开设其所需求的相关课程,并对其学习成就产生影响
	2.3 有效的关爱指导和支持	2.3.1 对促进学生的学习、个人发展以及福祉的关爱和支持
		2.3.2 向学生提供有质量的信息、建议、指导
3. 学校领导与管理的效能	3.1 领导与管理的效能,包括对改进的愿望与推动力、对教与学的领导与管理	3.1.1 领导者与管理者在合作交流中看到学校的未来,他们对学校怀有较高的期望,并确保能从其他方面获得支持和帮助
		3.1.2 学校如何较好地使用战略目标,以提高学生的水平,改进特殊学生群中的低效状况
		3.1.3 领导和管理者,能有效使用学生成绩中所反映出的信息,去设计、执行、监督、调整计划和政策,以加快改进速度,获得改进成效
	3.2 校董事会激励和支持学校攻克难关、履行法定职责的效能	3.2.1 校董事会帮助学校确立发展方向的效能
		3.2.2 处理学校董事会和监委会面临的挑战,支持学校领导和管理者,帮助他们克服不足,并进一步提升所有学生的学习效能
		3.2.3 学校董事会、监委会和其他相关委员会履行其法律职责的程度
	3.3 让家长和监护人积极参与学校改进的效能	3.3.1 学校参考学生家长与监护人的意见去决定全校事务并做出贡献的程度
		3.3.2 学校让学生家长与监护人对孩子的学习、福祉和发展给予支持,并积极参与的程度
		3.3.3 学校与学生家长和监护人沟通的质量
	3.4 促进学生学习和其福祉的合作效能	3.4.1 在促进学生的学习和身心健康方面,学校与其他供应机构、组织机构和服务机构合作的程度及效能
		3.4.2 学校合作行为创造经济价值的效能

续表

一级指标	二级指标	三级指标
	3.5 促进公平消除歧视的效能	3.5.1 学校提供公平的机会,消除歧视的效能
	3.6 实施监管的效能	3.6.1 学校部署学生安全保障的有效程度
	3.7 促进社区和谐的效能	3.7.1 在社区、国家、全球范围内,学校对宗教、种族、社会经济形态的理解
		3.7.2 学校分析自身所处环境,设计出合理的发展规划,并评估自身的工作
		3.7.3 学校的行为对于社区合作有着良好的影响
	3.8 获取资源和有效使用资金的效能	3.8.1 有效地使用和管理可支配资源,满足学生的需求,获得高效的成果

注:出处 http://www.ofsted.gov.uk 由孙河川教授课题组根据 The Evaluation Schedule for Schools(2010)翻译、校译、提炼得出。

2. 英国学前教育督导评估指标

英国 2010 年颁布的"学前教育督导评估指标"中的三项一级指标为:"儿童在学前教育中的成果""学前教育的质量""学前教育领导与管理的效能"。这套指标包含二级指标 8 项,三级指标 23 项,四级指标 21 项。

第一个一级指标"儿童在学前教育中的成果"包含的二级指标只有一项为:儿童的成就及乐学的程度、安全感程度、健康生活方式的程度、积极贡献的程度、培养未来技能的程度。第二个一级指标"学前教育的质量"包含的二级指标有两项,分别为:儿童在学习和发展方面得到帮助;提升儿童福利的效能。第三个一级指标"学前教育领导与管理的效能"包含的二级指标有五项,分别为:儿童受到保护;教育机构(学校)与督学以及与家长(监护人、其他人)的关系;通过有效的自评系统推动改进和实现愿望;促进公平消除歧视的效能;利用资源的效能。(见下表)

表8　英国学前教育督导评估一、二级指标（2007）①

1. 儿童在学前教育中的成果
1.1 儿童的成就及乐学的程度
1.2 安全感程度
1.3 健康生活方式的程度
1.4 积极贡献的程度
1.5 培养未来技能的程度
2. 学前教育的质量
2.1 儿童在学习和发展方面得到帮助
2.2 提升儿童福利的效能
3. 学前教育领导与管理的效能
3.1 儿童受到保护
3.2 教育机构（学校）与督学以及与家长（监护人、其他人）的合作关系
3.3 通过有效的自评系统推动改进和实现愿望
3.4 促进公平消除歧视的效能
3.5 利用资源的效能

3. 英国大学预科（六级学院）督导评估指标

英国2010年颁布的"大学预科督导评估指标"中的三项一级指标为："成果""教育质量""领导与管理的效能"。此套指标包含有二级指标12项,三级指标35项。

一级指标"成果"包含的二级指标有四项,分别为:通过学习,取得预期的进步,实现学习目标;通过学习和发展,提高就业能力和经济福祉;健康、安全和福祉的情况;对社区的贡献。一级指标"教育质量"包含的二级指标有三项,分别为:教学、培训和评估,帮助学习和发展的程度;课程计划和活动满足学生的需要和兴趣,并反映地方和国家重点事项的程度;关爱、指导、支持促进学生的进步、成绩和福祉的程度。一级指标"领导与管理的效能"包含的二级指标有五项,分别为:对改进的愿望与推动力;促进公平,消除歧视的效能;实施监管的效能;获取资源和

---

① 注:出处 http://www.ofsted.gov.uk 由孙河川教授课题组根据 The Evaluation Schedule for Schools(2010)翻译、校译、提炼得出。

有效使用资金的效能;与学生、家长合作,帮助和提升学生进步的效能。(见下表)

表9 英国大学预科督导评估一、二级指标(2007)

1. 成果
1.1 通过学习取得预期的进步,实现学习目标
1.2 通过学习和发展,提高就业能力和经济福祉
1.3 健康、安全和福祉
1.4 对社区的贡献
2. 教育质量
2.1 教学、培训和评估,帮助学生学习和发展的程度
2.2 课程计划和活动满足学生的需要和兴趣,并反映地方和国家核心价值观的程度
2.3 关爱、指导、支持促进学生的进步、成绩和福祉的程度
3. 领导力与管理的效能
3.1 对改进的愿望与推动力
3.2 促进公平,消除歧视的效能
3.3 实施监管的效能
3.4 获取资源和有效使用资金的效能
3.5 与学生、家长合作,帮助和提升学生进步的效能

注:出处 http://www.ofsted.gov.uk 由孙河川教授课题组根据 The Evaluation Schedule for Schools(2010)翻译、校译、提炼得出。

4. 英国寄宿学校及特殊学校督导评估指标

表10 英国特殊学校督导评估指标(一二级)

1. 寄宿学校的效能
1.1 评估学校是否能达到国家最低标准
1.2 教育满足有关寄宿生福祉、安全、个人发展需求的情况

注:出处 http://www.ofsted.gov.uk 由孙河川教授课题组根据 The Evaluation Schedule for Schools(2010)翻译、校译、提炼得出。

英国 2010 年颁布的"寄宿学校督导评估指标"中的一级指标为:"寄宿学校的效能"。指标包含有二级指标两项,三级指标三项。一级指标"寄宿学校的效能"包含的二级指标有两项,分别为:评估学校是否能达到国家最低标准;评估学校教育满足有关寄宿生福祉、安全、个人发展需求的情况。

对于特殊学校学生的成绩,不适宜用对普通学校而言的学生成就的评估标准,因为特殊学校学生的认知能力受到严重的限制,提高成绩难度较大。较为合理的是,允许逐一对学生学习和进步的成就进行等级评估。若学生成绩低,但学习和进步为"卓越",可评为"良好",若学习和进步为"良好",则评为"满意"。在督导特殊教育学校时,要获得公正而严谨的数据,督学需参考培训资料,使用专业评估。

小结:

通过对 2010 年英国教育督导评估指标体系的全面介绍,我们发现,此套评估指标的共核部分与 2007 年的中小学督导评估指标相比存在以下变化:指标维度的划分上,2007 年指标将"总体效能"作为指标体系的第一维度,而 2010 年的指标将"总体效能"作为统领整个指标体系的总纲,单独列出。其他的三项在维度上没有差异,但每项维度下的二级指标变动较大:首先,在一级指标"学生学习成绩"下的二级指标中,2010 年的指标加入了"学生的安全感";2007 年的指标存在重合的部分,例如"学生的情感发展和学生养成安全的行为习惯"和"健康的生活方式的程度"出现部分重合,"职业技能的获得"和"有助于学生社会与经济能力提高的技能发展情况"出现部分重合。其次,在一级指标"学校教育效能"下的二级指标中,2010 年的指标将二级指标简化,相对细致的标准划分在三级和四级指标中,2007 年的指标列出了 10 项二级指标,使得操作起来会比较繁琐。第三,在一级指标"领导和管理效能"下的二级指标中,2010 年指标提出了"学校对社区的贡献""与家长合作的效能""实施监管的效能"。而 2007 年指标所提到的"学校自评""教师队伍的质量"是 2010 年指标中没有涉及的。

2010 年的中小学教育督导评估指标与 2007 年相比有所改进和完善,在二级指标的划分上更加系统,将重合的部分划分到三级指标,重视学生在校期间的安全、学校与家长的联系合作、校董会和监委会的管理作用、学校与社区的互动和对社区的帮助等等。由于现在英国教师的招聘和甄选有专门的制度来操作,所以没有出现在 2010 年的督导评估指标中。这些都随着英国教育目标和政策的变化而变化,更加符合英国教育国情的发展。

二、英国(2016 年教育督导评估指标体系)

(一)英国中小学教育的评价理念

英国的教育评价始终渗透着通过评价来促进发展的理念。英国的现代义务教育系统非常发达,5-16 岁的英国人都必须接受 12 年的义务教育。根据《2008

年教育与技术法案》①,2015 年英国义务教育的时间已经延长到 18 岁。

英国在 2004 年的《儿童法案》中,宣布"每个孩子都重要",即"Every Child Matters,Making Every Child Matter."每一个儿童,无论其身世背景,都应该获得他们所需要的支持,包括健康、安全的成长,快乐和拥有成就感,积极地为社会做贡献,实现经济无忧等五个方面。学校的任务就是协调社会部门,保证孩子有一个良好的开端,扣好第一颗扣子。英国学生在义务教育阶段也要接受众多的统一考试和评估,目的是为了诊断、发现学生在学习中遇到的问题。学校会根据评估结果,为每个学生提供个性化指导和帮扶。学校评估的根本目的在于促进学校发展和教育发展,更好地为学生和社会服务,学校发展和教育发展最大的可能性在于学校对于督导评估的认可。学校和教师只有真心诚意地接受督导,甚至希望被督导被评估,这样的督导评估才能取得最大的促进作用。基于这种认识,学校的自我评估总是先于督导评估。在督导前,每个学生、教师和学校领导层都要对照督导评估标准,填写好自评表,认真总结成绩和不足,以便找到进一步发展的方向。②

(二)通过教育评估,更好地服务于国家的发展

英国教育评价的一个重要功能,就是诊断学生的学业问题,为提升学生的基础学力寻找解决的办法,通过诊断问题来促进本国人才的高质量的发展,从而为国家的未来发展服务。比如,英国政府从 2000 年开始连续发表政府报告,要求英国的各中小学要关注教育评估的质量,要以人的发展作为学校评估的主要取向,要通过教育评估实现教育的高质量,促进所有学生获得真正的发展。③

(三)英国 2016 年最新中小学教育督导评估指标体系

自从 1993 年成立英国教育标准局(The Office for Standards in Education, Children's Services and Skills,简写为 Ofsted)之后,它分别在 1994 年、2007 年、2010 年和 2016 年颁布和更新了英国中小学教育督导评估指标,上文我们剖析了英国 2010 年的中小学教育督导评估指标,在这部分我们将剖析英国 2016 年的中小学教育督导评估指标。

2015 年 6 月 15 日,英国教育标准局公布了更新后的《学校督导手册(草案)》

---

① Education and Skills Act 2008. https//www. chinacbe. org/html/yiwujiaoyu/8643. html,2011 - 01 - 08.

② The Evaluation in Great Britain. https//www. qca. org. uk/curriculum,2011 - 01 - 08.

③ 李伟. 英国基础教育阶段未成年人公民意识培养探析[J]. 外国中小学教育,2011(03).

(《School inspection handbook——Handbook for inspecting schools in England under Section 5 of the Education Act 2005》),经过一年多的意见征集和反复修订之后,2016 年 8 月 23 日,正式颁布了更新后定稿的《学校督导手册》。该手册遵照《2005年教育法》第五条制定,用于六大类英格兰学校的督导评估。该手册分为两部分:第一部分介绍如何督导学校,包括督导前、督导中和督导后的全过程。第二部分是对各级各类学校进行督导评估的具体指标、评价依据和范例等。① 我们经过数月的翻译、校译、提炼、整合、语言本土化,一线教师访谈等,形成了最终的《英国学校督导手册》。限于篇幅,我们仅对该手册中的核心部分《英国学校督导评估指标体系》(以下简称《指标体系》)框架进行简述,然后聚焦于英国对优秀学校的督导评估有哪些指标? 对我国有什么样的启示。

1. 评估对象

《英国学校督导评估指标体系》的评估对象含括:英国的普通公立中小学校、早教机构和学校、独立学校、大学预科学校、寄宿学校、继续教育和技能培训学校。尽管对这六大类学校的督导评估都分别制订了评估标准和评估指标,它们之间既有共性也有各自的特性,但有一点是共同的,即均以《英国学校督导评估指标体系》为蓝本,在它的基础上增添或减少。

2. 评估维度

《英国学校督导评估指标体系》的最大特点是分别从五大维度来评估各级各类学校的质量和效能。

维度 1:学校整体效能(Overall effectiveness)。

维度 2:领导和管理的效能 (Effectiveness of leadership and management)。

维度 3:教学、学习、评估的质量 (Quality of teaching,learning and assessment)。

维度 4:个人发展、行为和福祉 (Personal development,behavior and welfare)。

维度 5:学生成就 (Outcomes for pupils)。

对所有学校的评估均含以上这五个维度。只是在评估结果的等级上,有所差异。国内常用的等级是"优、良、合格、不合格"等评判等级。英国所用的等级与国内类似,但说法更委婉,更易被被评估方接受。

3. 评估等级

2016《英国学校督导评估指标体系》共有四个评估等级,最好的是"优秀",次之

① https://www.gov.uk/government/publications/school-inspection-handbook-from-september-2015.

为"良好"，再次之用"需要改进"，最次的用"欠佳"。这四个等级的中英文分别为：

（1）优秀（Outstanding）；

（2）良好（Good）；

（3）需要改进（Requires Improvement）

（4）欠佳（实指不合格）（Inadequate）

英国的四个等级与我国的四个等级大致相当，只是将"合格"变成了"需要改进"，将不合格变成了"Inadequate"。英语单词"Inadequate"很有意思，它"欠佳、不足"的含义，较之"不合格"（not qualified）一词的含义，显然更文雅、更温婉，给足了不合格学校面子。尽管对各级各类学校在评估时所使用的五大维度相同，但英国教育标准局在每个维度下面制订了严格的等级区分标准，如："优秀学校"指标、"良好"学校指标、"需要改进"学校指标、"欠佳学校"指标。这四套督导评估指标内容长达几十页，限于篇幅，我们仅对"优秀"学校督导评估指标进行介绍和剖析，原因有三：其一，我国学术界从来没有专文介绍过英国优秀学校督导评估指标；其二，我国目前还没有类似英国这种对学校督导评估等级的分类指标；其三，我国经济社会的超速发展召唤我国教育督导提升、细化对学校的评估标准和指标。正如2014年3月18日习近平总书记在河南省兰考县委常委扩大会议的讲话中所指出的那样"标准决定质量，有什么样的标准就有什么样的质量，只有高标准才有高质量。取法于上，仅得为中；取法于中，故为其下。确立什么样的标准，决定着有什么样的成效"。只有教育的高标准，才有教育的高质量。我国已经跨越了"穷国办大教育"的阶段，我国的基础教育在国际上有着不错的口碑。上海在PISA考试中的两次夺冠，吸引了英美国家教育部长亲自带队前往上海取经、聘请上海教师到英国执教的热潮。中国是教育大国，但中国更要成为教育强国！虽然中国现在还不是世界教育领域的标准制订国，但中国有自信、有信心、有能力加入未来世界教育领域的标准制订国！现在我们需要借鉴的指标不是国际的最底线指标，应当是最高等级的指标（Outstanding）。这也是我们介绍英国优秀学校督导评估指标的初衷。

4. 达到"优秀"等级学校督导评估指标

2016《英国优秀学校督导评估指标》共有五大评估维度，49个具体指标，各个维度中具体指标数目的分布详见下表。

表 11　2016 年《英国优秀学校督导评估指标》维度和指标总数

评估维度	指标数目
1.学校整体效能	4
2.领导和管理的效能	12
3.教学、学习和评估的质量	12
4.学生个人发展、行为和福祉	13
5.学生成就	8
总计	49

从表 11 可以看到,英国《优秀学校督导评估指标》中评估维度的前两个属于学校层面,有关学校的整体效能、学校领导与管理效能。第三个评估维度属于课堂层面,从英文原文的表达中可以明确地看到它描述的是有关教师的教、学生的学、教师对学生的评估技能。第四个和第五个评估维度属于学生层面,明确提出了学生的个人发展、行为表现和福祉,以及学生的成就。这五大维度几乎含括了学校教育的所有方面,领导管理者、教师(包括教辅人员)、学生(包括进修生、培训生、学困生、特教生等)。在排序上,与 2010 指标相比,有了很大的变化。2010 指标的排序为:

(1)学生成果;

(2)学校教育效能(教师、课堂教学);

(3)学校领导与管理的效能。

那么,在具体指标内容方面,2016 最新《优秀学校督导评估指标》是怎样的呢?请详见下表。

表 12　2016 年《英国优秀学校督导评估指标》维度一的具体指标

维度一	序号	具体指标
学校整体效能	1.1	教学、学习和评估的质量均为优秀。
	1.2	在重要的评估中,学校的各方面均为优秀,在极特殊的情况下,有一个维度被评为"良好",但有充分证据显示,学校在此方面也正在朝着"优秀"迈进。
	1.3	精心地、全方位地培养学生在精神、道德、社会、文化、身心等方面健康发展,使他们能够茁壮成长。
	1.4	有效的安保。

表 12 是英国优秀学校督导评估指标的第一个维度,也是一个汇总维度。这个维度实质是对被评估学校的一个总体评价,故称之为对学校整体效能的评价。

它强调学校的教学效果、学生的学习成果以及全方位的成长、学校为学生提供的安保要确保有效。在重要的评估中，学校的各方面、各个维度都应当是优秀的，假如有一个方面没有被评为"优秀"，那么必须有充分的证据证明，在该方面学校正在努力改善，向着优秀迈进。否则该校不能被评为优秀。

表 13　2016 年《英国优秀学校督导评估指标》维度二的具体指标

维度二	序号	具体指标
领导和管理的效能	2.1	校领导层和校董事会营造了追求卓越的学校文化氛围，对师生员工始终持有高期望，师生关系堪称完美。
	2.2	校领导层和校董事会始终如一地聚焦于提升所有学生的成就，尤其是对低社经地位的学生和学困生。在目标和理想的追求上从不妥协。
	2.3	学校的举措确保了低社经地位学生和学困生的持续进步，各门课程成绩均在提升，尤其是英语和数学成绩。
	2.4	校董事会经常督促、激励学校领导层，使他们能有效地调动教职员工的积极性和学校的各种资源，确保学生取得卓越成就。校董事会经常质询学校领导层有关不同学生群体在学习成就方面的差异情况，尤其是低社经地位的学生和不同种族的学生。
	2.5	校领导层和校董事会深刻、准确地了解学生、家长和员工对本校效能的评价。他们能聚焦关键领域，施展行动力，并以此推动学校的改进和发展。
	2.6	校领导层和校董事会直接使用绩效管理，鼓励、激发和促进教师的专业发展。全校的教学都是高效的。
	2.7	教师经常对教学方法进行讨论和反思，积极投入自身专业发展。校领导营造了激励教师、信任教师、勇于探索和大胆采用适合学生的教学方法。
	2.8	学校开设的课程丰富多样而又均衡，学生爱学。安排的系列课程有助于学生掌握各方面的知识、能加深理解和提高学习技能，包括人文学科、语言学、数学、科学、技术、社会、体育、艺术等。
	2.9	学校工作的中心是加强学生精神、道德、社会和文化等方面的发展以及对英国核心价值观的宣传和介绍。
	2.10	学校领导在给学生和教职员工提供机会的公平性和多样性方面做得相当好，整个学校校风和校园文化中没有任何形式的歧视。学校领导、教职员工和学生不认可和不接受任何带有歧视和偏见的行为。
	2.11	有效的安全保障。学校领导层和管理者营造了一种高度重视安全的校园文化，积极提升学生的福祉，倾听学生的声音，让学生真正感到安全。培训教职员工能明锐地觉察到学生是否被忽视、被侮辱和遭遇其他不公平待遇，并随时向学校汇报。学校领导和员工能有效地与校外合作者一同对这类学生给予支持和保护。
	2.12	学校领导是保护学生不受恐怖主义和极端主义影响的楷模。一旦学生受到此类影响和侵害时，学校领导能迅速做出回应。对教职员工进行高质量的培训，提高警惕、自信和应对力，能挑战遭受此类影响的学生的言论，并鼓励展开辩论。

　　表 13 展示了英国教育督导对中小学校领导和管理效能的评估指标。将追求卓越的文化氛围、高期望、完美的师生关系放在了对学校领导和管理效能评估的第一位(见 2.1)。指标 2.2、2.3、2.4、2.9 均强调提升所有学生的成就和学习成绩(特别是在语文和数学方面的成绩),尤其是对低社经地位的学生、学困生、不同种族的学生。与此同时加强培养学生在精神、道德、社会和文化方面的发展。以及加强在学生中进行英国核心价值观的宣传和介绍。这一点不同于英国 2010 督导评估指标。2010 年的指标没有这方面的内容。指标 2.5 - 2.8,涉及学校对教师和课程管理方面的内容,提出学校直接使用绩效管理,鼓励、激发和促进教师的专业发展,全校的教学都是高效的。要做到这一点的确非常难,如果说一所学校的教师有三分之二是高效的,那么这所学校已经相当不错了,而全校的教师都要成为高效的教师,确实需要中小学校的领导进行经常性的、高效的教师在职培训,相互观课、评课成为常态等。指标 2.10 - 2.11 强调在学校管理中对学生安全和校园安全的重视、对公平性和多样性的重视,对所有学生一视同仁,倾听学生的声音,不容许对学生有任何形式的歧视、偏见、忽视、侮辱等。此表中的最后一个指标 2.12 是一个崭新的指标,首次提出了保护学生不受恐怖主义和极端主义影响,如果学生已经受到影响时,学校领导团队应当采用有效的预防措施,如平时对教职员工进行此方面高质量的培训,提高应对能力,能迅速反驳、挑战受到恐怖主义和极端主义影响的学生的观点,展开辩论,以理服人,杜绝此类观点在学生中的滋生和蔓延等。这个维度中明确地提出了对英国核心价值观的宣传和介绍。

　　表 14 是英国教育督导对中小学课堂层面效能的评估指标,包括教师的教学效能和学生的学习效能。指标 3.1 - 3.8 以及 3.12,均强调教师的教学效能和教师的核心素养,描绘了高效能教师的方方面面,包括具备渊博的专业学科知识,对学校和班级规章制度的熟悉了解和正确运用,不墨守成规,绝不使用刻薄言辞伤害学生,充分了解学生并持有高期望,能向学生提供精辟的指导建议、高效的规划课程、有效的教学方法,布置具有挑战性的家庭作业,最大化地利用课内时间,有效地掌控课堂并营造出高效课堂,不让一个学生掉队。英国最新指标特别指出要重视数学、阅读、写作和交流课程,尤其是对于低年级学生,教师的语音教学必须高效,确保学生能认识和拼读生词。能为学生未来的工作和学习做好准备。指标 3.9 - 3.11 强调的是学生的学习效能。学生首先要爱学,对学习充满兴趣和好奇心,拥有不怕挑战、不怕失败的品质。能够使用最新的信息资讯去巩固和加深自

身的知识、技能和理解力;积极参加课内外活动;同时学校要携手家长共同促进学生进步。

表 14　2016 年《英国优秀学校督导评估指标》维度三的具体指标

维度三	序号	具体指标
教学、学习、评估的质量	3.1	教师对所教学科的知识渊博,有着透彻的理解。能十分有效地运用以问质疑的教学方法,能清楚地判断学生是否理解和掌握了该学科的内容,能够判断学生常犯的错误并能确保其不再犯。
	3.2	教师能高效地规划课程,最大限度地使用课内时间,很好地协调课程资源,能始终遵循明确的规章制度对学生的行为进行管控。
	3.3	教师为学生提供足够的时间进行反复操练,让他们将知识、理解和技能融会贯通。并循序渐进地向学生介绍课程知识,让学生掌握得更多更好。了解每个掉队落伍学生并全力帮助他/她,帮助他们迎头赶上。
	3.4	教师能系统地、有效地检查学生对课程的理解,并提供清晰的、直接的和及时的帮助。
	3.5	根据学校的规定,教师需向学生提供精辟的指导建议,怎样去提升自身的知识、理解力和技能。学生能够有效地利用教师的这些指导建议。
	3.6	教师根据学校的规定、学生所在的年级和年龄段,布置恰当且具有挑战性的家庭作业,以巩固学生的学习,加深理解,使学生能为未来的工作和学习做好准备。
	3.7	教师能恰如其分地重视阅读、写作和交流的课程,尤其是重视数学课程,使所有学生都具备进一步学习的必备技能。尤其是对于低年级的学生,教师的语音教学必须高效,确保学生能认识和拼读生词。
	3.8	教师坚信学生能取得好成绩。鼓励学生努力,肯定其进步,确保他们对自己的方方面面充满自信和自豪感。教师对所有学生的学习态度信心满满。
	3.9	学生热爱学习、不怕挑战、不怕失败。对学习充满兴趣和好奇心,能够使用最新的信息资讯去巩固和加深自身的知识、技能和理解力。不但课内学习活跃,同时也能积极参与各项课外活动。
	3.10	学生渴求知道如何提升自身学习,如何有效利用口头或书面的指导意见。
	3.11	学校向家长提供清晰明了、及时的信息,告诉他们的孩子在校进步的情况、学习的状况和达标的程度。指导家长如何帮助和支持孩子进步。
	3.12	不论在课内外或校内外,教师绝不默守成规,绝不使用刻薄言辞或贬义词伤害学生。在教学方法和教学资源的使用上,珍视学生的不同经历,让学生能超越自我,综合全面地理解和对待不同的人群和社团。

表15   2016 年《英国优秀学校督导评估指标》维度四的具体指标

维度四	序号	具体指标
个人发展、行为和福祉	4.1	学生是充满自信、积极主动的学习者。他们极佳的学习态度对自身的进步有着很大的正向影响。他们对自己取得的成就和在读的学校感到骄傲，并引以为荣。
	4.2	学生在问题讨论和争论中，表现得体，展示出对他人和他人观点的尊重。
	4.3	在中学，高质量和无偏见的职业指导，有助于学生根据他们的理想和学业需求去选择课程，并为他们下一阶段的教育、就业、创业或培训奠定基础。
	4.4	学生深知学校教育教会了他们通往成功所应具备的态度和行为举止，并为未来的教育、就业、创业和生活奠定了基础。
	4.5	学生珍惜他们所受的教育，几乎从不缺勤。没有任何学生群体因低的出勤率造成落伍掉队。从前有很高缺勤率的学生，现在也正向着全国平均出勤率迈进。
	4.6	学生的行为无可挑剔，反映出学校在推进学生行为规范方面所采用的高标准是行之有效的。学生非常自律，在校内的低级干扰破坏行为极其罕见。
	4.7	在有特殊需求的个人或团体中，学生行为不断变好。学生行为本来就好的学校，一直保持良好。
	4.8	学生与学校通力合作，防止任何形式的欺凌，包括网上欺凌和出于偏见的恃强凌弱。
	4.9	教职员工和学生能有效应对和处理突然出现的欺凌行为，以及能有效应对侮辱性或攻击性语言等。
	4.10	学校的开放性文化能积极促进学生各方面的福祉。学生不但在校期间安全，同时也真正感受到了安全。他们懂得在不同的场合和情形下，如何让自身和他人都安全。他们相信学校领导能对他们的任何担忧采取最快捷和恰当的行动。
	4.11	学生可以准确地、自信地讲述如何保持健康，他们能充分利用在学校学到的知识，选择健康的食品，坚持锻炼，保持身心和情感的平和。他们对健康的人际关系有着与其年龄相符的理解，对远离受辱和欺凌充满自信。
	4.12	学生充分了解如何保持网络安全，如何防止移动技术和社交网站的不当使用。
	4.13	学生在精神、道德、社会和文化方面的成长和发展，使他们在学校和社会中成为成熟的、关心体贴他人的、积极活跃的公民。

表15 是有关学生个人发展、行为和福祉的评估指标。从本质上来说，也是有关学生核心素养的指标。指标 4.1－4.4 指出学生应当是主动的学习者，他们能意识到学校教育的重要性，学校教育能为他们未来的教育、就业乃至创业奠定坚实的基础。学生还应具有积极的学习态度，得体的行为举止，对他人的尊重和对他人观点的尊重，学校能够给学生提供高质量和无偏见的就业指导。指标 4.5－4.8 指出了优秀学校学生的行为应当是无可挑剔的，几乎从不缺课，非常高的出勤率，非常自律，并且不存在任何形式的欺凌现象，包括网上欺凌和出于偏见的恃强

凌弱现象。指标 4.9 - 4.1 指出优秀学校的文化和教师,能促进和保障学生的人身安全、网络安全,身心健康,能够防止移动技术和社交网站的不当使用。指标 4.13 指出,优秀学校培养出的学生,在精神、道德、社会和文化方面的成长和发展,能使其在社会中成为一个成熟的、关心体贴他人的、积极活跃的好公民。

表 16 2016 年《英国优秀学校督导评估指标》维度五的具体指标

维度五	序号	具体指标
学生成就	5.1	对于所有的课程(包括语文和数学),所有年级的学生都能够在知识、理解力和技能方面取得优秀的、实质性、持续性的进步,尽管他们的起点不同。
	5.2	低社经地位学生、学困生、特教生和残疾生所取得的进步,与其起点相同的其他学生相当。
	5.3	学生能够清晰地表达与其年龄相符的知识和理解力。能够互相交流,或者与成人进行有深度的交流。
	5.4	学生广泛阅读,甚至是跨学科有深度地阅读,流利程度和综合力与其年龄相符。一年级学生在全国语音测试中成绩优异。
	5.5	全体学生,尤其是学困生、低社经地位学生、特教生、残疾生,在几乎所有科目上的进步明显高于全国平均水平。
	5.6	虽然起点不同,学生在语文和数学中取得的进步高于全国数据。尤其是不同起点的学困生和低社经地位的学生,他们所取得的进步与全国同类学生相比大致相当或者趋近。
	5.7	全校几乎所有学生的成绩,与国家平均线持平或大致相当。如果稍低,也正在迅速提升。
	5.8	学生为下一阶段的教育、培训、就业做好了最充分的准备,并且已经获得了相关的资格证书,与全国同类学生的平均水平相比,更多学生,包括学困生和低社经地位学生,升入到更高一级的继续教育机构学习,拜师学艺,就业或参加培训。这对他们的职业生涯规划形成了强有力的支撑。

注:表 10 - 表 15 的出处:孙河川、金蕊根据英国 OFSTED "School Inspection Handbook" (August 2016 No. 150066)翻译、分类、提炼、整合而成。

表 16 是英国教育督导对"学生成就"的督导评估指标。这一部分是我国教育督导评估指标体系中最缺少,甚至是刻意回避的部分。英国教育督导对学生成就的评价采取的主要是"增值评价法",即无论学生的起点如何,以学生个体是否获得了实质性的、持续性的进步来衡量。英国的督导评估指标非常强调学生在全国统一测试中的成绩,如果是优秀学校,全校所有学生的成绩,都应当与国家平均线持平或大致相当。并且专门强调:一年级学生在全国语音测试中成绩优异(5.4)。指标 5.1 - 5.7 指出优秀学校全体学生在所有课程(包括语文和数学)中取得的进步应高于全国数据,尤其是不同起点的学困生和低社经地位的学生,他们所取得的进步与全国同类学生相比大致相当或者趋近。在其他科目则要明显高于全国

平均水平。优秀中小学校的教育为学生下一阶段的教育、培训、就业做好了最充分的准备。与全国同类学生相比,更多学生(包括学困生和低社经地位学生)升入到更高一级的继续教育机构学习、就业或参加培训。

表17 2016年英国达到"良好"等级学校的督导评估指标

一级指标	二级指标
1.整体效能	1.1 教学、学习和评估的效能至少可以达到良好的标准。
	1.2 在重要的评估中学校的各方面均为良好,在极特殊的情况下,有一个维度被评为"合格",但有充分证据显示,学校在此方面也正在朝着"良好"等级迈进。
	1.3 学校推进学生精神、道德、社交和文化发展,而且推进学生的身体健康发展。
	1.4 有效的安全保障。
2.领导和管理的效能	2.1 领导者对学生和教职工寄予高期望。
	2.2 领导者和管理者对所有学生充满信心,有效促使学生改进。学校的措施保障了学困生的进步,包括英语和数学学科。
	2.3 领导者和管理者对学校教育质量有着准确和全面的理解,这能够帮助他们计划、监控并改进学校的工作。
	2.4 领导者和管理者使用绩效管理来有效提高教学质量。
	2.5 教师重视由学校提供的持续的专业发展。这对于教师教学和学生学习都有积极意义。
	2.6 管理者对学校绩效的各方面负责。
	2.7 多种课程为学生提供了很多学习的机会。学科和课程帮助学生掌握知识,掌握各方面的技能,包括人文学科、语言学、数学、科学、社交、体育和艺术等方面的技能。
	2.8 学校工作的中心是加强学生精神、道德、社会和文化等方面的发展以及对英国核心价值观的宣传和介绍。
	2.9 领导者促进机会平等和多样化,保持积极的校园文化。教职工和学生共同协作防止任何形式的歧视行为。领导者、教职工和学生不接受、不认可任何带有歧视和偏见的行为。
	2.10 有效的安全保障。领导者和教职员工采取适当措施去判断学生谁可能处在被忽视、被侮辱或者是被欺凌的危险中,并随时向学校汇报。学校领导和员工能有效地与校外合作者一同对这类学生给予支持和保护。
	2.11 领导保护学生不受恐怖主义和极端主义的伤害。

续表

一级 指标	二级指标
3. 教、 学和 评估 的质 量	3.1　教师能高效地规划课程,有效地使用课内时间,协调课程资源,能遵循明确的规章制度对学生的行为进行管控。 3.2　在课堂上,教师巩固和深化学生的知识、理解和技能。 3.3　教师使用学科知识来保持学生的学习兴趣和激发灵感。教师使用以问质疑的方式巧妙地观察学生的反应,判断学生是否理解和掌握了该学科的内容,以便学生更好地学习新知识。 3.4　老师给学生符合学校评估规定的反馈结果。学生很好地使用反馈结果,知道如何改进不足。 3.5　老师布置的作业符合学校的规定,适合学生的年龄和所属级段,能够巩固学生学习并为他们未来的学习和工作做准备。 3.6　教师培养学生的阅读、写作和沟通能力,以及算数能力。对低年级学生的语音教学是有效的,能够帮助他们认识新单词。 3.7　教师期望并鼓励所有学生用积极的态度去学习,这样他们的进步更大。 3.8　学生能够从错误中吸取经验。大多数愿意去发现课内外的新信息,这样可以发展、巩固和深化他们的知识、理解力和技能。 3.9　大多数学生积极改善自己的学习。他们有时间去应用他们所学的知识和理解力。 3.10　学校给家长提供准确的信息,关于孩子进步情况、在学校表现、哪方面需要改进等。 3.11　在课堂上和学校里,教师不使用刻薄言辞和侮辱性的语言。
4. 个人 发展、 行为 和福 祉	4.1　学生对自己取得的成就和在读的学校感到骄傲,并引以为荣。 4.2　学生在问题讨论和争论中,表现得体,展示出对他人和他人观点的尊重。 4.2　学生对学习的态度是积极的。积极的学习态度对他们所取得的进步有正向的影响。 4.3　学生尊重他人的想法和观点。 4.4　在中学,学生对关于下一阶段的教育、就业、拜师学艺或者是再培训,能够进行选择。

续表

一级 指标	二级指标
	4.5 学生准时到课堂并预习了课程内容。
	4.6 学生重视他们的教育,很少在学校缺课或者是持续缺课。没有学生群体因为低出席率而成绩差。以前缺课率异常高的学生的出席率,现在也显著地持续提升。
	4.7 学生在一天中能管理好自身的时间安排,包括午饭时间。
	4.8 学校环境有序。学生对教师的要求能够做出快速反应,学校课程能顺利进行,没有中断。低级的破坏极其少见。
	4.9 学生有良好的执行力,反应在学校对推进高标准的努力上。
	4.10 家长、教职工和学生对个人发展、行为和福祉没有担忧。
	4.11 学生能利用在学校学到的知识,选择健康的食品,坚持锻炼,保持身心和情感的平和与健康。
	4.12 对健康的人际关系有着与其年龄相符的理解,有自信远离受辱和欺凌。
	4.13 学生了解如何保持网络安全,如何防止移动技术和社交网站的不当使用。
	4.14 学生在精神、道德、社会和文化方面的成长和发展,使他们在学校和社会中成为对自己行为负责任的公民。
5. 学生 成就 的效 能	5.1 在几乎所有年级群和大部分学科中(包括语文和数学),学生持续进步。
	5.2 在大部分的学科中,低社经地位学生、学困生、特教生和残疾生所取得的进步,正努力向与其起点相同的学生靠近。
	5.3 学生经常广泛阅读,有着符合他们年纪的流利度和阅读理解能力。
	5.4 学生进步超越平均水平。所有的学困生、残疾生和有特殊教育需求学生的进步高于全国平均水平或者正在提高。
	5.5 从不同的起点看,在语文和数学方面超出预期进步的学生比例接近于或者高于全国数据。大部分学困生的进步和全国范围内的其他学生相近或者正在提升。
	5.6 全校成绩很低的科目能够表现出持续的改进。
	5.7 学生为下一阶段的教育、培训或者是就业做好了准备,已经获得了相关的资格证书。

表18　2016年英国达到"合格"等级学校的督导评估指标

一级指标	二级指标
1. 整体效能	1.1 除了特例之外,学校在任何关键评估中被判定为"需要改进",学校的整体效能就需要改进。
	1.2 在全面促进学生的精神、道德、社会和文化发展中有弱项。
	1.3 有效的安全保障。
2. 领导和管理的效能	2.1 领导和管理不够好。
	2.2 有效的安全保障。
3. 教、学与评估的效能	3.1 教学、学习和评估不够好。
4. 个人发展、行为和福祉的效能	4.1 学生的个人发展和福祉不够好,或者在学校的行为表现不够好。
5. 学生成就的效能	5.1 学生成绩不够好。

表19　2016年英国"不合格"等级学校的督导评估指标

一级指标	二级指标
1. 整体效能	1.1 在四个一级指标中评估不合格。
	1.2 保障无效。
	1.3 在全面促进学生的精神、道德、社会和文化发展中存在严重的不足。
2. 领导和管理的效能	2.1 保持持续改进的能力弱,领导和管理者做出的改进不充分,而且实施太慢或者太依赖于外部条件。
	2.2 学校在教学、学习和评估等方面做得不好,严重影响了学生的进步,尤其是对学困生和有特殊教育需求的学生。
	2.3 领导没有意识到,或者没有采取有效措施去阻止学困生的掉队。
	2.4 课程大纲不平衡,教学无效能,不能满足学生或者是特殊学生群体的需求。
	2.5 课程的选择范围很窄,不能给学生提供机会、责任和生活经验。
	2.6 学校领导没有采取有效措施去保护学生的良好行为。
	2.7 领导和管理者通过他们的言辞、行为和影响,直接或间接地影响机会公平,不能有效阻止带有歧视的行为、言辞和观点。
	2.8 安全保障无效。学校的保护措施没有满足法定的要求,或者补救措施无效。
	2.9 当学生对恐怖主义和极端主义没有抵抗力的时候,领导和管理者没有保护学生不受伤害和影响。没有制订相应的规章和采取相应的行动,将学生置于危险之中。

一级指标	二级指标
3.教、学与评估的质量	3.1 教学无计划无规划。
	3.2 评估很薄弱,教学不能满足学生的需求。
	3.3 学生或者是特殊群体进步不大,因为学校教育没有提升他们的知识、理解力和技能。
	3.4 学生不能够交流、阅读、写作或者计算,在知识、理解和技能中,没有取得足够的进步。
	3.5 教师没有有效地促进机会平等,没有理解学生的个体差异,歧视学生或学生群体。
4.个人发展、行为和福祉	4.1 学生参与度低,存在故意破坏行为,学习成绩下降或课堂秩序混乱。
	4.2 少数学生不尊重对方以及缺乏自律。学生忽视或抗拒老师的指导,导致在校不良行为的产生。
	4.3 学生在校期间的行为举止呈现出消极的态度、呈现出不文明不礼貌的举止。
	4.4 所有学生或学生群体的出勤率一直很低,几乎没有迹象表明能改变。
	4.5 少数学生不懂应当如何、为什么要身心健康积极地生活。
	4.6 频繁发生直接的或间接的欺凌事件、偏见或歧视行为。
	4.7 学生对学校成功解决欺凌行为的能力没有信心。
	4.8 学生或特定学生群体感到无论在校内外都不安全。
5.学生成就	5.1 学生在关键学科或者关键级段没有取得进步。
	5.2 从增量评价来看,学生在数学或者语文方面几乎没有进步。
	5.3 学困生虽然在英语或者数学方面起点不同,但与全国同类型的学生相比,几乎没有进步。
	5.4 不同学生群体进步或成绩的差距很大,没有缩小。
	5.5 学校成绩经常低于国家最低标准和要求。没有明显和持续的进步。
	5.6 学生的阅读、写作和数学很弱,不能够为他们下一阶段的教育、培训或就业提供保障。
	5.7 学生没有获得毕业证书或其他资格证书,妨碍他们进入下一阶段的教育、培训或就业。

比较分析结果

通过对 2016 年英国教育督导等级评估指标的解析,将之与 2010 年指标相比较,我们可以看到 2016 年评估指标的变化:在指标的划分维度上,2016 年指标将整体效能单独列出,形成评估标准的第一维度,而 2010 年的指标将整体效能作为上位概念,统领整个指标体系。在其他一级维度上,2010 年的一级指标有三项,学生的成果、学校教育效能、学校领导与管理的效能,而在 2016 年的指标中,除了整体效能之外,一级指标为四项,分别是:领导和管理的效能;教学、学习和评估的质量;学生个人发展、行为和福祉;学生成就。且每项二级指标变化较大,增加了更多的三级指标,如学校领导和管理者对于教师专业发展的重视;学生为下一阶段的教育、培训、就业做准备并获得相关资格证书;学生对于网络安全的了解和网络攻击的防范;细化了教、学和评估的质量这一大维度,其中增加了对教学的评估和学生学习的评估,强调了对教师课程规划、课程讲授方面的评估。此外,2016 年的评估指标将学生个人发展、行为和福祉以及学生成就单独分列为一级指标,体现了对学生全面发展的重视。同时在共同性方面,十分重视学生的安全,强调学校的安全保障和学生的安全意识等等。简言之,英国 2016 年中小学教育督导等级评估指标相对于 2010 年的指标来说,更完善和更细化,在测评点上更详细。

三、荷兰

(一)荷兰教育概况

荷兰全称尼德兰王国,位于欧洲西北部,国土总面积 41864 平方千米,濒临北海,与德国、比利时接壤。自 1815 年荷兰王国建立以来,荷兰政府一直致力于确保荷兰所有儿童能接受到正规教育。根据 1848 年宪法,任何团体都可以基于各自的宗教思想、哲学理念或教育原则来建立学校。① 但校长往往需要具有教育学的博士学位,或是资深教育专家。

由政府(通常为地方政府)兴建的学校,称为公立学校。其他所有由私人或团体设立的学校,称为私立学校。虽然荷兰有四分之三以上的学校是私立学校,但只要他们符合建校标准,也同样获得政府的资助,学校教师也由政府来支付薪酬。在 2010 年,荷兰在教育方面的投入占其 GDP 的 6.3%。16 岁以下儿童均享有免费教育,但中学生的家长必须支付书本费和学杂费。所有的家长,不管其收入如

---

① 引自百度百科:http://baike.baidu.com/view/6323.htm#10_23.

何,都能得到儿童社会补贴金。①

初等教育②

荷兰的小学为 5 岁到 12 岁的儿童提供教育。八年制的小学课程注意培养学生的情感、智力和创造力,并使其获得必要的社交、文化以及体育技能。每所小学根据政府的规定制定其自身的学校工作计划,特殊学校招收在学习、生理或社交上有缺陷的学生,为其提供教育并给予特别照料。

中等教育③

12 岁以上的儿童可接受中等教育,共有三类:

职前中等教育(VMBO);

高级中等教育(HAVO);

大学预科教育(VWO)。

多数中学提供不止一种的教育类型。职前中等教育学制四年,其主要目的是帮助学生为接受高级中等职业教育做好准备,同时也是高等职业教育和入职教育的预备期;后面接着高级中等教育。高级中等教育学制五年,修业完毕后,学生可以升入高等职业教育继续学习,同时也容许高级中等教育的学生选择大学预科教育。大学预科教育学制六年,为各类大学教育培养学苗。只有持有大学预科教育毕业证书的学生才能升入大学学习。荷兰的中学生,无论选择上述三种中的任何一种,中学的前两年或三年都必修十五门国家核心课程,包括荷兰语、数学、英语、历史、地理等。

（二）荷兰教育督导简述④

1. 教育督导机构

荷兰教育督导局是教育文化科学部(相当于我国的教育部)设立的 10 个独立的行政机构之一,负责对全国教育质量的督导。教育督导局虽然隶属于教育文化科学部,但为了保证其独立性,教育督导局设在距离荷兰教科文部所在地海牙 100 公里以外的乌特勒支市,有自己独立的办公大楼和 442 名全日制督学和工作人员,是半独立性的政府部门,同时还有若干设在各地区的教育督导办公室。荷兰

---

① 译自荷兰教育科学文化部:http://www.government.nl/ministries/ocw.
② 孙河川,高鸿源,刘扬云编译. 从薄弱走向优质——欧盟国家薄弱学校改进之路[M]. 北京:高等教育出版社,198 – 205.
③ 同上.
④ 译自荷兰教育科学文化部信息处:http://www.government.nl/ministries/ocw.

的教育督导制度职责范围很广,包括初等教育、中等教育、高等教育、职业技术教育、成人教育以及特殊教育的督导与评估。教育督导局的主要职责是负责对教育质量进行督导,目前教育督导局设有一名总督学,四名主任督学,分别负责小学与特殊教育督导、中等教育督导、成人与职业教育督导和高等教育督导。①

2. 教育督导机构设置历程

荷兰教育督导制度历史悠久,建立于1801年,可以说是世界上最早建立的督导制度,比1839年出现的英国督导制度还要早30多年。前50年,它的作用主要是激励地方政府和教师为所有儿童提供教育机会并付诸实施。后来,伴随着学校法制建设的健全完善和1917年的"和解运动",它主要是为公立学校和私立学校提供平等的财政支持。1920-1970年间,荷兰教育督导的作用是激励和提供建议,监控学校,使之保持与国家教育目标、教育标准、制度体系的一致性,并对地方教育局采取相应的措施,使其保持与国家教育目标、教育标准、制度体系的一致性。20世纪70年代,教育督导的评价工作范围不断扩大,政府以立法和政策创新去从事课程开发和学校革新,实施了一系列国家级的评估项目。20世纪80年代,它又集中体现为分权和学校自主性趋势,教育质量成为教育督导追求的核心目标;到了90年代,荷兰整体的学校督导系统逐渐完善。②

3. 荷兰的督导法

过去20年间,荷兰的教育越来越显现出其自治性,2001年6月5日,荷兰政府出台了《督导法》,2002年初实施,从而为对学校质量系统进行独立、公开、专业性评价提供了立法基础。伴随着该法的逐步实施,荷兰政府倾向于加强教育督导机构的独立地位。一方面,学校拥有越来越多的自治权和质量责任感;另一方面,父母和校董会成员,包括政府期望学校关注自身质量。督导工作是双向的,既要向教师和公众解释政府的教育政策、现代教育思想和方法,同时又要上传学校、教师和地方社区的需求和经验。

2001年《督导法》的特征是:①明确督导人员的监督作用,主要包括:通过依据教育法律规范判断教育质量;通过与管理人员、教职工及地方教育局协商提升教育质量;撰写学校教育督导评估报告。②突出教育质量特征可评测性,而且必

---

① 引自教育部:教育督导制度与教育质量监测考察团赴西班牙、德国、荷兰考察报告 http://www.moe.edu.cn/publicfiles/business/htmlfiles/moe/moe_626/201012/113449.html.

② 译自荷兰教育科学文化部:http://www.government.nl/ministries/ocw.

须在督导体系框架中得以体现,并保持核心内容。③对称性原则,即在进行学校督导之前,学校要先根据督导送达的自评指标进行自评。如果学校自我评价质量较好,且督导人员进行督查和评估之后发现学校自评结果准确,那么督导人员今后对该校的督导频次就会降低,以确保学校自评效力和有效性。④对于那些存在着严重教育质量问题的学校,督导人员可提供具体的改进建议等,若仍得不到好转,督导甚至有权将该校"封杀"。

4. 与其他相关组织的关系

荷兰的《督导法》明确规定:荷兰的教育督导全面督查荷兰的教育系统并增强其自主性。政府全力支持教育督导机构,由于荷兰的教育督导局直接向议会负责,这使得教育督导在权力上与教育部同级甚至超过教育部。同时,在荷兰有许多支持、维持和提高教育系统的组织机构网络。它们在荷兰教育系统政策框架下自主运行,教育督导机构有时与他们进行合作,但并不真正参与到其中去。所以,荷兰的教育督导人员是独立于官方的,但其提供的督导报告却在政策制定中被教育部和议会所采用。他们不是评价政府政策的有效性,而是评估学校实施政策的情况和程度。

5. 荷兰教育督导人员的职责与作用

教育监督和教育质量评估是荷兰宪法规定的教育督导人员必须完成的主要任务。荷兰教育督导人员职责与作用主要有:如下几个方面。

(1)监控:确保学校对国家法令的顺从

当代学校立法的最大特征是赋予学校更大自主权。尽管如此,政府仍有责任确保教育的高质量和全民服务性。在其监督指导下,教育督导人员控制学校办学情况,主要把握与立法规则的相容度。一般说来,教育督导人员不能审查学校的财政和行政管理任免权,这两方面学校拥有很大的自主性,因为在荷兰学校教职员工的任用、评价、提升和辞退是学校自身的事。

(2)预测:基于现状,预测教育走向

从质量控制观来看,政府的教育责任在于需要对教育现状做出合理预测。这绝不是仅仅描述现状,而是要基于质量评估对教育的未来走向进行预测。因此,明确学校教育现状,了解教育相关行业的发展,能够宏观预测教育走向是成为教育督导人员的必备条件。这意味着用系统方式收集信息以评价学校运行状况和整体质量水平,其出发点是把握个体学校发展历程,进而形成宏观层面的教育观点。同时,该信息被反馈到个体学校,以帮助他们聚焦学校的问题,做出相应的决策,实施改进,提高教育质量。荷兰的教育督导主要包括两种方式:全方位评价和专项评价。前者从 1993 年提出,1997 年付诸实施,着眼于全面收集一手资料,有整体学校督导和定期学校督导两种途径;后者尽可能多地包含在 ISS(Integral School Supervision)中,涉及评价工具的选择和督导人员的专项培训,使其拥有相应的督导技能。

(3)激励/提升:通过与地方权威机构及学校协商,促进学校发展

这主要集中表现为激励个体学校教育发展,旨在促使学校落实教育政策、提升教育质量和建立与现有法规体系相对应的教育组织。督导活动主要集中在评价和提升个体学校教育质量这两个方面。学校应当能够独立进行校本发展和质量保证相关的活动,这是督导人员在激励过程中必须坚持的基本原则。评价是激励的出发点,它可明确学校发展的优势和不足,提出学校改进指导建议,从而为学校实施自身价值奠定基础。当然,这一切必须以教育现状为基点。

(4)撰写督导报告和提出建议

撰写督导报告是督导人员职责中不可或缺的部分,目的在于让教育行政人员正确把握教育现状。另外,督导人员还可将其具有专业素养的建议向教育管理者和决策者提出。它们可以包括众多的内容,从资源到人事问题,再到课程开发。需要说明的是,这样的建议并不是单独的,而是督导报告的一部分。

6.荷兰教育督导过程 ①

荷兰教育督导早已形成一种实用的、可操作性的督导评价过程体系,下面是其督导过程的简介。

(1)学校视导

学校视导是督导人员履行其职责的主要方式。它能使督导人员把握学校生活的主要特征。有时,它需要专家参与支持,在大多数情况下,这种专家知识对督导人员自身是重要的。据统计,每个督导人员除去准备阶段和撰写报告两个任务外,有 40% 的时间用于学校视导;大约有 200 个督导人员每年对全国学校进行10000 多次的视导,以发现他们是否符合督导评估指标,他们的教育实践是否与学校提交给督导局的自评报告、规划、内容相符。最近几年,督导人员采用多种形式和组织方式关注学校的系统规划。经过视导后,向教育局或教育部提交报告,并

---

① https://english. onderwijsinspectie. nl/documents/annual-reports/2012/09/12/the-state-of-education-in-the-netherlands-2010－2011.

将副本送至被督导学校的校长和校董会。

（2）基础教育督导过程

首先是准备阶段。在督导前几周,督导人员通常需要以约定方式通知学校或教育局实施督导,并将督导标准和指标发送给被督查学校,以便学校进行自评。学校管理小组提供相应的学校小册子或说明书;在信息通报会上,督导人员介绍督导内容及相应程序,同时明确督导数据、学校资料及其他可能发生的问题。此后,学校收到督导通知书和相应的标准化问卷,包括校董会、任课教师和部分家长代表需要作答,旨在为督导人员获取尽可能全面的督导信息。在这个阶段,督导人员和他们的助手将通过分析大量的相关文件,诸如校本发展规划、会议记录、工作汇报等,同时积极鼓励被督导学校进行自评。

其次是实施阶段。在现场督导的情况汇报会上,校长对学校情况加以介绍,并提供更多佐证材料,主要包括学校内容、课程体系、学习时间、专业发展等。督导人员必须深入课堂听课,与教师座谈,反馈听课建议。同时,还必须与学生及其家长进行座谈,通过学生的评价,去验证教师的自评。

第三是督导反馈督导意见阶段,分为口头报告和书面报告两种形式。在学校督导结束后,督导小组召开会议以反馈最初发现和结论。他们指出学校发展的优势和不足,并提出相应发展规划;几周后,学校收到书面报告,主要包括:对每所被督学校的总体评估报告、教育现状评估报告以及科目督导报告、情况汇总等。

7.荷兰督导指标体系

为了明确学校发展现状,督导人员依据有关教育理念和法规体系确立督导指标体系。在基础教育阶段,主要是针对教学－学习过程、学生成绩和学校组织层面加以界定,这些指标可以进一步细化。其中,教学－学习过程主要包括教学内容、学习时间、学校组织氛围、教师教学策略和学生监控体系。教学内容是国家以立法形式确立的基础教育课程,它应该适合学生发展需要和允许学生有足够学习时间。从某种意义上讲,学习时间是教师期望值与学生实际成绩之间的纽带。学校组织氛围应具有竞争性和支持性,从教师角度上讲,就是教师追求有效教学策略,促使学生积极参与课内教学活动。另外,学校还要有学生监测系统,负责监测有关学生发展的问题;在学生成绩方面要促进学生可持续发展,主要是促进知识、观点和技能的最优化;在学校组织层面上,主要包括目标明确的教育政策体系、良好的内部沟通体系、清晰的协商建构体系及教育质量提升控制体系。在此基础上,督导人员注重可操作性,坚持从学校实际出发和建立学校、家庭与社区三结合的体系。

(三) 荷兰小学教育督导评估指标体系概述

荷兰的教育能排在世界前列,必有其值得借鉴的地方。在教育督导方面,荷兰始终走在前列。荷兰皇家督学至今仍受到世界各国邀请讲学访问,2009－2012年曾多次应我国国务院国家教育督导团办公室和北京市教委邀请,来我国参与高端国际教育督导论坛、讲学与交流。我国国家教育督导办也多次访问过荷兰的皇家督导局。相对于我国教育督导制度,荷兰教育督导制度更为专业化系统化,经历了 200 多年的洗礼至今仍焕发着勃勃生机。虽然荷兰与中国在社会制度、文化背景等很多层面大不相同,但教育是不分国界的,荷兰教育督导及其评估指标的建立及实施,对我国教育发展还是有很大的借鉴意义。

具体到督导内容,根据荷兰教育督导法(WOT),督导目标主要集中在学校的效能水平和学生发展上,关注课程,学习时间,教学环境,学校环境,教师的教学策略,特殊需要的规定,测验,作业或考试的教学组织等方面。此外,WOT 规定,督查是评估学校的质量保障。在以上几个方面已经有成熟的评估指标体系,关键指标构成了核心框架或维度。以下我们主要介绍荷兰中小学校督导评估的核心框架。

小学督导核心框架(Core Framework for Primary Education)是荷兰教育督导评估指标体系的重要组成部分。它将督导重点聚焦在五个维度上,分别是成果(Outcomes)、教与学的过程(Teaching-Learning Process)、特殊需要的提供和指导(Special Needs Provision and Guidance)、质量保障(Quality Assurance)和法定规章制度(Statutory Regulations),每个维度下边还有详细的下位二级指标和三级指标(测评点)。如下表所示。

表 20　荷兰小学教育督导评估指标

一级指标	二级指标	三级指标(测评点)
成果	成果可以通过学生总体特点进行预期	1.1 学生在小学毕业应达到的水平(国家标准)
		1.2 学生在小学毕业应达到的语文和数学水平
		1.3 学生必须在规定时间内完成小学学业
		1.4 对特教生根据其需要予以帮助和指导
		1.5 学生社交能力达到预期水平

续表

一级指标	二级指标	三级指标(测评点)
教与学的过程	课程设置为中学教育和步入社会做准备	2.1 语文和数学课程是否按国家规定所设置
		2.2 荷兰语和数学课程 1－8 年级均需开设
		2.3 课程设置是否连贯
		2.4 对于语文课程,学校要考虑部分学困生的辅导需求
		2.5 学校开设培养学生社交能力和潜能的课程
		2.6 学校开设正向的公民教育和建设和谐社会的课程
	确保学生有足够时间掌握所学课程	2.7 教师有效利用课堂教学时间
	学校环境安全并且师生相互尊重	2.8 通过学校组织的活动,使家长能够参与学校管理与教学
		2.9 确保学生在校安全
		2.10 确保教职员工在校安全
		2.11 学校向师生宣讲安全常识并能洞察和预防潜在的不安全因素
		2.12 学校采用安全举措以防范校内外的不安全隐患
		2.13 学校采用解决校园周边突发事故的安全举措
		2.14 学校教工应教会学生尊重他人
	教师授课清晰明了并能有效组织教学活动	2.15 教师授课清晰明了
		2.16 教师能营造一种目标明确的课堂氛围
		2.17 学生积极参与课堂教学活动
	教师调整课程、教学、目标和时间,以适应学生之间的差异	2.18 教师调整课程设置,以适应学生间的发展差异
		2.19 教师调整课堂教学,以适应学生间的发展差异
		2.20 教师调整教学目标,以适应学生间的发展差异
		2.21 教师注重教学实践,以适应学生间的发展差异

一级指标	二级指标	三级指标(测评点)
特殊需要提供和指导	学校引领学生提升其能力发展	3.1 学校持续的使用统测,以监督学生的成绩和发展
		3.2 教师系统地分析每个学生的发展进步
		3.3 入学后,学校为每个学生制定成长规划
		3.4 学校监测学生是否按照成长规划在成长,在监测结果基础上,做出合理的调整
	需要额外关爱的学生,学校须提供额外关爱	3.5 学校确定哪些学生需要额外关爱
		3.6 基于数据和分析,学校决定向不同的特教生提供不同类型的关爱
		3.7 学校全方位关爱学生
		3.8 学校定期评价对学生的关爱
质量保障	学校有质量保障系统	4.1 学校洞察学生的教育需求
		4.2 学校定期评价学生是否达到培养目标
		4.3 学校定期评价教学过程
		4.4 学校进行系统的改进
		4.5 学校确保教学过程质量
		4.6 学校向校董事会展示其教育质量水平
		4.7 学校为推进积极的公民意识而对其教育质量进行评价
法定的规章制度		5.1 学校代表校董事会将学校自评报告送达督导局
		5.2 学校代表校董事会将学校发展计划送达督导局
		5.3 学校代表校董事会将学校特殊需求送达督导局
		5.4 学校的课时设置符合法定要求

注:此表是孙河川教授课题组引自荷兰教育、文化和科学部官方网站并翻译、整理而成。http://www. onderwijsinspectie. nl/binaries/content/assets/Actueel_publicaties/2010/Risk-based + Inspection + as + of + 2009. pdf

荷兰小学教育督导指标体系共有一级指标5项,二级指标9项,三级指标45项,系统地涵盖了督导的各个方面。本文仅对此督导评估指标体系进行一个简要的介绍。

从一级指标来看,成果(Outcomes)、教与学的过程(Teaching - learning process)、特殊需要的提供和指导(Special Needs Provision and Guidance)、质量保障

(Quality Assurance)和法定的规章制度(Statutory Regulations)五个维度,涵盖了学校所面对的所有问题及可能面临的问题。荷兰的教育督导将重点放在对教学过程的督导,这方面的评估指标最多,也说明了"督学"的重要性,并且确实做到了为了学生的发展而考虑。

在课程设置的荷兰教育督导评估指标中,语文(荷兰语)和数学作为具体内容,在督导评估指标体系中单独列出。荷兰作为非英语母语国家中英语水平最高的国家,并没有将母语荷兰语遗忘,而是从基础教育阶段就开始大力促推学生的荷兰语水平。国家对荷兰语教学提出要求的同时,对其质量进行督查,旨在督促全国小学能为适龄儿童提供最优质的荷兰语教学条件。同样,数学也作为了教育督导指标很重要的一项单独列出。数学是进一步学习,进一步研究的基础学科,是自然科学甚至一部分人文科学的基础,从小对学生的数学能力进行严格要求,国家对全国小学进行数学教学的督导,确保了荷兰整体数学水平。在历年来的PISA 测试中,荷兰学生的数学成绩都名列前茅,这离不开数学在荷兰教育中的重要地位。

小学一级指标 1:成果

对于成果层面,主要有"学生在小学毕业应达到的水平(国家标准)""学生在小学毕业应达到的语文和数学水平""学生必须在规定时间以内完成小学学业""对特教生根据其需要予以帮助""学生社交能力达到预期水平"几项指标构成。督导主要集中在对学校学生总体水平的提升和增量上,其中包括英语和数学两门课程,还有一项"社交能力"。可见荷兰的教育督导目光放得更广更远,目的是学生的终生能力的培养,以及对社会的适应。还应指出的是,整个督导指标体系都对学生的特殊需求对学校提出了要求,这是满足学生个体需要,提升学生整体质量的最有效做法。

小学一级指标 2:教与学的过程

"教"与"学"的过程包括"课程设置为学生中学教育和步入社会做准备""教师确保学生有足够时间掌握课程内容""学校环境安全并且师生相互尊重""教师向所有学生清晰解释所讲内容,并能有效地组织教育活动""教师调整课程、教学、目标和时间,以适应学生之间的差异"五个二级指标。在教与学过程这一层面值得注意的一点是,督导框架中对教师要求很细致,但大都归属于授课时间、课堂组织形式、授课内容和关注学生个体差异几个方面,但从三级指标可以看出,荷兰的基础教育是真正将学生放在第一位的,学校、国家教育督导部门所做的一切,都是为了学校的更好发展,为了学生的知识与能力培养。为达到此目的,督导框架更是进一步对学生安全问题提出具体指标,从观念到应对措施,面面俱到。荷兰的小学教育督导,对教学过程尤为看重。从教学内容来看,主要对英语教学和数学教学提出了专门的要求。从教学主客体来看,虽然教师是课堂教学的主体,但教师的出发点是基于学生的考虑,教学过程真真正正以学生为中心,一切从学生的角度来思考问题,对教师要求虽然细致,但却赋予了教师足够的自主性,对教学过程只是负责总体方向的要求,这样教师真正进行教学活动时,可以按照自己的意愿和学生的需求,多种渠道展开教学活动。

小学一级指标3:质量保障

对于荷兰小学教育督导框架中的质量保障维度,主要聚焦教育质量,包括"学校定期评价学生是否达到培养目标""学校定期评价教学过程""学校进行系统的改进""学校确保教与学过程的质量""学校向校董事会展示其教育质量水平""学校为推进积极的公民意识而对其教育质量进行评价"七项指标。对学校提出了学校定期评价学生达成的目标、学校定期评价教学过程两个定期要求,并对学校洞察学生教育需求一项做出了规定。不仅仅限于课堂,同样在对学生的公民培养、社会化培养方面对学校提出了专门的要求。教育是一项社会活动,目的更是培养学生为国家和社会发展提供动力,荷兰教育督导评估指标框架正是基于这种考虑而提出此项要求。另外,由于荷兰小学大部分是私立的,这也要求学校要对学校董事会有所交代,所以规定学校要向董事会汇报学校教育成果和达到的水平。

小学一级指标4:法定的规章制度

法定的规章制度是荷兰教育如此优质的制度保证。在荷兰小学督导指标框架中,将所涉及的荷兰初等教育法的相关条款列出,包括"学校代表校董事会将学校自评报告送达督导局""学校代表校董事会将学校发展计划送达督导局""学校代表校董事会将学校特殊需求送达督导局""学校的课时符合法定要求"四项。结合荷兰教育督导法(WOT),将此指标框架提升到法律层面,并将法定的规章制度作为此框架实施和贯彻的依据。教育法是国家教育能否达到优质的制度保证,正因为荷兰有着相当完善的法定的规章制度,才得以立体式地撑起荷兰教育水平,也为荷兰教育督导工作提供了政策支持。

小学一级指标5:特殊需求的提供和指导

最后,荷兰教育督导指标对学生的特殊需求提出了详尽要求。一方面出于对学生个体差异的考虑,对不同学生的需求提供不同程度的支持,更能合理利用资源,对学生的全面发展起到推动作用。另一方面,荷兰作为一个教育拨款占国内GDP总值的6.3%,排名全世界第五①,对特殊教育的拨款相比普通教育更多。学校为了获得更多财政支持,导致虚报本校需要特殊教育的学生数量,造成荷兰的特殊教育学生由全国人口的1%升到4%,全国范围内学校虚报数目现象严重。为了克服这一问题,此次修订的荷兰小学教育督导评估指标体系将学生的特殊需要单独列出,不单单为了满足学生的个体差异,更是为了克服这个严重的问题。

具体到内容,包括"学校持续地使用统测,以监督学生的成绩和发展""教师系统地分析学生的发展进步""入学后,学校为每个学生制定成长规划""学校监测学生是否按照成长规划在发展,在监测结果基础上,做出合理的调整""学校确定哪些学生需要额外关爱""学校全方位关爱学生""学校定期评价对学生的关爱"等八项指标。对学生需要特殊照顾的种类、数量和学生接受特殊照顾后得到的提升进行了规定,有效地克制了学校虚报有特殊教育需求学生数量这一问题,更大程度地使学生获得全面发展,克服其个体差异对其自身教育带来的影响。

(四)荷兰中学教育督导评估指标体系概述

中学督导框架是荷兰教育督导评估指标体系的重要组成部分。其中将督导评估重点集中在五个维度上,分别是成果(Outcomes)、教与学的过程(Teaching - learning process)、特殊需求的提供和指导(Special Needs Provision and Guidance)、质量保障(Quality Assurance)和法定的规章制度(Statutory Regulations),每个维度下边还有详细的下位指标(二级指标、三级指标)或测评点。如下表所示。

表21 荷兰中学教育督导评估指标

一级指标	二级指标	三级指标(测评点)
成果	成果可以通过学生总体特点进行预期	1.1 在规定时间内低年级学生能够达标
		1.2 高年级学生要在许可的时间段内完成学业
		1.3 国家统考中,学生能取得预期的成绩
		1.4 学生参加国家统考的成绩和校内考试成绩的差距在允许范围之内

---

① 马国贤;马志远.教育支出占GDP的比重:国际比较与政策建议[J].教育发展研究,2009(3).

续表

一级指标	二级指标	三级指标(测评点)
教与学的过程	课程设置为学生广阔发展、为升学或进入劳动力市场做准备	2.1 低年级课程满足法定要求
		2.2 高年级课程要包含所有高考科目
		2.3 一所学校中如果有较多学习语言困难的学生(外来移民学生),应开设满足学生语言需求的课程
		2.4 学校开设培养学生社交能力和潜能的课程
		2.5 学校开设正向的公民教育和建设和谐社会的课程
	确保学生有足够时间掌握所学课程	2.6 不能随意取消已安排好的学校活动
		2.7 学生禁止逃课逃学
		2.8 学生有效利用教学时间
	学校环境安全并且师生相互尊重	2.9 通过学校组织的活动,使家长能够参与学校管理与教学
		2.10 确保学生在校安全
		2.11 确保教职员工在校安全
		2.12 学校向学生及职工传授安全常识
		2.13 学校向师生宣讲安全常识并能洞察和预防潜在的不安全因素
		2.14 学校采用安全举措以防范校内外的不安全隐患
		2.15 学校教工应教会学生尊重他人
		2.16 老师能激发和调动学生的学习积极性和福祉
	教师授课清晰明了并能有效组织教学活动	2.17 教师授课清晰明了
		2.18 教师能营造一种目标明确的课堂氛围
		2.19 学生积极参与课堂教学活动
	教师调整课程、教学、目标和时间,以适应学生之间的发展差异	2.20 教师调整课程设置,以适应学生间的发展差异
		2.21 教师调整课堂教学,以适应学生间的发展差异
		2.22 教师调整教学目标,以适应学生间的发展差异
		2.23 教师注重教学实践,以适应学生间的发展差异
	提供特殊需要服务	2.24 学校使用标准化工具和程序一致的系统,以监察学生的表现和发展
		2.25 教师能系统地分析学生的发展和进步

一级指标	二级指标	三级指标（测评点）
特殊需求的提供和指导	学校引领学生提升其能力发展	3.1 学校持续地使用统测，以监测学生的成绩和发展
		3.2 教师系统地分析每个学生的发展进步
		3.3 入学后，学校为每个学生制定成长规划
		3.4 学校监测学生是否按照成长规划在成长，在监测结果基础上，做出合理的调整
	需要额外关爱的学生，学校须提供额外关爱	3.5 学校确定哪些学生需要额外关爱
		3.6 基于数据和分析，学校决定向不同的特教生提供不同类型的关爱
		3.7 学校全方位关爱学生
		3.8 学校定期评价对学生的关爱
质量保障	学校有质量保障系统	4.1 学校洞察学生的教育需求
		4.2 学校定期评价学生是否达到培养目标
		4.3 学校定期评价教学过程
		4.4 学校进行系统的改进
		4.5 学校确保教学过程质量
		4.6 学校向校董事会展示其教育质量水平
		4.7 学校为推进积极的公民意识而对其教育质量进行评价
法定的规章制度		5.1 学校代表校董事会将学校自评报告送达督导局
		5.2 学校代表校董事会将学校发展计划送达督导局
		5.3 学校代表校董事会将学校特殊需求送达督导局
		5.4 学校的课时设置符合法定要求

注：此表是孙河川教授课题组引自荷兰教育、文化和科学部官方网站并翻译、整理而成。http://www.onderwijsinspectie.nl/binaries/content/assets/Actueel_publicaties/2010/Risk-based + Inspection + as + of + 2009. pdf

荷兰中学教育督导评估指标共有一级指标 5 项，二级指标 10 项，三级指标 48 项，系统地涵盖了督导评估的各个方面。下面我们对荷兰中学的督导评估指标进行简要的介绍。

从一级指标来看，成果（Outcomes）、教与学的过程（Teaching-learning

process）、特殊需求的提供和指导（Special Needs Provision and Guidance）、质量保障（Quality Assurance）和法定规章制度（Statutory Regulations）五个维度，涵盖了学校所面对的所有问题及可能面临的问题。荷兰的中学教育督导评估指标将重点放在"教与学的过程"上，显示了课堂教学的重要性，并且确实做到了为了学生的发展而考虑，教育督导的主要精力聚焦在"督学"上。

在此一级指标"教与学的过程"中，包含了"课程设置为学生的广阔发展、升学或进入劳动力市场做准备""学生有足够时间掌握课程""学校环境安全并且师生相互尊重""教师授课清晰明了并能有效组织教学活动""教师调整课程、教学、目标和时间，以适应学生之间的发展差异""提供保障特殊需要"六个二级指标。相比荷兰的小学督导指标，中学督导指标则对学生更为高要求。中学生的年龄已经能对自己所做事情有适当的自控能力，所以在此时督导评估对象则由教师转向学生和教师的双客体。

中学一级指标1：成果

对于"成果"这个一级指标，主要由"在规定时间内低年级学生能够达标""高年级学生要在许可的时间段内完成学业""国家统考中，学生能取得预期成绩""学生参加国家统考的成绩和校内考试成绩的差距在允许范围内"四项三级指标构成。督导由集中在学校能够按照学生总体水平对其所取得的成绩进行预测，逐渐转向对学生受教育成果考核的督导。也就是说，荷兰的教育督导是将学生成绩作为"刚性"指标对学校进行考核。由小学阶段的基础知识传授督导，转变为基础知识考核督导，也是由学生身心发展阶段所决定的。中学阶段，学生能够对自己的行为进行管控。荷兰政府意识到对于教育的评估，必不可少的一环就是对学生考试结果的评估，所以在学生"成果"这个一级指标中，荷兰教育督导局将学生考试成绩作为唯一考核评估指标。

中学一级指标2：教与学的过程

"教与学的过程"这个一级指标包括"课程设置为学生广阔发展、为升学或进入劳动力市场做准备""确保学生有足够时间掌握所学课程""学校环境安全并且相互尊重""教师授课清晰明了并能有效组织教学活动""教师调整课程、教学、目标和时间，以适应学生之间的发展差异""提供特殊需要服务"六项二级指标。相比荷兰的小学督导指标，中学督导则对学生提出了更多要求。根据中学生身心水平发展，相应提出了道路选择、课程掌握、尊重他人等评估指标。与此同时，对教师的评价仍然集中于课堂教学，教师要在课堂教学过程中逐渐缩小学生群体发展的差异,督导框架中对教师要求很细致,但大都归属于授课时间、课堂组织形式、授课内容和关注学生个体差异几个方面,但从三级指标可以看出,荷兰的基础教育是真正将学生放在第一位的,学校、国家教育督导部门所做的一切,都是为了学校和学生的更好发展,为了学生的知识与能力培养。为达到此目的,荷兰中学教育督导评估框架更是进一步对学生安全问题提出了具体指标,从观念到应对措施,面面俱到。

荷兰的中学教育督导,对"教与学的过程"尤为看重。从教学内容来看,由小学督导的对知识进行要求逐步转变为对学习结果进行评价或统考。换句话来讲,荷兰教育督导局评估中学学校的一个重要指标就是学生在各级各类考试中所获取的考试成绩。由于荷兰的双轨制教育体制,中学毕业的一部分学生可以直接进入职业教育,从而步入劳动力市场,所以在此阶段对学生成绩提出要求是直接面向就业的。从教学主客体来看,虽然教师是课堂教学的主体,但教师的出发点是基于对学生所需的考虑,教学过程真真正正以学生为中心,一切从学生的角度来思考问题,对教师要求虽然细致,但却赋予了教师足够的自主性,对教学过程只是负责总体方向的要求,这样教师真正进行教学活动时,可以按照学生的需求,多种渠道展开教学活动。

中学一级指标3:质量保障

对于荷兰中学教育督导评估指标体系框架中的"质量保障"维度,主要聚焦在教育质量,包括"学校洞察学生的教育需求""学校定期评价学生是否达到培养目标""学校定期评价教与学的过程""学校进行系统的改进""学校确保教与学过程的质量""学校向校董事会展示其教育质量""学校为推进积极的公民意识而对其教育质量进行评价"七项二级指标。对学校提出了学校定期评价学生达成的目标、学校定期评价教与学的过程两个定期要求,并对学校洞察学生教育需求一项做出了规定。不仅仅限于课堂,同样对学生的公民化和社会化方面,对学校提出了要求。教育是一项社会活动,目的是培养学生为社会发展提供动力,荷兰中学教育督导评估指标体系框架正是基于这种考虑而提出此项要求。另外,由于荷兰中学大部分是私立的,这也要求学校要对学校董事会有所交代,所以规定学校要向董事会汇报或呈现学校的教育水平。

中学一级指标4:法定的规章制度

法律法规是荷兰教育如此优质的制度保证。在荷兰中学教育督导评估指标体系框架中,将所涉及的荷兰初等教育法的相关条款列出,包括"学校代表校董事会将学校自评报告送达督导局""学校代表校董事会将学校发展计划送达督导局""学校代表校董事会将学校特殊需求送达督导局""学校的课时设置符合法定要求"等四项三级指标。结合荷兰教育督导法(WOT),将此指标框架提升到法律层面,并将法律作为此框架实施和贯彻的依据。教育法是国家教育能否达到优质的制度保证,正因为荷兰有着相当完善的教育法律法规,才得以立体式地撑起荷兰教育水平,也为荷兰教育督导工作提供了政策支持。

中学一级指标5:特殊需求和保障

最后,荷兰教育督导指标对学生的特殊需求提出了详尽要求,包括"学校持续使用统测,以监督学生的成绩和发展""教师系统地分析学生的发展进步""入学后,学校为每个学生制定成长规划""学校监测学生是否按照成长规划来成长,在监测结果基础上,做出合理的调整""学校确定哪些学生需要额外关爱""基于数据和分析,学校决定向不同的特教生提供不同类型的关爱""学校全方位关爱学生""学校定期评价对学生的关爱"八项三级指标。对学生需要特殊照顾的种类、数量和学生接受特殊照顾后得到的提升进行了规定,有效地克制了学校虚报有特殊教育需求学生数量这一问题,能够极大程度地使学生获得全面发展,克服其个体差异对教育带来的影响。

总体而言,荷兰中小学校教育督导评估指标体系是一种基于"问题导向"(Risk-Oriented)的教育督导评估指标体系。对全国范围内的中小学校制订了细致的要求。荷兰教育一直走在世界前列,不单单是因为教育拨款多,不单单是因为教育理念先进,更多的是体现在具体行动中,体现在各个督导评估指标之中,值得我国教育督导部门借鉴和学习。

四、法国

在谈法国的教育督导评估指标体系之前,我们得先谈谈与法国教育督导评估指标体系最紧密相关的联合国教科文组织提出的儿童核心素养,因为两者之间有十分紧密的相关。中小学校学生核心素养的提出,不但指导学校的办学,推动教师教学改革,而且更成为课程标准设置更新的"DNA"和教育督导评估指标体系设计的"DNA"。

(一)联合国教科文组织的儿童核心素养指标

2013 年 2 月,联合国教科文组织提出了儿童应该具备的核心素养,并发布报告《走向终身学习——每位儿童应该学什么》。该报告指出,在基础教育阶段应该重视孩子们的身体健康、社会情绪、文化艺术、学习方法与认知素养。① 其中身体健康标准包含:身体健康和卫生,食物和营养,身体活动,性健康指标。虽然该标准内容上比较简略,但是其中的性健康指标是许多国家的督导评估指标和我国的督导评估指标没有提及的。中国人自古以来以君子非礼勿视,非礼勿言来要求自己,"性"这个字在中国比较敏感,多数老师和家长都避免与孩子提及这类话题,但是当前在中国社会已经暴露了许多由于在幼教、中小学教育中性健康教育缺位而导致的悲剧,新闻报道频繁,尤其在农村地区。从联合国教科文组织的标准中,我们还应该意识到核心素养制定的一个关键问题,即它的阶段性与连贯性。联合国教科文组织的标准分为学前阶段标准、小学阶段标准和小学后阶段标准,每个阶段标准内涵的侧重点不同,而彼此之间又具有连贯性。

表22　联合国教科文组织儿童身体健康素养标准②

一级指标	二级指标		
	学前阶段	小学阶段	小学后阶段
身体健康	1.1 身体的健康和营养	1.1 身体健康和卫生	1.1 健康和卫生
	1.2 健康知识和活动	1.2 食物和营养	1.2 性和生殖健康
	1.3 安全知识和活动	1.3 身体活动	1.3 疾病防御
	1.4 各种知觉运动	1.4 性健康	

(二)法国和中国教育部颁发的学生核心素养评估指标

1. 法国学生核心素养评估指标中的一级指标

2004 年 10 月 12 日,法国未来基础教育全国委员会向教育部提交了《为了全体学生成功》的报告,提出了学校教育中"必不可少的共同基础"(共核),即知识、能力和态度的整体。这形成了法国学生核心素养框架,包含了 21 世纪法国每个公民必须具有的素养。2006 年 7 月 11 日,法国正式将学生核心素养标准立法,即《共同基础法令》,以法令的形式将学生核心素养指标融入了课程目标之中,并在 2011 年 1 月发布了第二版核心素养评估指标。③《共同基础法令》明确规定小学生、初中毕业生毕业时必须具备的核心素养,包括:语文、外语、数学与科学、信息

---

① 张娜.联合国教科文组织的核心素养研究及其启示[J].教育导刊,2015(7).

② 同上.

③ 辛涛,姜宇.全球视域下学生核心素养模型的构建[J].人民教育,2015(09).

通信技术、人文艺术、社交能力与公民意识、独立自主和主动性。①

2.中国学生核心素养评估指标中的一级指标

2016 年 2 月 22 日教育部公布的"中国学生发展核心素养"（征求意见稿）提出了中国学生发展的九大核心素养：社会责任、国家认同、国际理解；人文底蕴、科学精神、审美情趣；身心健康、学会学习、实践创新。②

表 23　法国、中国学生核心素养一级指标比较对照表

中国一级指标	法国一级指标
1.社会责任	1.语文
2.国家认同	2.外语
3.国际理解	3.数学与科学
4.人文底蕴	4.信息通讯
5.科学精神	5.人文艺术
6.审美情趣	6.社交能力与公民道德
7.身心健康	7.独立自主和主动性
8.学会学习	
9.实践创新	

我们将上表两国有关学生核心素养的一级指标相比较，可以看出，两国一级指标的共同点在于：第一，都提出了学生的社会责任和国家认同，即公民道德；第二，两国都包含了人文艺术素养，中国分为人文底蕴和审美情趣两项，法国称为人文艺术；第三，都重视科学素养和科学精神；第四，重视学生自主学习和自我管理能力，分别是中国指标"学会学习"，法国指标"独立自主和主动性"。

但我国和法国一级指标的主要区别集中于以下六点。

第一，中国学生核心素养不含数学、语文和外语三门基础学科。而法国小学生核心素养的七个维度不仅重视学生非认知类核心素养，也突出了基础学科和认知类知识，包含课程大纲中核心课程的设置。世界各国也是如此，而且往往将数学、语文和外语放在核心课程的位置上，在制定培养学生创新能力、国际视野、人

---

① 王晓辉.法国新世纪教育改革目标：为了全体学生成功[J].比较教育研究,2006(5).

② "中国学生发展核心素养"（征求意见稿）出炉［EB/OL］. http://learning. sohu. com/ 20160226/n438673960. shtml.

文积淀等素养的同时,也不能忽略基础学科和课程的重要性。因此我国在培养学生核心素养,高阶能力的同时,不能矫枉过正,走极端,完全忽略掉语文、数学和外语等认知知识的学习。

第二,信息通讯素养是法国的一级指标,而我国没有这样的一级指标。法国信息通讯技术含有 5 个二级指标,8 个三级指标,16 个四级指标,涵盖学生计算机操作,对待计算机技术与互联网信息的态度,信息数据的收集与处理,合作交流等方面,同时指出了教师如何测评学生的这些知识和能力。虽然中国也提出了学生的数字学习素养,但是只作为"学会学习"指标下的一个二级指标,而且只有三个测评点,分别是具有信息意识,有数字化生存能力,主动适应"互联网 +"等社会信息化趋势。

第三,国家认同是两国均特有的一级指标,主要表现为个体对国家政治制度、核心价值理念、民族文化传统等方面的理解、认同和遵从。法国类似的指标如社交与公民道德素养中就指出学生需要了解法国的象征和价值观,了解国家的构成、文化等。

第四,国际理解是我国特有的一级指标,主要表现为个体对国际动态、多元文化、人类共同命运等方面的认知和关切。世界上许多国家也将全球意识和国际理解素养作为一级指标提出。法国虽然没有将其列为一级指标,但是三级指标和四级指标中也做了清晰的设定,例如在社交与公民道德素养中指出,学生应该能够识别不同国家的标志,了解不同国家的国旗、国歌、文化多样性等特征,都是对国际理解素养的认同。

第五,中国国家卫生计生委 2015 年发布的健康数据显示,中国居民健康素养水平仅为 9.48% ,所以我国将身心健康素养作为一级指标是很重要的。2016 颁布的学生身心健康素养主要指个体在认识自我、发展身心、规划人生等方面的积极表现。虽然法国没有列为一级指标,但是自主性素养的二级指标中有提及"保持良好的运动技能和身体素质",测评点侧重的是学生的运动技能、活动兴趣、个人卫生方面。由此可见,中国的身心素养更注重学生的人格发展、心理品质和自我管理方面,在运动素养上只有一句"掌握适合自身的运动方法和技能,养成健康的行为习惯和生活方式"。相比之下,法国较少涉及学生的心理和人格,在运动上反而比较详细,列出学生可以参加的各项田径和户外活动项目等,更类似于课纲。

第六,我国将实践创新单独列为一级指标,要求学生掌握适合自身的运动方法和技能,养成健康的行为习惯和生活方式等。而法国没有这么做,而是将实践创新能力融入每个素养的具体标准中,例如信息通讯素养中要求学生增强对网络信息的批判意识,增强创新和动手能力,注重合作沟通等;自主性素养中要求学生能够根据要求解决实际问题,自我规划时间,制定计划,团队合作等等。

2.法国、中国学生核心素养测评点之比较

中国核心素养评估指标共有三级指标(测评点),而法国的核心素养共有四级指标(测评点),所以这里我们主要通过维度的划分,对中、法两国的测评点进行比较和分析,并对法国官网提出的测评点评估说明进行介绍。评估说明主要用于指导教师如何评估,在什么样的活动中评估,如何划分评估等级等,这是我国测评点中所没有指出的。本节研究四个维度的测评点是:社交与公民道德,信息素养,自我管理,身心健康。

(1)社交与公民道德

通过对道德与公民素养指标进行梳理,可以发现在这个部分中国与法国都强调了国家意识,法律意识,集体意识,公平公正意识等。区别之一是,中国在道德与公民意识中加入了生态环保的概念,而法国的生态环保是在人文素养中提出的,这可能是由于两个国家学科定义和分类的不同造成的。二是,对于公平正义,中国只用了这四个字去总结,而法国指标对公平定义进行了更加具体的界定,指的是民族团结,男女平等,拒绝歧视和暴力,这些问题在我国学校中也时常发生,可以为我国的督导指标提供借鉴。三是,孝亲敬长,热心公益,感恩之心,孝敬长辈是中国独有的,别的国家都没有提到过这样的指标。

指标形式方面,中国的标准大多以四字短语的形式出现,例如:社会责任,诚信友善、合作担当、法制信仰、生态意识。中国的文化善用成语,优点是简练,缺点是太简练,对于如何测量、如何评估、如何培养,不能提供科学的数据和证据支撑。

法国的教育督导评估除指标外,还有具体的测评点和细节。例如:通过以下细节来评估学生的社交与公民道德。第一,法国国旗的来历、颜色和象征意义,法国的一些标志并了解它们的意义与历史知识,法国国歌,国家格言"自由、平等、博爱"的含义,国家发展相关的历史,了解欧洲一体化的主要进程,法国的地理位置等。第二,要求学生要了解公民的权利和义务,评估的方式是通过教师与学生的谈话、主题活动,或者专门为评估而设置的实践活动作为依据,询问有关于法律的常识,知道一些法律的名称和作用,例如民法、刑法等,知道公民的权利,在以上的情景或者活动中,学生能够积极地参加讨论,发表个人意见,阐说日常生活中尊重或者不尊重法律的主要表现和不良影响,涉及的主题包括:权利、义务、法律、法规、合同、刑法。第三,公民道德的评估是在班级和学校的日常运行中进行的,它涉及学生在集体活动中的行为表现,包括课间休息、做游戏、小组学习、体育或艺术等活动中的表现,观察学生所表现出的宽容和团结,是否能够友善地接受不同年龄、性别、个体差异、社会背景、文化的同学。侵犯尊严的行为被列举为如下几种,基于宗教、种族和历史问题的分歧和冲突,还包括暴力、虐待、亵渎、歧视等行为。当学生能够表现出谦让、包容的态度时,教师应该给予表扬和赞赏。

表24　法国、中国学生社交与公民道德素养测评点对照表

指标	中国测评点	法国测评点
社交与公民道德	1. 自尊自律,诚实守信	1. 了解国家的象征和价值观
	2. 文明礼貌,宽和待人	2. 了解国家的构成特征(领土、统一历史、民族、语言)
	3. 孝亲敬长,有感恩之心	3. 初步了解不同国家的国旗、国歌、文化多样性等特征
	4. 热心公益和志愿服务等	4. 了解法律在社会组织关系中的重要性
	5. 积极参与社会活动,具有团队合作精神	5. 了解社交基本规则和国家基本制度和法规(了解国家基本制度、尊重法律、不歧视任何人)
	6. 对自我和他人负责等	6. 了解民族团结的问题
	7. 履行公民义务,行使公民权利,维护社会公正等	7. 了解和尊重学校和社会生活的基本规则
	8. 尊崇法治,敬畏法律	8. 了解公共和民主生活的基本规则
	9. 明辨是非,具有规则与法治意识	9. 了解和尊重男女平等
	10. 依法律己、依法行事、依法维权	10. 拒绝暴力行为、性别歧视和种族歧视
	11. 崇尚自由平等,坚持公平正义等	

测评点7-10的内涵一方面指的是行为层面。教师在日常活动中对学生的行为准则进行评估,当学生参与游戏、小组学习、体育或艺术活动时,观察他们是否能够理解并遵守规则。又比如使用学校游泳池或者其他体育设施的时候,是否

能够按规范的使用。还需要观察在集体活动中学生是否能够礼貌地问候、感谢、聆听、不打断别人的说话。注意安全问题包括交通安全、求救手势、报警、急救知识、禁止进行的危险游戏等。学生还需要了解公共和民主生活的基本规则,包括民主制、分权、选举的意义,评估学生能否积极参与学校内部的各种民主选举或会议。当学生能够知道一些避免危险和紧急处理的知识,且能够自愿参与各种活动时,应该得到表彰。另一方面指的是道德层面,每个学生都应该尊重男女平等,拒绝暴力和歧视。在各种日常游戏、讨论、小组学习或者角色扮演等活动中,观察学生是否有暴力冲突、无礼甚至是辱骂、性别歧视或者种族歧视的行为,或者在文章写作中是否有表达这些思想。教师也需要在平日的生活中多为学生们提供多样的活动环境,倡导男女平等,杜绝性别歧视和种族歧视。其实在中国,校园暴力和歧视也时有发生,我们经常会在新闻视频中看到女学生在学校的卫生间遭到同学的暴打,在中国虽然不存在国外的种族歧视,但是我国少数民族众多,学生之间文化差异也常常会导致冲突,再者类似农村、困难家庭或者单亲家庭的学生在学校也经常会受到同学的嘲笑和欺负,而我们往往都是等到这些校园事故发生时,才去对发生事故的学生批评教育,而课程标准或者大纲却没有对教师在这方面的要求,让他们在日常活动或者课堂中关注每个孩子,记录他们是否有过此类言行,帮助他们防错、纠错。

（2）信息素养

通过对比发现,我国信息素养指标比较抽象,而法国测评点具有范围广、内容具体的特点。细致到对学生收发邮件、信息检索和数据处理的详细要求。信息素养不仅能够教会学生们在信息化社会里利用电脑、使用网络的便捷,还能够培养学生的分析能力、创新能力、互助合作能力等等,因此我国可以考虑给予信息素养更多的重视。

从表25可见,法国小学生信息通讯素养需要学生们能够具备硬件和软件两方面的能力,硬件指的是电脑组件的操作规范,软件指的是使用鼠标键盘对电脑文件进行操作和修改。教师观察学生对文字处理软件、浏览器等使用情况,还包括对文件的修改、移动、删除和保存等。学生在掌握计算机操作和使用的基础之上,在对便捷的网络信息进行浏览使用的过程中,保持高度谨慎的态度,不可以逾越互联网的基本准则,浏览学生不该看的网站网页等。更重要的是,法国还要求学生们对网络获取到的信息持批判态度,这意味着在利用互联网查找信息的时候,不能照搬照抄侵害他人版权,或者把互联网当作写作业的答案库,更不能轻易相信网络虚假消息并肆意进行散播。在法国该指标的最后指出,当学生在使用互联网遇到了安全问题时,孩子们应该明白他们应该怎样避免这些问题;当学生们在光盘和网络上查找信息和文件时,要注明其作者和使用权;学生在利用互联网查找信息和数据的时候,要分析信息来源和可信度,要尽量选用官方性质的信息来源。如今在中国,互联网已经成为最快速和最重要的传媒工具,大量的未经查证的虚假消息和谣言开始在网络上不胫而走,回顾近几年汶川地震、天津爆炸、食品安全等等方面都有很多恶意的谣言在微博、微信朋友圈和各大网站上疯狂转载,引发社会恐慌和不安。更有甚者,直接将网络查找到的信息和数据,照搬照抄署上自己的名字,侵犯他人版权。这些都是人们过度依赖网络信息的结果,因此小学生在刚对互联网产生兴趣的时候,应该树立良好的互联网使用的规范和道德准则,学会正确地利用网络信息。

表 25 法国、中国学生信息素养测评点对照表

指标	中国测评点	法国测评点
信息素养	1. 具有信息意识	1. 了解电脑不同组件的功能
	2. 有数字化生存能力	2. 能够开启、关闭电脑设备和软件
	3. 主动适应"互联网+"等社会信息化趋势等	3. 使用键盘和鼠标
		4. 查找、移动、保存文件
		5. 了解应用计算机和互联网的基本规则
		6. 对网络信息持批判态度
		7. 注重合作解决问题
		8. 创建一个文本、图像或音频文件并且能够编辑它
		9. 从图书馆或自己身边寻找资料,混合使用文本、图像和声音制作一个电子文件
		10. 使用简单的软件向老师展示作业(例如 word 文档)
		11. 在电脑上查找并阅览信息
		12. 对互联网信息进行识别和分类
		13. 学会使用浏览器的基本功能
		14. 在互联网上进行信息搜索
		15. 接收和发送电子信息
		16. 直接发送和延迟发送邮件

法国的指标还要求学生能够运用文本、图像和音频处理等软件。在对该能力进行评价的时候,学生需要知道如何开启软件,之后能够对文件内容进行修改,例如字体标点的转换和使用,段落的设置,复制粘贴,打印,插入图片和音频等等。当学生已经掌握以上操作技巧之后,需要评估学生的应用能力。教师布置给学生一项课堂任务,学生通过计算机的软件来展示他们的作业,从中可以评估学生是否能够独立地输入、检查、改写文字,并且能够运用拼写检查器对文本内容进行校对,而不只是关注学生最终呈现的答案和作业,对动手操作能力十分重视。不仅如此,法国注重将计算机操作融入每一个学科的教学之中,每个任课老师都要注重培养孩子们计算机的应用能力,鼓励他们使用各种软件和技术展示他们的想法和创意,这已经不单单是计算机老师的工作了。

法国的指标还涉及学生的信息收集能力,当我们浏览互联网的时候,都会输入我们期望的关键词,然后从结果中挑选我们感兴趣和需要的内容。法国要求小学毕业的学生都能够掌握从互联网上检索信息的能力。如果学生能够使用不同的关键词检索到更多的信息、文件、文章,可以对检索到的内容进行识别和分类以用于进一步的研究,即认为该生掌握了查阅信息的能力,信息来源是不固定的,学生们可以在不同的网址来源中自由检索。

学生们还需要学会收发邮件以实现网上沟通合作的能力,并且能够直接发送,或者选择延迟或定时发送。发送邮件的评估主要包括,教师观察学生是否能够准确地选择收件人,准确地输入邮件内容和签名。考察接收邮件的时候,重点关注学生是否能够熟练地接收新邮件,查找已读消息,识别发件人和发送时间等。

(3)自我管理指标

中国和法国的指标都包含学生自我管理层面的测评点,中国有 7 项,法国有 12 项。中国测评点侧重于学生的心理品质,乐观自信,良好的人际关系,自我评估,实现目标等方面。法国的评估指标更注重学生的实践动手能力,在任务设置中评估学生的素养,培养学生的阅读能力,操作能力,沟通能力,自我评估能力,专注度,团体合作能力,以及时间观念等。

表26 法国、中国自我管理素养测评点对照表

指标	中国测评点	法国测评点
自我管理	1. 能调节和管理自己的情绪	1. 能够看懂问题和要求
	2. 有积极的心理品质,自信自爱,坚韧乐观	2. 根据要求独立完成任务
	3. 积极交往,有效互动,建立和维持良好的人际关系等	3. 根据所学知识和能力,全身心投入一项任务
	4. 能正确判断与评估自我	4. 根据所学知识和能力,完成任务
	5. 依据自身个性和潜质选择适合的发展方向	5. 明确自己的目标,并能够评估自己距离目标的差距
	6. 有计划、高效地分配和使用时间与精力	6. 了解自己的优势和劣势
	7. 具有达成目标的持续行动力等	7. 完成老师设置的各阶段学习目标
		8. 做每件事能够全神贯注、全身心地投入
		9. 做一个有素质的听众
		10. 目标明确地参与集体项目
		11. 选择和实施工作计划
		12. 积极主动参与,在规定时间内完成任务

评估的第一重点就是学生解决实际问题的能力,学生要能够分析任务要求,独立完成任务。评估的情景是平日的课堂或者学校活动,评估的细节包括以下几点:体育活动时,学生是否了解体育活动或游戏的规则,以及安全活动的常识;在数学方面,能够独立地审题、设计解题方案;地理方面,学生是否能够使用地图解决实际问题。总的来说,教师应当重点观察的是学生能力的体现,他们需要按照题目的要求在规定时间内完成任务,当学生独立自主、按照题目要求、正确地完成时,教师应该给予积极的评价。第二,持之以恒的能力。偏重于对学生态度的评估,要求学生运用所学的知识和能力,投入并且完成任务。该项能力的评估可以在学校正常活动期间或者各个学科教学中进行,例如语文,确定一个题目进行写作;艺术,在艺术领域坚持按规划学习;科学和技术,进行实验操作验证假设。当学生能够持之以恒地完成以上目标,教师应该给予积极的评价。第三,自我评估的能力,要求学生明确自己的目标,并能够评估自己和既定目标的差距,了解自己

的优势和劣势以便更好地完成各阶段的学习目标。教师可以通过课堂教学活动来评估学生的能力,观察学生是否能够认清自己面对的问题,了解必须克服困难去获得成功。第四,认真的态度,该能力是建立在做一个有素质的公民基础上提出的,做事要全身心投入,观看别人表演的时候也应该具备应有的素质。在学生参加音乐剧、电影、郊游、艺术欣赏、参加会议等外出活动时,教师要观察学生以下表现:参加文化活动的时候,是否举止得体;保持安静,注意力集中,给予表演者尊重;在辩论的过程中,能够正确地处理冲突,陈述自己的观点;如果学生能在观看电影、音乐会、戏剧、报告等活动中保持注意力和兴趣,显示出礼貌和尊重,那么应该获得表扬。第五,参与个人与集体项目,考查学生能否融入集体,在集体中发挥作用,具备团队协作的能力。这个项目的评估不仅指学生个人参与课下主题活动,而且要在课程中参与个人和集体项目。在这些情景中,观察学生参与活动和项目的执行能力,包括对参考书、设备等的选择;组织能力,包括工作计划、预测和查找信息的能力;如果学生能够评估现阶段的成果和目标的差距,并且表现出出色的执行力、团队协作能力,就应当受到表扬和嘉奖。

(4)身心健康

身心健康素养包括心理和生理健康素养,心理健康的内涵是自我管理、自我约束、自我评估、承受压力等方面,生理健康素养包含良好的生活习惯和运动习惯等。① 显然中国在学生心理健康素养方面更加重视,不仅在身心健康素养中提到,而且在自我管理素养中也提到了要具备积极向上、自信乐观的品质。而法国比较重视体育活动的丰富和多样性,通过参与各种各样的体育锻炼培养学生坚韧不拔的品格,团结协作的精神,法国测评点尤其列出了参与体育活动的具体类型,包括室内体能运动和室外体育运动项目等数十项。

---

① 我国每一百人中具备健康素养人数不足 10 人[EB/OL]. http://gongyi. ce. cn/news/ 201512/14/t20151214_3246608. shtml.

表27 法国、中国学生身心健康素养测评点对照表

层面	中国测评点	法国测评点
身心健康	1. 理解生命意义和人生价值	1. 了解有害身体的行为和习惯
	2. 有安全意识与自我保护能力	2. 了解运动、营养、睡眠、个人卫生的知识
	3. 掌握适合自身的运动方法和技能	3. 参与体育活动:跳远、跳高、穿越障碍、长跑、短跑、接力跑、投球、游泳
	4. 养成健康的行为习惯和生活方式等	4. 参与登山、攀岩、海上运动、自行车、跳水、潜水、游泳、滑冰、滑雪等活动

身心健康素养包括体育和健康两个方面:第一,遵守运动规则,避免受伤,保障休息和饮食安全,评价可以是在体育课的时候,也可以采取学生自我评估问卷或者问答的方式来观察学生的能力,主要包括:知道日常生活中哪些体育活动和行为是危险的,经常参加体育运动和锻炼,在活动之前能自主进行充分的准备活动和拉伸,注意饮食安全和营养搭配,不暴饮暴食、吃过多的零食、吸烟和酗酒等,有规律的作息保持睡眠质量,保持个人日常卫生。如果学生知道并且能做到以上的体育锻炼、卫生和安全要求,教师应该给予学生积极的评价,但是该项评估不对学生进行终结性评价,目的在于培养学生良好的生活规律。第二,田径运动和游泳,法国小学生参加的田径运动和我国大致相同,包括跳高跳远、长跑短跑障碍跑接力跑、投球。值得我们注意的是游泳作为一个重要项目出现在指标中,因为在法国,学习游泳已经成为一种普及的儿童体育运动教育,平日的课程中也有较长时间专门的游泳课,所以要在评估标准中重点体现这一点。在学生结束一定周期的游泳学习之后,要对他们进行考核,比如进行速度比赛,观察学生入水是否能快速起步,游泳时的耐力、转弯、最终冲刺的速度,教师要记录学生动作规范程度、距离、时间、速度,鼓励学生不断冲击自己的记录。第三,参与各种户外体育运动,教师观察学生在各种体育项目中的平衡能力,使用器械的能力,适应环境的能力等。

五、美国

1776年美国建国,经过200多年的发展,成为当今世界上唯一一个超级大国。根据新华网2012年2月的统计数据来看,"美国962.9万平方公里的国土上居住着3.1亿人口。截止到2011年,其产值占全球GDP的20%左右,其总体竞争力位居世界首位。"①在1900－2010年的110年中,诺贝尔物理学奖美国获得88次,占45.36%。②

美国是典型的分权制国家,实行立法、司法和行政三权分立。美国的行政体制和国家组织形式共同决定了其教育体制的特殊性,即联邦政府没有统一的教育督导机构和评估指标体系,导致美国各州的教育督导评估标准各不相同。我国国家教育督导团前任领导钱一呈编著的《外国教育督导与评价制度研究》中明确指出:"美国教育制度的多样化导致其没有全国性统一的教育督导评估标准。"但是值得注意的是:除了美国各州政府教育督导机构之外,还存在众多的中介评估组织,它们在推进美国教育督导事业的发展中起到了关键作用,是美国教育督导评估体系中的重要组成部分。③ 考虑到美国教育督导制度的特殊性,钱一呈在介绍美国教育督导评估指标体系之时,把美国政府督导评估标准(美国亚拉巴马州的教师评价标准、学校安全标准)和中介组织全美教育进步评估委员会(National Assessment of Educational Progress,以下简称NAEP)的评估标准相结合,共同构成美国教育督导评估指标体系,由此看出,美国教育督导评估标准不仅指政府督导机构的评估标准,也可包括中介评估组织的评估标准,钱一呈书中所用的这一模式为本研究提供了宝贵的借鉴。

(一)美国教育督导发展历程概述

美国学者奈塞根据教育督导目标和功能方面的演变,将美国教育督导划分为四个发展阶段(如下表所示)。

表28　美国教育督导发展阶段

时间段	内容
1624－1875	行政视察阶段
1876－1936	效率为指针的专家督导阶段
1937－1959	重视人际关系,着力改进教学阶段
1960－1970	研究和探索督导方针的阶段
1970至今	以系统分析为主导的阶段

出处:教育督导基础知识[EB/OL]. http://www.docin.com/p-1049709673.html/.

---

① 孟东方.美国文化产业的发展经验及启示[N].企业文明,2012－03－27.

② 新华网.美国概况[EB/OL]. http://news.xinhuanet.com/ziliao/2002-01/28/content_257426.htm.

③ 钱一呈.外国教育督导与评价制度研究[M].北京:中央广播电视大学出版社,2006:202－210.

1. 早期美国教育督导的萌芽

早期英国殖民者占据纽约,建立教会和地方政府合作制度,共同治理该地区的教育工作。教会承担协助、指导和视察工作,以此弥补家庭教育的不足,从某种意义上说,此时教会负责的就是教育督导工作。① 1647 年,美国马赛诸塞州颁布的法案规定:"要求五十户以上的公民居住处用资金来聘请教育人员,对青少年们进行宗教教育活动,市、镇委员会担负起学校的督导工作,目的是让教师拥有成熟的宗教与道德的信仰。"②

2. 美国教育督导的专业化

美国社会经济的繁荣,工业革命极大地推动公立教育的发展,专职教育督导人员由此应运而生。19 世纪 20 年代,美国开始了长达 40 多年的"公立学校运动",全美多数州都建立了公共资助的学校制度,中小学校数量随之剧增。如 1859年,马萨诸塞州拥有约 4000 多所中小学校。学校数量急剧增长,课程内容的需求日益丰富,对教学内容和方法提出了新的挑战,传统的教育督导的局限性已经逐步显露。为此,地方教育委员会、董事会开启聘用管理人员来负责监管学校,这些人员就是美国早期的教育督学。出于对学校的监管需求,各州、学区开始选聘具有专业资格的教育督导人员,取代非专业教育督导人员,确立了专业督导人员在教育活动中的地位。到 19 世纪中叶时期,一些大城市的"学校委员会"开始聘用专职人员来执行监督学校管理工作,当时这些人员称为"代理巡视员"(Acting Visitor),或是"学校办事员"(School Clerk)。随着教育事业的发展,督导工作发展日趋专业化,"学校督导"(Superintendent of School)应运而生。③

3. 重视教育评估,提高教育效能

1956 年,一个人类历史上的重要事件让美国政府为之震惊——苏联发射了人类历史上首颗人造卫星,由此掀起了一场全美教育改革的大浪潮,期望以教育改革促进人才培养,发展科学技术,赶超苏联。为此,美国政府将大量资金投入到这场教育改革运动中,明确提出所有获得这笔经费资助的教育项目必须进行效能评估,由此引起了大众对教育评估的广泛关注,促进了教育评估研究活动的开展和探索。1983 年,美国发布了《国家处在危险中:教育改革势在必行》的教育质量研

---

①　李小艳. 美国教育督导制度的历史发展研究[D]. 成都:四川师范大学,2010.

②　苏君阳,杨颖秀,李帅军. 教育督导学[M]. 北京:北京师范大学出版社,2012:60 – 68.

③　曾德琪. 美国教育督导制度的历史发展及其作用之演变[J]. 四川师范大学学报(社会科学版),1995(3).

究报告,①反映出美国基础教育质量出现危机,预示着美国基础教育不良状况会使国家陷入危险境地。为了提升教育质量,迫切需要建立起全美统一的教育质量标准,加强全国性的教育质量监管与测评刻不容缓。美国布什总统时期通过了《不让一个孩子掉队》的法案,随后美国政府还赋予 NAEP 对全美中小学学生学业进行评估的职能,使得专业化的中介评估组织担负起测评全国中小学生学业成就的重任,测评各州的考试成绩,以评估结果作为督促各州教育改进的依据。

4.美国教育督导的探索与完善

教育督导与教育评估密切相联。随着教育评估理论的发展,教育督导评估工作也在不断的完善。一方面,在教育督导评估上大多采用目标导向评估模式。评估由注重鉴定与选优,转为关注改进与发展。另一方面,评估方法不再单纯地依靠定量方式,逐步转向为定量与定性相结合的方式。受到新人际关系理论和科学管理理论的影响,美国教育督导以管理控制为主要内容,突显管理的科学性,体现出激励功能、协调功能、沟通功能和反馈功能。体现出改进监督职能,强化指导职能、管理职能,促进专业化的发展趋势。

(二)当代美国教育督导概况

美国政治体制和教育体制的特殊性使得美国教育督导独具一格,美国联邦并没有严格意义上的督学,对中小学教育质量进行评估的行政官员被称之为"学监"。但是,美国基础教育中介评估组织十分发达,并在教育评估中发挥着积极作用。② 本部分主要以美国政府教育机构和具有中小学校督导职能的中介评估组织为例,概述现代美国教育督导的概况。

1.美国政府督导机构概述

美国教育督导机构体系主要由联邦政府、各州、学区各级负责教育督导的部门构成,各级之间相互独立,部门之间越级督导是被禁止的。③ 美国均是由各州自行制订有关督导人员的选拔资格、工作职责等标准。督导人员主要分为两种:一种是兼任督学的行政人员,一般包括学监、副学监和校长等人员;另一种是专职督导人员:有 2 - 10 年的教学和督导工作经验。据美国的一项抽样调查"美国督学的教学经历,一般平均教龄为 7.4 年,平均年龄为 38 岁,获得博士学位者占

① Kadriya Salimova and Nan l. Dodde. *International Handbook on History of Education*. Orbita - M,2000:540.

② 顾明远.外国教育督导(第二版)[M].北京:人民教育出版社,2002:109 - 110.

③ 陈世瑶.中美教育督导制度的比较研究[J].教育观察,2012(7).

15.4%,硕士学位者占65.7%"①。除此之外,在选拔方式、学历要求和工作经验方面也对专职督导人员做出了具体的规定。

美国教育督导对美国基础教育发挥着多种功能,其中以指导功能和监督功能最为重要。指导功能是针对由教育督导产生的作用而言,强调教育督导人员要采取民主、合作、平等的方式,树立服务的意识,改进教师教学工作,提高学校教学质量。监督功能则是从教育行政管理的层面,督导者要检查教育政策、法令以及相关的教育决策是否得以有效地落实和贯彻执行。

2. 中介评估组织及其评价指标

尽管由于教育多样化导致各州之间在评估标准上存在差异,但是除美国政府之外,美国有不少全国性的教育评估中介组织,它们推动了督导工作的开展,也为美国教育督导提供重要的评估数据和评估结果。② 如:全国评价管理委员会(National Assessment Governing Board,以下简称 NAGB),全美教育进步评估委员会(National Assessment of Educational Progress,以下简称 NAEP)等。这些评估组织已经形成了专业的评估模式和完备的评估指标体系,评估结果广泛应用于全美大部分州、学区,评估结果具有权威性,成为当今美国教育督导评估体系中的重要组成部分,是推动美国教育评估事业开展与实施的动力。基于美国教育督导的特殊性,我国教育部国家教育督导办钱一呈主任在研究"美国教育督导评估指标体系"的过程中利用美国亚拉巴马州的教师评价标准,学区学校安全评价标准,并在此基础之上借助于全美教育进步评估委员会(NAEP)中数学、语文阅读和科学三门课程的评估标准,共同构成了美国教育督导评价指标体系,对每个维度的评估指标进行了详细介绍,在此基础上总结了美国教育督导的发展趋势:①传统的地方为主的教育督导制度开始发生松动;②关注教育管理,关注学校教育的增值性评估;③教育督导评估的重点是绩效责任;④重视困难生的学业成绩。③

3. 美国 NAEP 中小学校督导评估指标(学生学业成就部分)

NAEP 虽然是第三方评估机构,但它承担全美中小学校学生学业成就方面的评估工作,被誉为"国家成绩单"。1988 年,美国政府批准了 NAEP 进行试行性的州级评估,

---

① 钱一呈.外国教育督导与评价制度研究[M].北京:中央广播电视大学出版社,2006:222 – 223.

② 黄崴.教育督导学[M].北京:中国人民大学出版社,2011:44 – 46.

③ 钱一呈.外国教育督导与评价制度研究[M].北京:市中央广播电视大学出版社,2006:202 – 210.

随后成立了 NAGB,主要目的是为 NAEP 的开展制订相关的政策和必要指导。① 2001
年,小布什总统签署通过了《不让一个孩子掉队》的法案,这在法律层面上对 NAEP
评估模式给予了肯定,NAEP 成为全美最具有权威性的中小学生学业成绩评估体系。
美国教育周刊(*Education Week*)教育研究中心曾指出:"NAEP 被列为近十年来影响
美国教育政策最重要的研究项目。"②

　　NAEP 是美国目前唯一具有代表性的、持续的教育质量评估体系。主要目的是
向美国公众报告全美中小学学生的教育质量状况,促进学生学业成绩的提升,提高
基础教育质量。自 NAEP 成立以来,它已经周期性地对中、小学生的语文阅读、写
作、数学等多门学科进行了评测,评测结果享有"美国国家成绩单"的美誉。③ 下表
是 NAEP 全美中小学学生学业评估指标的评估目的、评估对象、评估内容、评估频度。

表29　全美中小学生学业成就评估目的、对象、内容、频度

学生学业评估	1.1 评估全国及各州学生在学科领域知道什么、能做什么
	1.2 全国性的学业评估以 4、8、12 年级学生为样本
	1.3 数学和语文阅读每两年评估一次
	1.4 科学和写作每四年评估一次
	1.5 周期性评估的学科有艺术、公民教育、经济、地理、美国历史、技术与工学
	1.6 长期评估学科包括语文阅读和数学
	1.7 学科评估框架规定了学生学业成就的达标标准
	1.8 教师、校长、教育研究者和政策制定者依据评估结果判定学生学业进步幅度

注:引自 NAEP 官网文件 *An Overview of NAEP*,经孙河川教授课题组翻译提炼、整理而成。
http://nces. ed. gov/nationsreportcard/subject/_commonobjects/pdf/2013455. pdf

评估的目的和对象

　　NAEP 评估的目的是要了解全美学生的学习状况,课程学习、学业进步和提升
的幅度(增量)。主要由全国、州、学区三级测试评估组成。④ NAEP 主要采取全国

① National Assessment of Educational Progress [EB/OL]. http://nces. ed. gov/nationsreportcard/,
　　2014 – 4 – 3.
② Swanson,C. B. & Barlage,J. *Influence:A study of the factors shaping Education Policy*. Editoral
　　Projects in Education,2006:120.
③ Reading Framework for the 2013 National Assessment of Educational Progress[EB/OL]. http://
　　www. nagb. org/content/nagb/assets/documents/publications/frameworks/reading – 2013 – frame-
　　work. pdf,2014 – 04 – 03.
④ An Overview of Procedures for the NAEP Assessment[EB/OL]. http://nces. ed. gov/nationsre-
　　portcard/pdf/about/2009493. pdf,2014 – 03 – 15.

性和各州的学业评估相结合的方式。全国性的 NAEP 中小学学生学业评估是以 4、8、12年级学生为测评对象,评估的学科相对全面,如语文阅读、数学、写作、科学等学科。在一定程度上来说,其评估的结果对了解全美中小学学生学业质量和学习效能具有重要意义。NAEP 州评估的对象则是 4、8 年级的学生,对语文阅读、数学、科学和写作四门学科的评估,相对于全国性的 NAEP 学业评估具有一定的局限性。①

评估的内容和评估结果

自 1996 年开始,全国性的中小学学生学业评估几乎每年开展,但是周期性的评估并非每年开展。2002 年起,NAEP 开始展开对试验城市学区的评估(The Trial Urban District Assessment,以下简称 TUDA),值得注意的是:该评估项目仅在公立学校四年级和八年级的学生中开展,其中每两年对数学和语文阅读学科评估一次,科学和写作每四年评估一次。自 2003 年开始,NAEP 全国性的测评也变为每两年对数学和语文阅读学科评估一次,每四年对科学和写作评估一次。NAEP 评估分为两种类型:主要评估科目和长期发展趋势评估。主要评估科目包括阶段性评估的语文阅读、数学、写作、科学、艺术、公民教育、经济、地理、美国历史、技术与工学。从 20 世纪 70 年代初开始,大约每四年在全美范围内举行一次教育进展长期趋势评估,选择来自全美 4 年级、8 年级和 12 年级的中小学生作为样本,并对学生的语文阅读和数学两门学科的学业表现和发展情况进行评估。NAGB 为美国 NAEP 的学科评估制订了详细的学科评估框架。不同的学科采用与其相应的评估框架,每个学科评估框架规定了每个年级学生学业成就的达标标准,根据每个科目评估内容的不同,以 50 分为单位,划分为 150、200、250、300 和 350 五个等级,这些分数体现出每个等级学生掌握知识和技能的情况。② 达标或高于达标、熟练和优秀三个水平学生的百分比在测试结果报告中列出。③ 例如 NAEP 发布的 2013年语文阅读评估框架中,将评估标准依次按 4、8、12 年级列出,每个年级学生的评估标准又分为三个等级:达标、熟练和优秀。比较各州中小学生学业水平的差异,掌握学生学业成就的变化趋势和学习效能程度,即相比近年的学生成绩,当前每所学校学生的学业成就是进步了还是后退了,增量有多大等,详见下表。

---

① ［美］施耐德·马克(Schneider Mark).美国国家教育进展评估[J].考试研究,2011(3).
② ［美］张华华,王纯.美国教育进展评估带给我们什么启示[J].教育测量与评价(理论版),2010(2).
③ ［美］施耐德·马克(Schneider Mark).美国国家教育进展评估[J].考试研究,2011(3).

表30 全美NAEP2013语文阅读评估标准

1.4年级	**1.1 达标水平**	1.1.1 定位相关信息,做出简单的推理,并利用对上下文的理解去确认一些详细信息,以便能够成为解释或是推理的依据
		1.1.2 学生能够解释在上下文中单词的意思
	1.2 熟练水平	1.2.1 学生能够对文本进行整合和阐释
		1.2.2 学生能够依据对文本的理解进行总结,并做出评估
	1.3 高级水平	1.3.1 学生能够进行复杂的推理和理清内容结构
		1.3.2 学生能够依据对文本的掌握做出合理的判定
2.8年级	**2.1 达标水平**	2.1.1 学生应该能够定位信息,确认主旨句、主题或是作者意图,依据文本做出简单的推理
		2.1.2 学生能够解释文本中单词的意思
		2.1.3 学生能够判定主题,并运用相关内容和表述来加以论证
	2.2 熟练水平	2.2.1 学生能够在提供相关信息的基础上总结主要思想和主题
		2.2.2 学生能够对文本做出推理,联系文本各部分内容,分析文本特征
		2.2.3 学生能够对内容和形式做出判定
	2.3 高级水平	2.3.1 从中建立联系,联系全文,去解释因果关系
		2.3.2 学生可以评价和判定论据信度以及作品的质量
		2.3.3 学生能掌握操作分析过程的要求,通过说明、解释和评判来进行评价
3.12年级	**3.1 达标水平**	3.1.1 学生能够识别要素的意义和形式,以及它们在整个文本中的意义
		3.1.2 学生能够做出推断,进行解释,在文本之间建立联系,并总结出结论;使每一部分相互支撑
		3.1.3 学生能够解释文本中单词的意思
	3.2 熟练水平	3.2.1 学生能够确立主题和整合信息,以此用来分析文本的意义和形式
		3.2.2 学生应能够提供详细文本来证明推断,解释说明,联系部分内容和全文进行比较
	3.3 高级水平	3.3.1 学生能够分析文本的意义和形式,以完整的、明确的、精准的文本来分析详细的案例
		3.3.2 学生能够因为不同的目的进行跨文本阅读,分析和评价每个不同的文本并达到目标

注:孙河川课题组翻译、校对、整理而成。"Reading Framework for the 2013 National Assessment of Educational Progress"http://www. nagb. org/content/nagb/assets/documents/publications/frameworks/reading – 2013 – framework. pdf

（三）中小学教师评估指标

2013 年度教育预算要点中，奥巴马总统强调打造优质教师队伍，坚信教育改革成功与否取决于教师。他认为美国的少儿成长与发展，甚至是美国的未来都取决于教师。为此，将教师教育改革作为重点，旨在打造一支高质量的教师队伍，成为奥巴马政府推行教育改革中的重要部分。[①] NBPTS 于 1987 年成立，其目的是建立一个评估、认证在职教师的系统。NBPTS 教师评估标准已得到全美 49 个州、500 多个学区和绝大部分地方教育局的立法认可，已成为美国最具有影响力的教师评估标准。[②] 美国教师评估标准是由 NBPTS 制订的，截至 2014 年 4 月，NBPTS 一直沿用 2008 版的教师评估标准，孙河川教授课题组最先翻译和发表了美国 2008 版的教师评估指标体系，以下我们将对它进行引用和介绍。该评估指标体系划分为五个核心维度，每个核心维度下面有着更为详细的下一级指标。[③]（如下表所示）

表 31　美国 NBPTS 中小学校教师评估指标[④]

一级指标	二级指标
1. 教师对每位学生及其学习尽职尽责	1.1 让所有学生获得知识，相信所有学生都拥有学习的潜能
	1.2 对学生一视同仁，承认个体差异性，并在实践中充分考虑这些差异
	1.3 了解学生是怎样发展和学习的
	1.4 尊重学生因来自不同文化、不同家庭在课堂内所表现出的差异
	1.5 关注学生的自我意识、动力、学习效果及同伴关系
	1.6 关注学生个性发展和公民责任感的培养
2. 教师要通晓所教学科的知识和教学方法	2.1 掌握所教学科的知识，透彻地了解所教学科的发展历史、框架以及社会应用
	2.2 具备讲授所教学科知识的技能和经验，了解学生所教学科的技能、前概念上的差距（包括技能、知识、概念等）
	2.3 能够使用不同的教学方法和策略进行理解性教学

① U. S. Department of Education, Office of Planning, Evaluation and Policy Development, ESEA Blueprint for Reform, Washington, D. C. ,2010.

② 孙河川. 教师评价指标体系的国际比较研究[M]. 北京:商务印书馆出版,2011:56 – 57.

③ 2008 National Board for Professional Teaching Standards[EB/OL]. http://www. nbpts. org/five-core-propositions,2014 – 04.

④ 孙河川. 教师评价指标体系的国际比较研究[M]. 北京:商务印书馆出版,2011:58 – 59.

续表

一级指标	二级指标
3. 教师对管理学生和监督学生学习负有责任	3.1 能进行高效能教学(有效教学),具备广博的教学技术和方法,并能运用得当,能始终激发学生的学习动力,使其聚焦学习、投入学习
	3.2 懂得如何确保学生参与,营造一个秩序井然的学习环境,懂得如何组织教学以达到教学目标
	3.3 有能力评价个体学生和班级的进步
	3.4 有能力采用多种方法测评学生的成长进步和理解力,能向家长清楚地说明学生的表现
4. 教师要对其教学实践进行系统反思,并从中吸取经验	4.1 教师是学生学习的榜样——会读书、质疑、创新、勇于尝试、接受新事物
	4.2 熟知有关学习的理论和教学策略,始终关注和了解国家当前的教育问题及焦点
	4.3 经常批判性地审视自身的教学实践,深化知识,拓展所有的专业技能,将新的发现运用到实践中
5. 教师是学习共同体的成员	5.1 能与他人合作,以改善学生的学习
	5.2 具有领导力,懂得如何通过努力与社区团体和企业建立起合作伙伴关系
	5.3 在制订教学策略和课程发展方面能与其他专业人士合作
	5.4 能够评价学校的发展和对资源的分配,以实现国家和地区的教育目标
	5.5 深知如何与家长合作,使他们富有成效地参与学校的工作

注:孙河川课题组译自 2008 National Board for Professional Teaching Standards, http://www. nbpts. org/five-core-propositions

由上表可以看出,美国教师评估指标体系是由 5 项一级指标,21 项二级指标共同构成。接下来本文将对这五个核心维度进行逐一解析。

(1)教师对每位学生及其学习尽职尽责

开展教师评估的目的在于根据评估结果对教学进行改进,促进教学质量的提升,而教学质量是否达标主要体现在学生学业成就上。"教师对每位学生及其学习尽职尽责"是整个教师评估指标体系的首要指标,包含的二级指标数量最多。首先,教师应有整体教育观念,教育教学目标是要面向全体学生进行教育,而不是少数优秀学生,并且相信学生具备学习、学得好的潜质,避免了教师在教学中对学生个体的主观臆断。其次,教师对待学生既要体现出公平性,又要承认学生之间的个体差异性,实现共性与个性共存。这就对教师提出了巨大的挑战,关键在于妥善处理在教学过程中两者之间的关系。再次,教师进行有效教学的基本前提,是使教学活动适应学生的身心发展规律的必要准备,使之符合学生已有的认知水平,将最新理论适当地融入教学中。课堂教学中,学生作为教学的客体,学习的主体,教师要对其教育背景、文化背景予以关注与尊重,这就要求教师不仅要"读懂学生",尊重学生,关注学生,培养学生的道德品质,更需要教师具有强烈的责任心,对每位学生的学习真正地负起责任。

(2)教师要掌握所教学科的知识和教学方法

具备精深的专业知识和高超的教学技能是优秀教师的前提。NBPTS认为教师对其所教授的学科知识要具有深刻的理解,即了解学科的发展历史、形成和在现实生活中是如何运用的。在教学过程中,教师处于主导地位,正确把握所教学科的精髓,理清教学内容的知识要点,采用适当的教学策略与方式,将学科知识转换成学生可以掌握的知识,让学生最大限度地获取知识。如指标2.2"具备讲授所教学科知识的技能和经验,了解学生学习所教学科的技能、前概念上的差距"。学生已有的知识背景、知识结构、学生动力、学习态度均是影响教学效果的因素。为此,教师有必要分析这些因素,对教学内容和教学方法进行相应的调整,运用多种教学手段来实现教学目标,并指导学生如何对待和解决问题。

(3)教师对管理学生和监督学生学习负有责任

教师既要具备娴熟的课堂组织和课堂管理能力,又要承担起对学生进行管理和监督其学习的责任,及时与家长进行沟通,共同为学生的学习和全面发展而努力。一方面,管理学生旨在营造一个秩序井然的学习环境,使学生专心地投入学习,使教学更加富有成效,达到既定教学目标。那么,如何进行学生管理呢?首先,教师要知道如何激发学生学习的兴趣,引起学生的求知欲望,培养学生自主学习。其次要营造一个秩序井然的、积极向上的学习环境,这是教师达到教学目标的基本保证。再次,教师需要通过评估学生和班级的进步,把握班级的整体学习状况和每个学生的学习情况、学习效能、进步情况,并将该信息及时反馈给家长,让家长及时了解和掌握学生各方面的情况,与家长达成一种共识——建立家校合作机制。

（4）教师要对其教学实践进行系统反思，并从中吸取经验

教师应通过反思来改善教学实践，提高教学质量。如指标4.1所描述的教师是能够成为学生学习的典范或是楷模，必定要具备良好的专业品质和素养。首先，教师要通过加强自身的内在素质修养，具备高尚的道德情操，通过各种教育活动对学生加以影响、熏陶，帮助其树立正确的道德观念，养成良好的行为习惯，形成优良的内在品质。其次，在教学过程中，教师处于主导地位，其课堂教学质量的优劣在很大程度上决定着学生学习质量的高低。因此，教师要熟知学习的理论，掌握精到的教学方法，并且要关注、了解当前国家的教育问题及焦点，这样有助于教师将教学与国内外最新发展结合起来，使教学内容富有时代前沿性、前瞻性。此外，教师对其教学实践要进行系统的反思，通过经常批判性地审视自身的教学实践，持续改进教学方法、策略、技能，成为一名优秀的反思型教师。

（5）教师是学习共同体的成员

"教师是学习共同体的成员"一项指标及二级指标都在强调教师树立合作意识、成为学校学习共同体、社区共同体一员的重要性。随着世界科学技术的迅猛发展，任何事物都不可能孤立存在，任何人都需要与他人合作，建立起与外界合作的有机联系。NBPTS提出教师要与其他教育人士、家庭、社区团体和企业建立起合作伙伴关系，善于利用各种校内、外各种教育资源，使教学效能最大化，从而实现教育目标。从校外教育的角度看，教师要与家长、社区团体、企业建立起合作伙伴关系，积极营造良好的学习环境，保证学生接受持续性教育和终身学习。从校内教育的角度看，教师在制订教学策略和课程发展方面要能与其他教育专业人士进行密切合作，使课程教学更加具有适切性。此外，教师还要能够准确地评估学校的发展状况，合理地对资源进行分配，以实现国家、地区的教育目标。综上所述，教师要成为学校学习共同体中的一员，在这一共同体中善学、乐学，同时也要成为社区学习共同体的一员，与相关利益主体之间建立起良好的合作伙伴关系，吸引社会多方面力量关心和支持学校建设与发展，加强学校与社区相关教育资源的开发和利用，共同处理各种教育问题，实现共同的教育目标。

（四）中小学校长评估指标

高素质的中小学学校校长是学校发展的核心动源。对于校长，美国同样有着较为完善的评估指标体系。美国是最早制定校长专业标准的国家，早在1987年，美国教育管理卓越委员会（National Commission on Excellence in Educational Administration）就明确指出："教育中的革命，要求有卓越能力、熟练技术、远见卓识的

教育领导者。"①一个行之有效的、统一的校长评估标准,对于规范中小学校领导者的职责与行为、提升其素质修养、促进校长专业化发展提供了依据和标杆。1994 年 8 月,ISLLC 在 CCSSO(Council of Chief State School Officers,美国公立学校校长理事会)的支持下开始运作,ISLLC 的成员来自美国 24 个州。② 在 1996 年 11 月,CCSSO 颁布了面向 20 世纪的《学校领导标准》,旨在在宏观层面上使政策决策者和学校领导者之间在教育问题上达成共识,通过校长来提升学校的教育质量。随后通过数年的修订和更新,2008 年 3 月更名为《教育领导政策标准》(以下简称 ISLLC 2008),该标准帮助全美各州制订与中小学校校长相关的政策和指导方针,以便能精准地测量和评估校长的领导行为。③ ISLLC 2008 不仅用于评估全美中小学校校长,而且还用于对教育领域中其他管理者的测评,目前,全美约 40 多个州采用了 ISLLC 2008。④

ISLLC 2008 较之以前的评估标准在表述上更加简练,语言描述更为精准,仅用 6 项一级指标,31 项二级指标就勾勒出一名合格校长和学校管理者应具有的综合素质。(详见下表)

表 32　美国中小学校校长评估指标⑤

一级指标	二级指标
1. 建立、传递、实施与所有利益攸关者共享和支持的学习蓝图	1.1 共同分享、发展和实现学校愿景和使命
	1.2 收集并运用数据来确定目标,评估学校的效能,提高组织型学习
	1.3 为达到目标对校本规划进行创新并加以实施
	1.4 促进不间断、可持续的学校改进
	1.5 监控与评估校本规划的实施并加以恰当的修订

① National Commission on Excellence in Educational Administration. Leaders for America's Schools[EB/OL]. http://www. eric. ed. gov. ,2014 – 04 – 21.
② Council of Chief State School Officers[EB/OL]. http://www. eesso. org. ,2014 – 04 – 21.
③ Educational Leadership Policy Standards:ISLLC 2008 [EB/OL]. http://www. ccsso. org/Resources/Publications/Educational_Leadership_Policy_Standards_ISLLC_2008_as_Adopted_by_the_National_Policy_Board_for_Educational_Administration. html,2014 – 04 – 21.
④ The Council of the Chief State School Officers. Introduction to the Educational Leadership Policy Standards:ISLLC 2008[EB/OL]. http://www. ccsso. org. 2014 – 04 – 21.
⑤ 同②.

续表

一级指标	二级指标
2. 倡导、营造和保持有助于学生学习及教职工专业发展的校园文化和教学设计	2.1 营造合作、信任、相互学习和具有高期望值的文化
	2.2 创建综合性、连贯性和严谨的课程体系
	2.3 营造适合学生且能够激发学生学习动力的学习氛围
	2.4 对教师的教学有所监督和指导
	2.5 开发能够督促学生学习进步的评测和问责体系
	2.6 发展和提升所有教职工的教学能力和领导力
	2.7 最大化地将时间用于高质量教学
	2.8 使用最有效、最适合的技术来支持教师的教学和学生的学习
	2.9 对教师教学对学生的影响进行监测和评价
3. 确保对学校的组织、运行和资源的管理，创建一种安全、有效率、有效能的学习环境	3.1 建立监控、评价、管理及可操作的系统
	3.2 对获取的人、财、物、技术进行合理的分配和协调使用
	3.3 提高和保障学生和教职工的福利和安全
	3.4 提升分布式领导的潜能
	3.5 确保教师和学校安排的时间用于教学质量的提升和学生学习
4. 与教师和社区成员进行合作，应对多元化的社区利益与需求，调动社区的各种资源	4.1 收集和分析有关教育氛围和环境的数据和信息
	4.2 促进对社区多元文化、社会和才智资源的理解、辨别以及利用
	4.3 在家庭和监护人之间建立起积极的关系
	4.4 同社区建立富有成效的合作关系
5. 把正直、公平和道德礼仪融于行动当中	5.1 建立对每位学生的学业成就和社会成就的问责制
	5.2 成为具有自知之明、反思能力、言行端庄和符合道德品行的管理者
	5.3 捍卫民主、平等和多元的价值观
	5.4 对决策中潜在的道德和法律具有思考和评价力
	5.5 学校应当能促进社会公平并确保学生的需求
6. 能理解和应对社会、政治、经济、法律和文化的影响	6.1 为学生、家庭和利益攸关者提倡相关信息
	6.2 以行动来影响地方、学区、州和国家，颁布有助于学生学习的政策
	6.3 能评估、分析和预测学校的发展趋势并能调整领导策略

注：孙河川课题组译自 Educational Leadership Policy Standards：ISLLC 2008。http://www.ccsso. org/Resources/Publications/Educational_Leadership_Policy_Standards_ISLLC_2008_as_Adopted_by_the_National_Policy_Board_for_Educational_Administration. html

（1）建立、传递、实施与所有利益攸关者共享和支持的学习蓝图

该项一级指标共包含五项二级指标。校长要与所有利益攸关者共建共享学校的发展愿景，建立在对学校效能评估的数据基础上，构建出学校的近期和远期发展目标，通过多方征集意见和建议，最终确定校本发展目标和学习蓝图。利用校本规划和学校改进来逐步实现既定目标。而整个管理过程是教育管理者通过自身的专业权威和道德权威来完成学校教育的最终使命。这里值得注意的是：校本规划不是一成不变的，它在实施的过程中要受到监控与多次评估，需要随时修订不当之处。最后与所有利益攸关者共享、发展和实现学校的愿景与使命。

（2）倡导、营造和保持有助于学生学习及教职工专业发展的校园文化和教学设计

这项一级指标包含九项二级指标，指标内容主要反映在两个方面：一个方面是校园文化的构建。要求学校校长能够营造出一种合作、信任、相互学习、具有高期望值的文化，这种校园文化能够激发学生的学习动力和形成良好的学习氛围。学生在学校领导团队和教师的指导下，在这种校园文化中能够形成正向的价值观、人生观、思维方式等。另一个方面是教学方面，学校要对教师的教学进行监督和指导，提升教师的教学能力，让学生来评价教师的教书育人情况。此外，校长们要建立起学校内部的评测体系和问责系统，同时要利用技术手段来支持教学活动，确保教学的高质量和高效能。

（3）确保对学校的组织、运行和资源的管理，创建一种安全、有效率、有效能的学习环境

该部分是由五项二级指标组成。为创建一个良好的学习环境，学校领导者需要做出多方面的准备。学校有效的管理需要多元的系统作为保证，如监控系统、评估系统等。而学校运行的整体管理包括人力、财力、物力和技术四个方面，加强学校领导者对学校资源的合理分配和有效利用，注重其领导力所发挥的作用，以便实现资源的优化配置，为学生学习、教师教学提供充足的物质保障。提高、保障教职员工的福利和学生安全，从根本上保证教学环境和校园环境的安全有序。

（4）与教师和社区成员进行合作，应对多元化的社区利益与需求，调动社区的各种资源

该项一级指标是由四项二级指标构成。家长是孩子成长中的第一任教师，而家庭是孩子的首个课堂，家庭与学校之间实现合作，在老师与家长之间架起一座畅通的交流平台，共同为学生的学习服务教育。社区能够为学校和家庭教育提供

更广阔的舞台和资源,社区参与教育活动十分重要。校长作为家庭、学校和社区三方面关系的协调人,要对反映相关教育情况的数据和信息加以甄别和分析,进而为充分整合三方面的教育资源,满足多元化的社区利益与需求,为学校和学生的发展创造机会,乘势而上,顺势而行。

(5)把正直、公平和道德礼仪融于行动当中

这个一级指标由五项二级指标组成,指标内容充分体现了美国所倡导的问责制度的严格性。依靠建立健全的问责制来保证每位学生的学业成就和社会成就,同时也需要学校这一实施机构来促进社会公平,满足学生学习和发展的需要。另外,对于校长来说,不仅需要具备高尚的道德行为、道德品质等,还要具备正确的价值观,能够正确地、敏锐地领悟教育政策中的道德和法律意义。

(6)能理解和应对社会、政治、经济、法律和文化的影响

这项一级指标由三项二级评估指标构成,反映出校长应发挥的重要作用。从宏观的角度看,校长能够深刻地认识到全球发展与变革对社会、政治、经济、法律和文化所带来的巨大挑战,校长能够认清这些挑战并能应对这些挑战。对学校的现状有清醒的认识,对学校未来的发展能有预测和预期,为适应这些挑战,能不断调整学校的发展方向。除此之外,校长要竭尽全力影响各级政府颁布有利于学生学习和成长的相关政策,能够优化和整合各方面的资源,共同促进学生的发展。从微观的角度看,校长应当为学生、家庭和利益攸关者及时地提供各种相关信息。

六、新加坡

(一)新加坡中小学校教育体制

新加坡共和国(英语:Republic of Singapore),通称新加坡,也可被称为星加坡,星洲或星(新)国,别称狮城,是东南亚的一个岛国,也是一个城邦,最初新加坡隶属于英属印度殖民当局管辖,于1965年8月9日脱离马来西亚独立建国。① 新加坡沿用英联邦教育体制,并将东西方教育完美融合,推行英语(作为母语)和汉语双语教育。自建国以来,新加坡政府一直大力发展它的教育,通过实施教育的分流、普职联动、多方位激励、校企联动等制度保障其教育体系的顺利实施。

新加坡小学教育是指从小学7岁到12岁的儿童教育,一般为六年制。一年级到四年级是基础教育阶段,所有课程为必修课。小学四年将实行分流,分流是

---

① http://baike.so.com/doc/3800863.html.

依照学生的语文能力而分为三种不同课程。分流的目的是让学生能以自己的进度学习,使其潜质获得充分发挥。①

新加坡的中学教育是指 12 岁以上的儿童教育。中学教育一般要 4 - 5 年才能完成,中学分特别班、快捷班和普通班三种课程。前两种课程学生可在中学第四年参加普通教育文凭"普通"水准会考。② 普通班学生成绩优异者并通过新加坡 - 剑桥普通中等教育毕业证书考试(Singapore-Cambridge Certificate of Education Normal Level Examination,简称 GCEN),可在中学第五年参加这项考试。

(二)新加坡的教育督导评估和"校群督导"模式

董立彬在《浅谈新加坡卓越学校督导评估模式的特点及启示》一文中介绍了新加坡卓越学校督导评估模式的评价方式。这种评价主要分为校内评估和校外评估两部分。校内评估由学校自主进行,每年进行一次,评估学校短期和长期目标的实现程度,从而达到逐渐提高办学质量、促进学校自我改进的目的。校外评估由新加坡教育部组成的督导组对学校进行评估和验证,每五年进行一次,但是如果学校认为自身很不错,也可以在五年内申请对其进行评估。督导组对学校的自评报告以及学校的质量进行认真而全面的评估和验证。

2007 年成洁在《新加坡中小学校长评价体系及启示》、2007 年余振在《新加坡中小学教育督导评估政策及其启示》和 2013 年丘丽在《新加坡中小学教育质量监控与评估三举措》文章中,从制度层面对新加坡的督导制度进行了介绍。其中成洁在《新加坡中小学校长评价体系及启示》一文中提到,自 1998 年起新加坡开始实行"校群督导"制度,全国分为(东、南、西、北)四个区,由教育部学校督导司的四位副司长负责。每区分成七个"校群"(12 - 14 所学校组成一个校群),由校群督导负责管理。③ 李国宏在《新加坡学校质量保障系统》一文中也提到,教育部实施的集群式的系统工程是建立在地理位置相邻的基础上,一名校群主管负责一个校群。④ "校群"的重要职责就是关于发现和栽培有领袖潜质的校长。它的工作内容包括几个方面:学校访问、人事管理、出席会议、策划组织、咨询工作、其他工作。采用以自我评价为核心的"360 度"全方位评价。在此模式中,评价者不仅仅

---

① http://baike.haosou.com/doc/100910.html.
② http://baike.haosou.com/doc/100910.html.
③ 成洁.新加坡中小学校长评价体系及启示[J].武汉市教育科学研究学报,2007(2).
④ 李国宏.新加坡学校质量保障系统[J].北京 2010 年教育督导评价国际论坛会刊,2010:
　　174.

是被评价者的上级主管,还可包括其他与之密切接触的人员,比如同事、下属、同行等,同时也包括被评价者的自评。① (见下图)新加坡卓越学校督导评估模式给予了学校校长充分的办学自主权,激励学校不断提高办学质量。② 这种内部评估＋外部评估的模式与欧盟国家的教育督导评估体系以及评估过程都十分类似。

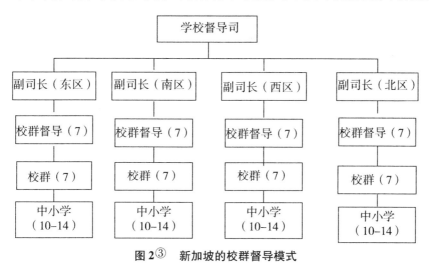

图 2③　新加坡的校群督导模式

(三)新加坡卓越学校督导评估模式评估框架和各维度指标

董立斌在《浅谈新加坡卓越学校督导评估模式的特点及启示》一文中提到,"卓越学校模式(School Excellence Model,缩写为 SEM)"总分 1000 分,包括了学校可以用来进行评价的九个质量标准(Ministry of Education,1000)。"卓越学校模式(SEM)"分成两个部分,包括成果和过程各占 50%。过程侧重学校的管理方式和资源的分配,而成果则侧重员工表现、教员能力和士气及学校活动对学生的影响力等。④ 此外,卓越学校模式(SEM)从治校和成效/效能两个方面来考核学校。管理层重在考核领导力,考核内容包括校长、副校长、部门主任、科主任、班主任等的价值观、责任感和聚焦点等(100 分)、策略规划(70 分)、人事管理(90 分)、资源利用(115 分)和以学生为中心的改革进程(125 分)。在成效/效能方面,主要是看

---

① 成洁.新加坡中小学校长评价体系及启示[J].武汉市教育科学研究学报,2007(2).
② 郭玲.新加坡基础教育阶段卓越学校模式浅述[J].教育视野,2011(60).
③ 成洁.新加坡中小学校长评价体系及启示[J].武汉市教育科学研究学报,2007(2).
④ 董立彬.浅谈新加坡卓越学校督导评估模式的特点及启示[J].教育实践与研究(小学版),2006(11).

人事管理效能(80分)、行政管理效能(60分)、合作和对社会贡献的效能(60分)、各项以学生为主的关键绩效成果(300分)。

表33 新加坡卓越学校督导评估指标体系

维度	测评点
1. 领导力 (100分)	1.1 校长和学校领导层的价值观
	1.2 聚焦学生的学习
	1.3 聚焦学生的卓越成就
	1.4 学校对社会的责任感
2. 策略规划 (70分)	2.1 学校明确设立有益于所有利益攸关者的战略发展方向
	2.2 为实现战略发展方向,制定行动计划
	2.3 部署行动计划
	2.4 跟踪行动计划的实施和实现
3. 人事管理 (90分)	3.1 开发和充分利用教职员工的潜能,创建优质学校
4. 资源 (115分)	4.1 有效管理学校的内部资源以实现其战略规划
	4.2 与校外合作伙伴进行有效合作以实现战略规划
5. 以学生为中心的改革进程 (125分)	5.1 致力于增强学生的身心健康
	5.2 设计为学生提供全面教育和提升学生福祉的学校改革关键进程
	5.3 实施为学生提供全面教育和提升学生福祉的学校改革关键进程
	5.4 管理好为学生提供全面教育和提升学生福祉的学校改革关键进程
	5.5 改进和完善这些关键进程
6. 行政管理成效 (60分)	6.1 学校管理实现效率的程度
	6.2 学校管理是否具有效能
7. 人事管理成效 (80分)	7.1 在员工培训方面取得的成效
	7.2 在员工发展方面取得的成效
	7.3 在鼓舞员工斗志方面取得的成效

续表

维度	测评点
8. 合作和对社会贡献的成效（60分）	8.1 与合作伙伴在合作中取得的成效
	8.2 与社区合作中取得的成效
9. 关键绩效成果（300分）	9.1 在实现学生的全面发展方面取得的成效
	9.2 达到教育部预期教育目标的程度

此表由孙河川课题组整合提炼翻译而成，英文原文的出处为：Pak Tee Ng and David Chan. A comparative study of Singapore's school excellence model with Hong Kong's school-based management. *International Journal of Educational Management*, 2008, Vol 22(6), p. 483 – 493.

该新加坡卓越学校督导评估指标体系共有一级指标 9 项，二级指标 25 项，系统地涵盖了学校工作的各个方面。本书对此督导评估指标体系进行一个简要的介绍。

从一级指标来看，共含括领导力、策略规划、人事管理、资源、以学生为中心的改革进程、行政管理的成效、人事管理的成效、合作和对社会贡献的成效、关键绩效成果九个核心维度。可以看到新加坡的卓越学校督导评估模式是管理与管理效能并重的指标体系，重视管理效能是其突出的特点。其中涉及管理与资源分配的指标有领导力、策略规划、人事管理、资源、以学生为中心的改革进程五项，涉及管理效能的有行政管理的效能、人事管理的效能、合作和对社会贡献的效能、关键绩效成果四项。

1. 领导力。对于学校领导力层面，主要由"校长和学校领导层的价值观""聚焦学生的学习""聚焦学生的卓越成就""学校对社会的责任感"四项二级指标构成。这里的领导力强调学校管理层，包括校长、副校长、部门主任、科主任、班主任等的教育理念和教育观念，同时明确了在学校领导层的指导下，学校对社会和教学工作的主要责任。

2. 策略规划。策略规划包括"学校明确设立有益于所有利益攸关者的战略发展方向""为实现战略发展方向，制定行动计划""部署行动计划""跟踪行动计划的实施和实现"四个二级指标。由于新加坡在教育制度设计上建立了校企联动的机制，这样就使得其在人才培养上更具有方向性，也就是说人才的培养与企业、社会、国家的需求息息相关。因此，可以看出，在指标体系设计上，"策略规划"这个一级指标将"学校明确设立有益于所有利益攸关者的战略发展方向""为实现战略发展方向,制定行动计划"两项设为二级指标,突出其目的性和方向性。同时,为了确保策略规划的有效实施,将部署、跟踪实施的效果单列为两项二级指标进行考查。

3.人事管理。人事管理层面,主要聚焦教职员工的潜能开发,教师员工的素质和潜能是创造优质学校的关键要素,因此将"开发和充分利用教职员工的潜能,创建优质学校"单列为二级指标进行考查。为了激发员工的潜能,新加坡专门对教师建立了《提升绩效管理制度》(Enhance Performance Management System,简称EPMS),评估的内容包括两个方面,一是对教师平时工作绩效的评估;二是对教师个人发展潜能的评估。同时为加强业务素质,对教师加强岗前和再就业培训,确保教职员工素质稳步提升。

4.资源。资源层面,主要聚焦资源的合理性利用,其包括校内和校外两个方面,分别是"有效管理学校的内部资源以实现其战略规划"和"与校外合作伙伴进行有效合作以实现战略规划"两项二级指标。校内资源的合理性利用是保障教育质量和教育目标实现的前提和关键,同时强调与校外企业的合作,这样不仅能建立起校企与学校的桥梁,同时也有助于培养学生的实践技能,使学生在走出校园后能立刻适应社会的需要,实现零对接。

5.以学生为中心的改革进程。以学生为中心的改革进程层面,强调了改革进程的核心关键是学生,一切指标的设计都是围绕学生展开的。在此督导指标框架中,包含了促进学业成绩和提升学生福祉的全过程,分别对设计、实施、管理、改进和完善四个过程进行了指标设计。同时不仅关注学生学业方面的发展,也注重关心学生的身心健康发展,将学生的身心健康发展单列为二级指标进行评估。

6.行政管理的成效。在行政管理成效层面,是检验行政管理成绩的指标,主要是对学校领导力的效能进行评估。包括"学校管理实现效率的程度"和"学校管理是否具有效能"两项二级指标。这两项指标是对学校制定管理任务策略规划成绩的一个评估,通过这样的评估能够检验行政管理的效能,发现不足,从而不断改进管理方法。

7.人事管理的成效。人事管理成效层面,它与人事管理指标相对应,是检验人事管理绩效的指标。包括"在员工培训方面取得的成效""在员工发展方面取得的成效""在鼓舞员工斗志方面取得的成效"三个二级指标。人事管理成效指标,进一步明确了人事管理的重点及其要考核的核心因素,强调对教职员工的职业发展和潜能开发效能的评估,切实保障人事管理的成效,聚焦对教职员工管理的效能。

8. 合作和对社会贡献的成效。合作和对社会贡献的成效方面,它包括"与合作伙伴在合作中取得的成效""与社区合作中取得的成效"。这里指明了检验成效的两个对象,一是合作伙伴,包括企业、学校、机构等利益攸关者与其合作所产生的成效,这样的评估能检验合作对社会的贡献,与社区合作方面取得的成效,督导评估还包括了对学生的社会责任感和社会意识的评估。

9. 关键绩效成果。关键绩效成果,包括"在实现学生全面发展方面取得的成效""达到教育部预期教育目标的程度"两项指标。这里是对学生培养目标的关键性评估,体现了评估的两个最关键因素,即注重学生的全面发展和对教育部制订的教育目标的实现程度。

总体而言,新加坡的卓越学校督导评估模式(SEM),是一种管理过程与管理成效/效能并重的指标体系,注重对新加坡中小学校的教育效能进行评估是其卓越学校模式的核心。

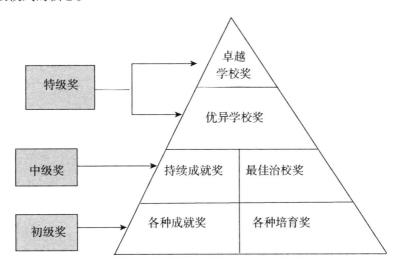

图3　新加坡中小学校督导评估中的等级划分

新加坡卓越学校督导评估奖励计划自2001年开始实施,此计划呈金字塔形,共分三个阶段,三个等级即初级奖、中级奖和特级奖,共计六个奖项。其中,"卓越学校奖"或"优异学校奖"非终身制,每隔五年评估一次。如果五年后没有评上,曾经获得过"卓越学校"或"优异学校"的单位将自动降级,并且失去这个荣誉。

第一阶段,初级奖励——学校成就奖(Achievement Award)和学校培育奖,用以表彰在不同领域有良好表现的学校。

第二阶段,中级奖项——持续成就奖(Sustained Achievement Award)和最佳治校奖(Best Practice Award),用以奖励那些持续获得良好表现的学校。

第三阶段:特级奖项——卓越学校奖(School Excellent Award)和优异学校奖,用以奖励持续时间内在各方面都表现最好的学校。

(四)新加坡卓越学校督导评估指标体系的特点

余振在《新加坡中小学教育督导评估政策及其启示》一文中,从督导法规、机构设置、评价模式、评价方式的特色等方面进行了重点介绍。他认为:新加坡的教育督导法规完善,建立了卓越学校督导评估模式和手册;设立了电脑评估系统;建立了学校数据资料库,大量收集相关信息;建立了相应的教师培训制度。另外他认为,新加坡共和国的城市型特征,使得它的教育行政管理模式,没有照搬英国的模式,而是经历了从地方分权制到中央集权制的演变。① 这为新加坡的中小学校顺利实行卓越学校督导评估模式提供了制度保障。

综上,通过文献梳理可以看到,目前我国学者对新加坡教育督导评价指标的研究为数极少,而且大多停留在概括性的述评,并未对新加坡教育督导评价指标体系进行深入的研究,只是体现在对评估模式和指标维度权重概括性提炼上,没有进行实证方面的研究,这就为本书提供了一定的研究空间。同时,之前学者们的研究成果也为本研究提供了一定的参考和借鉴。

---

① 余振.新加坡中小学教育督导评估政策及其启示[J].武汉市教育科学研究学报,2007(2).

第四章　研究方法

一、英国（2010 年教育督导评估指标体系）

本研究将采用文献检索法、资料翻译、访谈调查法、问卷调查法收集相关信息资料,采用历史研究法、统计分析法等方法对资料进行分析。借助统计分析中的信度分析、平均数等方法作为量化研究的主要研究手段。

（一）收集资料的方法

1. 文献检索法

文献检索法主要是指收集、鉴别、整理文献,并通过对文献的研究形成对事实科学认识的方法。① 本研究主要通过电子类文献和非电子类文献这两类文献来源,并运用"顺查法""逆查法""跟踪查找法""引文查找法"等在两类文献资源中,对"英国教育督导评估指标"进行文献检索。首先,采取"顺查法",按时间段,以教育督导及相关研究的起始时间为检索始点,按发生、发展的顺序,由远及近,由旧到新的顺序查找,以此掌握有关中英教育督导研究的起源、发展脉络、最新动向;之后,运用"逆查法",即按由近及远,由新到旧的顺序查找,再结合"引文查找法",用已掌握的文献中所列引用文献、附录的参考文献为资源,查找与本研究密切相关的文献。② 我们以辽宁省图书馆、沈阳师范大学图书馆、沈阳师范大学教育经济与管理资料室作为非电子类文献的查找途径,借阅书籍、报刊等文献。查找内容主要围绕"教育督导""督导评估指标""学校效能"等主题。最终得到有关于"教育督导"的书籍 76 本、有关于"学校效能"著作 5 部。此外,运用沈阳师范大

---

① 孟庆茂. 教育科学研究方法[M]. 北京:中央广播电视大学出版社,2001:82.
② 裴娣娜. 教育研究方法导论[M]. 合肥:安徽教育出版社,1995:95 – 118.

学图书馆提供的数字图书馆收集电子类文献。用"教育督导""学校评估""评估指标体系""英国教育督导评估指标体系"等关键词对中国期刊全文数据库、中国优秀博硕士学位论文全文数据库、中国重要报纸全文数据库、中国重要会议论文全文数据库、人民大学复印报刊资料全文数据库、万方数据库、google 网、baidu 网、读秀网、中国教育网以及相关官方网页中有关教育督导问题的中文和外文资料进行文献检索,其中 1990—2011 年有关的文章有 1905 篇,包括优秀博士学位论文 1篇,优秀硕士学位论文 57 篇。

2. 资料翻译

在孙河川教授和课题组成员的通力合作下,历经数月时间将草案由英文翻译成中文,反复回译、修订达到几十次,后又分析细则的内部关系将其整合成督导评估指标体系。2010 年 4 月英国教育标准局官方网站正式发布教育督导评估纲要,并作为接下来几年中英国教育督导评估的依据。英国官方网站上的纲要与草案中的细节有部分出入,我们再次将 2010 年最新的督导指标作为研究重点,课题组反复回译、校对,形成了完整的"英国教育督导评估指标体系",这套指标体系共分为五个部分,指标等级分为 1 至 4 级。本课题主持人孙河川教授在 2009 年、2010年、2011 年国家教育督导办和北京市教委联合举办的《北京国际教育督导论坛》上进行了主题演讲和展示,得到了教育部国家教育督导办和全体与会者的关注和好评,并且被多个省市借鉴参考和运用,成为构建全国中小学校素质教育督导评估指标体系框架的主要参考源。

3. 访谈调查法

访谈调查法是指研究者通过与研究对象进行口头交谈的方式来收集对方有关心理特征、观点看法和行为数据资料的一种研究方法。根据访谈内容和过程可以分为:结构型访谈(封闭型),非结构型访谈(开放型),半结构型访谈(半开放型)。① 本研究采用访谈调查的目的在于:首先,了解被试的总体看法和细节差异,获悉被试认为英国中小学校督导评估指标在内容上是否存在问题,以及存在何种问题。其次,解决译文的本土化、标准化、专业化等问题。

由于本研究是对英国中小学校督导评估指标体系的研究,要求被访谈对象具备对中小学校进行督导评估的理论知识和实践经验,因此,访谈对象以具有督导实践经验的督学为主。为了从多种研究视角来收集访谈资料,还邀请了个别教育

---

① 毕润成主编. 科学研究方法与论文写作[M]. 北京:科学出版社,2008:128.

督导理论界的专家、中小学管理人员和教师等作为补充。本研究采用半结构化访谈的方法,访谈对象20人,其中包括:省市县级督学、教育督导专家、中小学校长及管理者、中小学教师等。

4.问卷调查法

问卷调查是以书面提出问题的方式收集资料的一种研究方法。[1] 本研究将英国教育标准局(OFSTED)官方网站的教育督导评估指标进行翻译、反复回译和本土化,编制成"英国中小学校督导评估指标可行性调查问卷",并最终形成网页式的调查问卷。对学校督导的主体:各级督学、教研员、教育督导专家;学校督导的客体:中小学校长、教师等进行问卷调查,希望能够获得他们对"英国中小学校督导评估指标可行性调查问卷"的意见和建议。

综上,本问卷在被试的选择上选取了各级督学、中小学校长、教师、教育管理人员、教研员、教育督导专家。在问卷发放地域的选择上,我们考虑到从内陆到沿海,从北部到中部再到南部,从教育程度的发达程度、选取被试的方便程度等几个层面。我们选取了黑龙江、辽宁、江苏、福建四省部分地区的被试进行问卷的作答。此外,由于各省市地区政府督学数量稀少,大量选取全国政府督学作为研究被试的困难较大,最后我们选取了黑龙江、辽宁、江苏、福建省部分地区政府督学、校长、教师作为本研究的被试。

(二)分析资料的方法

1.资料归类

本研究在收集了大量的教育督导、学校评估、教育督导评估指标体系、教育效能理论的文献基础上,对现有的资料进行梳理、筛选、提炼并归类,依据资料的来源,将所收集到的资料分为两类,即文本类文献和调查所得的资料。文本类文献中包括著作、教材、报纸和期刊类文章。调查所得的资料包括调查问卷、访谈所获得的资料。通过对文本资料和调查所得资料中的有关概念进行对照、比较后,再对资料加以综合,寻求各概念、理论之间的内在联系,从而为得出结论奠定基础。

2.概括总结

首先,我们对有关"教育督导""学校评估""教育督导评估指标体系"等一系列本土概念进行梳理和概括。其次,对收集到的资料进行总结和分类,从现有的资料中获得与本研究相关概念的界定,再经过分析建构论文的理论框架。最终选

---

[1] 裴娣娜.教育研究方法导论[M].合肥:安徽教育出版社,2001:167.

定质化研究和量化研究要素的范畴框架,进而应用于实证研究。

3.历史研究法

教育科学的历史研究法,是指通过搜集某种教育现象发生、发展和演变的历史事实,加以系统的分析研究,从而达成梳理、解释或评估、预测任务的一种方法。历史研究包括研究过去的一个问题、一种现象、一个运动等,信息都是从过去的资料中获得的。① 历史研究者不能重新生活在过去,所以他们必须利用文献或其他资料,通过批判性的探究而重建过去。本研究对英国学制、考试状况、教育督导的发展过程、英国教育督导评估指标的历史演进等几个方面进行简要的梳理,并且集中对比英国从女王督导团时期开始直至现在的若干关键学校督导评估指标体系,进而得出英国的学校督导评估指标在哪些方面做出了改进,从而探寻其改进的原因。

4.统计分析法

英国研究将采用 SPSS11.5 和 Excel 统计软件对回收的数据进行统计分析。在分析方法上,将运用描述性统计、算数平均数(平均值)分析等方法。其中描述性统计主要用于对被试基本信息的统计和对照。通过平均值分析可以了解被试对指标是否认可、认可度的高低;不同身份的被试对指标认可程度的趋同性及差异性;该指标在中国是否具有可行性,哪些指标在我的认可度较高,哪些较低,从而分析其原因。

二、英国(2016 年教育督导评估指标体系)

(一)收集资料的方法

1.文献检索法

2015 年 6 月 15 日,英国教育标准局公布了更新后的《学校督导手册(草案)》(《School inspection handbook—Handbook for inspecting schools in England》),首先,在英国教育部官网中,我们检索出英国更新后的《教育督导手册》草案(https://www.gov.uk/government/publications/school-inspection-handbook-from-september-2015),经过几个月的时间将草案翻译成中文,与此同时等待正式手册的颁布。经过一年多的意见征集和反复修订之后,2016 年 8 月 23 日,英国正式颁布了更新后定稿的《学校督导手册》。该手册的英文标题表明:手册遵照《2005 年教育法》第五条制

---

① 赵伍,李玉峰,鲁定元主编.新编教育学教程[M].北京:中国计划出版社,2007:319.

定,用于英格兰学校督导评估。该手册分为两部分:第一部分介绍如何督导学校,包括督导前、督导中和督导后的全过程。第二部分是对各级各类学校进行督导评估的具体指标、评估依据和范例等。经过数月的校译、提炼、整合、语言本土化,一线教师访谈等,形成了最终的《英国学校督导手册》中文版。分别从五个维度——学校整体效能;领导和管理的效能;教学、学习和评估的质量;个人发展、行为和福祉;学生成就——来阐述达到"优秀"的标准、"良好"的标准、"需要改进的标准",以及"不合格"的标准。同时,经过对"良好"标准的指标进行翻译和本土化整理,形成访谈提纲和调查问卷。其次,本研究主要通过电子类文献和非电子类文献来源,运用"顺查法""逆查法""跟踪查找法""引文查抄法"等在两类文献资源中,以"教育督导""教育评估"为关键词,在沈阳师范大学图书馆检索出纸质书籍共16本。以"教育督导评估指标""教育督导评估"为关键词在"中国知网""万方数据库"等电子资源文库中共检索出相关文献,得出我国教育督导现状、存在的问题和发展趋势。以"英国教育督导""英国教育督导评估"为关键词,在"读秀网""中国知网""万方数据库""沈阳师范大学图书馆"等电子资源文库进行检索,共检索出相关文献450篇,其中硕士论文23篇,博士论文1篇,其余多为期刊论文和会议论文。再运用"逆查法"和"引文查找法"对检索到的文献追根溯源,进一步查找文献。同时,带着我们的研究问题,在沈阳师范大学的图书馆中,利用检索工具,获取相关书目和篇名索引,查找纸质原文。

2. 访谈调查法

本研究采用访谈调查的目的有以下三点:首先,了解被试者对英国中小学教育督导评估标准的总体看法,获得被试者对于评估标准的意见和建议,同时解决访谈问卷中指标的本土化和标准化的问题。其次,通过访谈了解被试对于我国目前教育督导评估工作现状的意见和建议,来改进我国教育督导评估工作。最后,通过访谈被试,来了解被试在接触本访谈提纲后关注的焦点是什么,以及对评估指标的补充情况。

因为本研究主要是英国中小学教育督导等级评估标准研究,要求被访谈对象具备该领域的理论知识和实践经验,同时为了丰富本研究的研究视角,访谈对象涉及具有督导经验的督学、中小学校长、教育管理人员、教师等,在被试的选择上,访谈对象大多为有着多年实践经验的教育督学。本研究采取半结构化访谈的方法,访谈对象12人,其中包括:省市县级督学、督导专家、中小学校长和教育管理者、中小学教师等。访谈的主要内容如下:

①上级主管部门对贵校进行过评估吗？评估主要有哪些类型？针对哪些方面？

②请问贵校有没有实施学校层面的教育评估？是否有统一的标准和文本？

③您是否了解我国或者国外的中小学教育督导评估标准？对此有什么看法？

④英国指标在表达上，是否有语义不清楚或者需要修改的地方？

⑤英国指标中，您认为哪些可被我国中小学校教育督导评估借鉴？

3. 问卷调查法

在问卷设计中，我们主要是将英国《教育督导手册》中达到"良好"标准的教育督导评估指标进行翻译、反复回译和本土化，编制成"英国中小学教育督导评估指标可行性调查问卷"，主要是因为"良好"的标准是英国督导评估标准的基准线（Benchmark），其他的标准都是在其基础之上做加减法。问卷分为两个部分，对英国中小学校督导评估指标重要性的调查；对英国中小学校督导评估指标在中国可行性的调查。问卷设计为五点量表的方式，采用选择打钩的方法。在发放问卷的地域选择上，我们考虑到中国各个地区的差异性，不仅包括受教育程度，而且包括视野的差异性，同时考虑到发放问卷的方便性，选取了辽宁省、湖北省、河南省三个省的部分地区的被试（均为有经验的教育督学）进行问卷的调查。共发放问卷43份，回收问卷35份，剔除2份无效问卷，获得有效问卷33份，有效问卷的回收率为76.74%。

（二）分析资料的方法

1. 资料归类法

依据研究目的和研究需要，收集与英国教育督导、英国教育评估、中国的教育督导的相关文献，系统地对文献进行分类，对各类文献资料进行数量统计，分类归纳，提取出研究的理论依据，为论文的深入研究提供理论支撑。在将文献分类的过程中，一方面是理论文献综述方面的分类收集，以求出各种概念、理论和研究问题之间的内在的逻辑联系。另一方面是督导评估资料方面的收集，为本研究的质化研究奠定基础。

2. 比较研究法

在经过翻译后，将翻译好的2016年英国教育督导等级评估标准与2010年英国教育督导等级评估标准相对比，得出各大维度的变化，及下级指标的增减情况，同时与我国的教育督导评估标准进行比较，得出对我国中小学教育督导评估的相关启示。

3. 概括总结法

首先对在英国教育部官网中翻译出来的原文材料进行分析,概括出英国中小学校教育督导评估指标的最大特征和准确的定位。另一方面,在收集文献之后,对所搜集到的文献的观点进行概括整理,归纳分析,抽取出核心部分。对"教育督导""教育质量""等级评估"和"评估指标"的概念进行梳理和概括,对与督导评估相关的三大理论:教育效能理论、目标管理理论和教育评估理论进行归纳、梳理、整合和总结,奠定理论基础,进一步抽取出本研究的理论框架,最后,对得出的结论进行概括和总结,得出研究发现和启示。

4. 统计分析法

本研究采用 Excel 软件对访谈结果和回收的问卷进行统计分析。在对回收的问卷进行分析时,在进行指标重要性的分析上,按照五点量表"非常重要,很重要,重要,不重要,完全不重要"对指标进行 5,4,3,2,1(分)的赋值,进而得出所占比重最高值的指标,并算出所占总赋值的百分比,依次排序,来了解指标重要性的程度。其次,将被试认为可行的指标进行频次统计,并进行降序排列,得出中国被试对英国中小学教育督导等级评估标准指标的认可度,及这些指标在我国可行性程度的高低。

三、荷兰

本研究采用文献检索法、访谈法、问卷调查法收集相关信息资料,并采用比较研究法、统计分析法等方法对资料进行分析。运用统计分析中的算数平均值方法支撑本研究的量化研究。

(一)收集资料的方法

1. 文献检索法

文献检索法主要是指收集、鉴别、整理文献,并通过对文献的研究形成对事实科学认识的方法。[①] 本研究主要通过电子类文献和非电子类文献这两类文献来源,并运用"顺查法""逆查法""跟踪查找法""引文查找法"等在两类文献资源中,对"荷兰教育督导评估指标"进行文献检索。首先,采取"顺查法",按时间段,以教育督导及相关研究的起始时间为检索始点,按发生、发展的顺序,由远及近,由旧到新的顺序查找,以此掌握有关中荷教育督导研究的起源、发展脉络、最新动

---

① 　孟庆茂.教育科学研究方法[M].北京:中央广播电视大学出版社,2001:82.

向;之后,运用"逆查法",即按由近及远,由新到旧的顺序查找,再结合"引文查找法",用已掌握的文献中所列到的引用文献、附录的参考文献为资源,查找与本研究密切相关的文献。①

我们以沈阳师范大学图书馆、沈阳师范大学教育经济与管理资料室作为非电子文献为查找途径,借阅书籍、报刊等文献。查找内容主要围绕"教育督导""督导评估指标"等检索文献。最终得到相关书籍 57 本。此外,运用沈阳师范大学图书馆提供的数字图书馆收集电子类文献。用"教育督导""评估指标体系""荷兰教育督导评估指标体系"等关键词对中国期刊全文数据库,中国优秀博硕士学位论文全文数据库、中国重要报纸全文数据库,中国重要会议论文全文数据库、人民大学复印报刊资料全文数据库、万方数据库、google 网、baidu 网、WorldSciNet 网、读秀网、中国教育网以及相关官方网页有关教育督导问题的中文和外文资料进行文献检索,发现 1990—2011 年有关的文章有 48 篇,均为期刊。

2. 访谈调查法

访谈调查法是指研究者通过与研究对象进行口头交谈的方式来收集对方有关心理特征、观点看法和行为数据资料的一种研究方法。根据访谈内容和过程可以分为:结构式访谈,非结构式访谈,半结构式访谈。② 本研究对部分督学采用访谈调查的目的在于弥补翻译荷兰教育督导评估指标体系后的本土化问题,以及对问卷内容的完善和补充。

由于是对荷兰督导评估指标体系的研究,要求被访谈对象具备该领域的理论知识和实践经验,因此,研究的访谈对象主要以具有督导实践经验的督学和教师为主。为了从多种研究视角来收集访谈资料,还邀请了个别教育督导理论界专家和学校管理人员。本研究采用了结构式和半结构式访谈相结合的方法,访谈对象包括:省市级督学、教育督导专家、中小学校长及管理者。省市级督学,是活跃在教育督导战线上的带头人,他们对我国及荷兰督导评估指标的看法,将直接影响我国教育督导的实施和落实情况。中小学校长及管理者,作为基础教育学校层面的主要管理人员,对督导部门提出的督导评估指标有直接发言权,而对督导的合理性、科学性和适切性,活跃在教育第一线的管理人员和教师最有发言权。对教育督导专家的访谈,则是将视角拉回到学理层面,从学理上对教育督导问题进行

---

① 裴娣娜. 教育研究方法导论[M]. 合肥:安徽教育出版社,1995:95 – 118.

② 毕润成主编. 科学研究方法与论文写作[M]. 北京:科学出版社,2008:128.

剖析,结合实际督导过程中出现的种种问题,在理论层面上给出合理化建议。

3.问卷调查法

问卷调查是以书面提出问题的方式收集资料的一种研究方法。[①] 本研究将荷兰教育、文化、科学部(Ministry of Education,Culture and Science)官方网站的最新教育督导评估指标进行了翻译、反复回译和本土化,编制成"荷兰中小学校督导评估指标可行性调查问卷",经过反复修订,最终形成调查问卷。本研究对学校督导的主体——各级督学和教研员;学校督导的客体——中小学校长、教师、教育管理人员;教育督导专家等进行问卷调查,希望能够获得他们对"荷兰中小学校督导评估指标可行性调查问卷"的意见和建议。

综上,本问卷在被试的选择上选取了部分督学、中小学校长、教师、教育管理人员、教研员、教育督导专家。选取辽宁省各地区的被试进行问卷的作答。此外,由于各市区政府督学数量稀少,大量选取政府督学作为研究被试的困难较大,故我们将工作在教育战线一线的部分地区政府督学、校长、教师作为本研究的被试。

本研究共发放问卷1000份,剔除无效问卷后,有效样本共834份,有效率为96.42%。被试身份是校长的共142份,占有效样本总数的17.02%;身份是政府督学的共14份,占有效样本总数的1.68%。身份是教师的共534份,占有效样本总数的64.03%;身份是教育管理人员的共15份,占有效样本总数的1.78%;身份是专家的共3份,占有效样本总数的0.36%;身份是教研员的共126份,占有效样本总数的15.10%。

(二)分析资料的方法

1.资料归类

本研究在收集了大量的教育督导、教育评估的文献基础上,对现有的资料进行梳理、筛选、提炼并归类,我们依据资料的来源,将所收集到的资料分为两类,即文本类文献和调查所得的资料。文本类文献中包括著作、教材、报纸和期刊类文章。收集到的资料包括调查问卷、访谈所获得的资料。通过对文本资料和调查资料中的有关概念进行对照、比较后,再对资料加以综合,寻求各概念之间的内在联系,从而为完善我国教育督导评估指标提出建议奠定基础。

2.概括总结

在全面占有调查资料的基础上,对资料进行系统的整理、分类、统计和分析。

---

① 毕润成主编.科学研究方法与论文写作[M].北京:科学出版社,2008:129.

资料的整理、分类是对资料进行检查、核对、归类,即去粗取精、去伪存真,将大量的原始资料简化、系统化、条理化,使之适合进一步分析。在分析资料时,要采取由此及彼、由表及里、层层深入,然后从事物的相互联系中入手进行综合、抽象和理论分析,从整体上把握现象的本质特征和必然联系,找出事物发展的趋势和一般规律。① 首先,对有关教育督导、教育评估等一系列概念进行概念梳理和历史追溯。其次,对收集到的资料进行分析总结,从而建构理论框架。进一步加工文献资料和调查资料,寻找了其间的逻辑联系,从文献中分析出为本研究有所贡献的指标和框架,为本研究体系的构建奠定了理论基础。对于调查资料,则主要整理了访谈记录并进行了归纳和总结,找出了访谈中发现的与本研究相关的信息,对它们进行了提炼抽象以作为研究的论据。

3. 比较研究法

教育比较研究法是对某类教育现象在不同时期或不同地域的表现进行比较,结合其他方法,揭示出该类教育现象的本质,进而认识教育发展规律与趋势的研究模式。② 我们主要比较中国和荷兰学校教育督导评估指标在内容上的差异,并对二者进行分析,提炼出荷兰的评估指标中适用于我国学校教育督导评估的维度和指标,结合文献综述结论及问卷、访谈内容,得出对我国的启示。

4. 历史研究法

教育科学的历史研究法,是指通过搜集某种教育现象发生、发展和演变的历史事实,加以系统的分析研究,从而达成梳理、解释或评估、预测任务的一种方法。③ 历史研究包括研究过去的一个问题、一种现象、一个运动等,信息都是从过去的资料中获得的。④ 历史研究者不能重新生活在过去,所以他们必须利用文献或其他资料,通过批判性的探究而重建过去。本研究对荷兰学制、教育督导的发展过程及现行"风险督导"(Risk-Based)制等几个方面进行简要的梳理,并且将目光投向荷兰教育督导发展历史,进而得出荷兰的中小学校督导评估指标在哪些方面做出了改进,从而探寻其改进的原因。

5. 统计分析法

本研究将采用 SPSS11.5 和 Excel 统计软件对回收的数据进行统计分析。在

---

① 李春萍. 教育研究方法[M]. 长春:东北师范大学出版社,2001:235.

② 李春萍. 教育研究方法[M]. 长春:东北师范大学出版社,2001:242.

③ 同上.

④ 赵伍,李玉峰,鲁定元主编. 新编教育学教程[M]. 北京:中国计划出版社,2007:319.

分析方法上,将运用描述性统计、算数平均数(平均值)、因素分析等方法。其中描述性统计主要用于对被试基本信息的统计和对照。通过平均值分析可以了解被试对指标是否认可、认可度的高低;该指标在中国是否具有可行性,哪些指标在我国的认可度较高,哪些较低,从而分析其原因。

6. 翻译荷兰官方网站及 SICI① 相关信息

由于国内学者对荷兰教育督导评估指标研究较少,我们通过访问荷兰教育部网站及国际督导联盟的 SICI 网站,搜集有关荷兰教育督导的相关信息,获取第一手资料,翻译后由专家多次校对核准,反复校对和回译,最终获取其中包含的有益信息。

四、法国

(一)收集资料的方法

1. 文献检索法

本研究运用"顺查法""逆查法""跟踪查找法""引文查找法",对"法国小学生核心素养评估标准"进行文献检索。因为我们研究的内容是国外最新的评估指标,需要到法国教育部官网(http://www. education. gov. fr),搜索法语关键词 compétences、inspection 等,同时我们还通过法国教育部官网提供的学者邮箱联系方式,发邮件向他们咨询求助,根据法国学者提供的链接地址和材料,最终检索到法国小学生核心素养督导评估指标,随后我们对搜索到的信息进行翻译校对。我们以"小学生核心素养""法国小学生核心素养评估指标""国际小学生核心素养"为关键词,检索到著作 29 部,期刊 63 篇,网络来源的资料 7 篇,硕士论文 2 篇,会议论文 2 篇,调查报告 2 篇。

2. 访谈调查法

本研究采用访谈调查的目的在于了解法国小学生核心素养督导评估指标与中国有哪些不同,这些差别是否是影响教育质量的重要因素,以及这些因素在我国是否具有可行性。我们采用了结构式访谈的方法,访谈了 15 个被试,其中教研员 1 名,督学 1 名,校长 3 名,教师 10 名。6 人通过电话访谈,3 人通过网上访谈,6

---

① SICI 是 the Standing International Conference of Inspectorates 的缩写,该网站是欧洲很多国家督导内容的汇总,现有成员国 32 个,大多为欧洲国家,少数为教育督导做得较好的非欧洲国家,如澳大利亚。

人通过面对面访谈。访谈后,分析被试对指标的认可程度和看法,然后总结出法国指标中没有提及,但被我国被试多次提的中国急需的指标。

3.问卷调查法

本研究将法国教育部官方网站的小学生核心素养督导评估指标进行翻译,并将翻译结果送专家进行校验,收到反馈信息后再次进行修改,最终编制成法国中小学校督导评估指标调查问卷。通过辽宁教育行政学院提供的网络平台,将问卷发放到辽宁省的 14 个地区,包括沈阳、大连、鞍山、抚顺、本溪、丹东、营口、阜新、朝阳、葫芦岛、辽阳、盘锦、铁岭和锦州。本研究共发放问卷 7000 份,回收 6300 份,无效问卷 652 份,有效问卷 5648 份,有效率为 89.6%。发放对象包括校长、教研员、教师、教育管理人员、专家、政府督学、教辅人员、干训教师和其他。对回收的问卷进行量化分析,利用 Excel 和 SPSS19.0 统计软件,运用因素分析的方法,获得被试对评估指标的认可程度,并运用独立样本 T 检验进行差异分析。

(二)分析资料的方法

1.资料归类法

我们将搜索到的文献按照两个方面进行分类,第一是国内研究和国外研究综述,第二是核心素养督导评估指标的综述。通过对文本资料和调查资料中的有关概念进行对照、比较后,再对资料加以综合,寻求各概念之间的内在联系,从而为完善我国小学生督导评估标准奠定基础。

2.概括总结法

我们首先对"核心素养""教育督导""教育评估"和"评估指标"的概念进行概括和总结,然后对教育评估理论、教育质量评估标准理论和教育效能理论进行概括,分别提炼出对本研究有益的启示和理论基础。其次,对收集到的资料进行梳理和分类,通过国内视角和国外视角,对收集到的资料进行检查、核对、归类。概括总结出不同国家核心素养标准的异同点,为进一步研究奠定基础。

3.比较研究法

我们运用比较研究法的部分包括以下几个方面,第一是国际层面,对联合国教科文组织、欧盟、法国、新加坡的小学生核心素养标准的比较和分析,第二是对法国和中国有关核心素养评估标准的比较研究,目的是寻找法国学生核心素养督导评估指标是否值得学习,哪些地方值得我国借鉴。

4.统计分析法

本研究将采用 SPSS19.0 对数据进行统计分析。先对被试基本信息的统计和对照主要用描述性统计。然后利用因素分析法,通过 KMO 和球形检验来确定以上问题是否适合做因素分析。[①] 运用 SPSS 软件独立样本 T 检验,可以进行差异分析,对不同的被试所反映出来的显著差异进行分析。

五、美国

美国中小学校督导指标体系的研究方法主要由两部分组成:第一部分是收集资料的方法,包括文献检索法、访谈法、问卷调查法;第二部分是分析资料的方法,包括资料分析法、概括总结法、文献翻译法和统计分析法。

(一)收集资料的方法

1. 文献检索法

文献检索法是指搜集、归类、整理文献,通过对资料进行详细研读逐步形成对事实科学认识的方法。[①] 我们以"美国教育督导评估""美国中小学督导评估指标""美国中小学校评估指标""教育评估""学校效能"等为关键词进行检索。利用沈阳师范大学图书馆文献资料,教育经济与管理研究所资料室的文献资料为主要检索途径,查找相关的文献。此外,还利用电子文献的检索方式,以中国期刊全文数据库、读秀、万方数据库以及百度网、google 学术网等为主要检索渠道。为了全面、系统地了解研究现状,获取有关理论,并根据所需检索的文献特点,本研究采取了"顺查法"与"逆查法"相结合的文献检索方式,通过电子类文献和非电子类文献两种途径进行文献检索。最终获取 82 篇文献资料,其中期刊学术论文 48 篇,硕士学位论文 5 篇,著作类 12 部,会议论文 3 篇,报纸类 14 篇,尚未检索到博士学位论文。

2. 访谈调查法

访谈调查的目的是了解被试对象的看法或观点,获取被试对美国中小学校督导评估指标在中国是否具有可行性的看法。本研究采用半结构化访谈、个别访谈相结合的方式。于 2014 年 5 月份对辽宁省各地中小学校长、教师进行访谈。访谈对象以研究内容来确定,访谈数量为 15 人。访谈提纲如下所示:

①近年来,上级主管部门对贵校进行过评估吗?

②进行过哪些类型的评估? 有专职的督学或教研员到学校进行评估吗?

③大约几年评估一次? 贵校对本校的教职员工进行评估或评优吗?

---

① 孟庆茂.教育科学研究方法[M].北京:中央广播电视大学出版社,2001:82.

④在校本评估中,贵校用的有哪些主要的评估标准?

⑤您对我国现有的中小学校督导评估有什么建议?

⑥您认为美国的中小学校督导评估指标中,哪些可为我国所用? 哪些不可用? 为什么?

3.问卷调查法

本研究采用美国教育部门公布的最新中小学校相关评估资料,进行翻译、提炼、将指标内容本土化,编订成《美国中小学校督导评估指标可行性调查问卷》。2014 年 6 月,利用辽宁省教育行政学院的网络平台发放调查问卷,采用匿名填写的方式,但要求被试提供其所在地区、性别、学校类型、身份、最高学历、工作年限等基本信息。问卷被试包括校长、教师、教研员、专家、教育管理人员、政府督学。调查范围以辽宁省内 13 个市区为问卷发放范围。其中辽西地区有葫芦岛、朝阳、阜新;辽南地区有大连、鞍山;辽中地区有辽阳、盘锦、锦州;辽北地区有沈阳、铁岭;辽东地区有丹东、抚顺、本溪。共计发放问卷 2000 份,回收问卷数量 1871 份,有效回收率达到93.6%。

(二)分析资料的方法

1.资料归类法

依据研究目标与内容需要,收集与美国督导、美国教育评估的相关文献资料,有针对性地对文献进行分类,对各类文献资料进行数量统计、梳理、归纳,对有关概念和理论观点进行对比分析,提取所需理论要素,为论文的进一步深入研究提供理论框架。

2.概况总结法

我们对检索到的著作、教材、期刊以及学位论文等文献进行归类,从中筛选与本研究相关的概念和理论,并结合研究的需要,对相关概念进行内容梳理和概括,如核心概念"教育督导""评估指标""评估指标体系""教育效能",以及"教育评估理论"等。其次,对收集到的论文资料进行内容梳理,归纳出研究美国中小学校督导评估指标体系所需的理论框架。

3.文献翻译法

为了确保资料的准确性,我们对美国教育部网站及全国评估管理委员会(National Assessment Governing Board,以下简称 NAGB)、美国专业教学标准委员会(National Board for Professional Teaching Standards,以下简称 NBPTS)、美国教育进步评估委员会(National Assessment of Educational Progress,以下简称 NAEP)、美国

公立学校校长理事会（Council of Chief State School Officers）等官网进行检索,获取美国对中小学校学生学业成就、教师和校长评估指标的第一手资料,经由我们数月的翻译后,多次修改、回译、校准,确保评估指标的信、达、雅。

4.统计分析法

本研究利用 Excel 2007 统计软件对回收的《美国中小学校督导评估指标可行性调查问卷》进行统一数据录入,形成数据库,对被试的各项有价值的信息进行描述性统计分析,以此达到对被试基本信息的全面了解。因子分析方面,我们利用 SPSS 18.0 统计分析软件对被试反馈的指标进行因子分析,揭示变量之间的相互关系,以此获悉被试对美国中小学校督导评估指标的认同程度。

六、新加坡

本研究采用文献检索法、访谈调查法、问卷调查法收集相关信息资料,采用比较研究法、统计分析法等方法对资料进行分析。借助统计分析中的信度分析、因素分析等方法作为量化研究的主要研究手段。

（一）收集资料的方法

1.文献检索法

文献检索法主要是指收集、鉴别、整理文献,并通过对文献的研究形成对事实科学认识的方法。①

①文献

主要通过沈阳师范大学提供的数字图书馆,在万方数据库、百度网、Google 网、新加坡教育部网站等,输入"教育督导""校本评估""学校效能""全面质量管理理论""新加坡卓越学校督导评估模式"等关键词采取顺查法、逆查法、跟踪查找法、综合查找法对电子类文献进行全方位的检索。

②非电子类文献

主要是通过沈阳师范大学图书馆、Google 网等围绕"教育督导""教育评估""校本管理""学校效能""新加坡教育督导""新加坡卓越学校督导评估模式"等内容进行书籍文献检索,最终得到有关书籍 47 本,其中在 2008 年 6 月出版的《International Journal of Educational Management》(《国际教育管理学报》)期刊中有一篇新加坡学者专门关于新加坡 SEM 模式与香港 SBM 模型的比较分析,为本研究提

---

① 孟庆茂.教育科学研究方法［M］.北京:中央广播电视大学出版社,2001:82.

供了重要信息。

2.访谈调查法

访谈调查法按照访谈内容和过程可以分为:结构性访谈、非结构性访谈、半结构性访谈三种类型。① 根据研究的需要,我们采用了半结构性访谈。研究的访谈对象主要以具有督导实践经验的督学和教师为主,访谈对象包括:中小学校长及管理者、兼职督学总计20人。中小学校长及管理者,作为基础教育学校层面的主要管理人员,对督导评估指标有直接发言权,能够对督导指标的合理性、科学性和适切性进行客观的评估。尤其是在被访谈的中小学校长及管理者中有些还具有兼职督学身份,他们不仅拥有丰富的管理经验,而且拥有较强的督导实践经验,看待新加坡学校督导评估指标的视角更全面,从而能给出更加合理的建议。

3.问卷调查法

问卷调查是以书面提出问题的方式收集资料的一种研究方法。② 本研究将《International Journal of Educational Management》(《国际教育管理学报》)一书中Pak Tee Ng 和 David Chan 所著的新加坡 SEM 评估模型和香港 SBM 评估模型比较研究翻译成中文,经过多次回译、修订,最后编制成"新加坡卓越学校督导评估模式评估指标可行性调查问卷"。本研究的被试是辽宁省工作在教育一线的政府督学、校长、教师,希望能够获得他们对"新加坡卓越学校督导评估指标可行性调查问卷"的意见和建议。

(二)分析资料的方法

1.逻辑分析法

逻辑分析法就是用逻辑学的基本原理和方法来处理评估信息。③ 常用的逻辑分析方法包括归纳和演绎、分析和综合两大类。本研究在收集了大量的教育督导、教育评估、教育管理、校本管理、学校效能的文献基础上,在对现有资料进行归类、梳理和筛选的基础上,利用分析和综合的方法,通过对教育评估发展历史、学校效能研究、教育质量管理等理论的梳理,找出其理论内涵,发现其内在之间的逻辑联系,为本研究的理论综述部分奠定基础。

---

① 毕润成主编.科学研究方法与论文写作[M].北京:科学出版社,2008:128.

② 裴娣娜.教育研究方法导论[M].合肥:安徽教育出版社,2001:167.

③ 吴刚.现代教育评价教程[M].北京:北京大学出版社,2008:150.

2. 问卷法

首先对回收上来的数据进行编码。在基本信息统计和重要性调查题项上,按照每一题项的横向顺序,依次编码为从 1 开始的自然数序列,如:在问卷中身份一览的顺序是:a 政府督学;b 校长;c 专家;d 教研员;e 教师;f 教育管理人员,则依次编码为 1、2、3、4、5、6 的自然数数列。而被试城市这一题项的代码顺序则依据其在辽宁省市的排位顺序,如 1 沈阳、2 大连、3 鞍山、4 抚顺、5 本溪、6 丹东、7 锦州、8 营口、9 阜新、10 辽阳、11 盘锦、12 铁岭、13 朝阳、14 葫芦。在可行性调查题项上,可行问卷代码为 1,不可行则不填。其次是对无效问卷进行剔除,如将在重要性调查中全部都选同一选项的问卷剔除。最后是对问卷的整理,将筛选好的问卷导入 SPSS17.0 数据软件中。

3. 其他统计分析方法

本研究采用了 SPSS17.0 和 Excel 统计软件对回收的数据进行统计分析。在分析方法上,运用描述性统计分析、因素分析等方法。其中描述性统计分析是进行其他统计分析的基础和前提。[①] 在描述性分析中,通过将被试的身份、学历等基本信息统计做成图表,可以对样本的总体特征有比较准确的把握。同时,利用频数统计分析,将得出的结论导入 Excel 表格,绘制成折线统计图表,进行可行性统计分析。因素分析中,首先对因子做 KMO 和 Bartlett 的球形度检验,检验数据是否适合做因子分析。然后,根据样本大小,设定因子载荷值,对各因素载荷值进行汇总。最后,结合访谈和各项因子载荷值,对各因素进行分析。

---

① 武松,潘发明. SPSS 统计分析大全[M]. 北京:清华大学出版社,2014:43.

第五章　量化研究部分

一、英国(2010 年教育督导评估指标体系)

(一)总体信度及指标可行性分析

1. 问卷的整体信度

在教育评价中,构建教育评价指标体系,首先要考虑的就是信度的问题,信度指的是由多次测量所获得的结果之间的一致性或稳定性,是教育评价指标体系实施的前提条件。① 本研究的总问卷和各维度都是利用克伦巴赫系数来检验信度。Nunnally(1978)和 De Vellis(1991)认为,问卷的克伦巴赫系数(alpha)在 0.70 以上是可接受的最小信度值。本研究的结果表明,总问卷的 Alpha 值为 0.9459,达到了较高的显著水平,符合信度要求(见下表),证明问卷可靠性高。

表 34　英国中小学校督导评估指标可行性调查问卷的整体信度

Reliability Coefficients	
N of Cases = 247.0	N of Items = 39
Alpha = .9459	

2. 指标的可行性分析

本研究的问卷调查有两个目的,第一是征询中国被试认为英国中小学校督导评价指标(共核部分)在我国是否具有可行性,具体到哪些指标可行?哪些指标不可行?第二是征询中国被试的看法,调查他们认为英国中小学校督导评价指标中哪些相对重要,哪些相对不重要。即问卷由两种题项形式构成,第一种是可行性调查形式,第二种是重要性形式。通过被试对问卷的反馈结果看,在"英国中小学

---

① 潘玉进. 教育与心理统计——SPSS 应用[M]. 杭州:浙江大学出版社,2006:260.

142

校督导评价指标在我国是否可行"这一组题项中,共有199人次作答。

调查结果显示,从总体上看,被试均认为39项评价指标在我国都具有可行性,并且对大部分指标的认可程度较高,除对个别指标外,认可人数均超过60%。在39项指标中,被试反馈指标可行人数超过160人次的有十项指标,分别是:F1.学生的成绩;F2.学习质量和进步,包括特教生和残疾生;F3.学生的成就及乐学的程度;F4.学生在校的安全感程度以及对安全的认识程度;F5.学生感到不安全时,能向学校寻求保护;F6.学生的课堂表现和在校期间的表现;F18.教学促进全体学生的学习、发展和兴趣的程度;F21.教师对促进学生的学习、个人发展以及身心健康的关爱和支持;F35.学校与相关核心单位对学生实施安保的有效性;F39.有效地使用和管理可支配资源,满足学生的需求,获得高效的成果。在这十项指标中,被试认为可行性最高的为:F1.学生的成绩,共有171人次,占总人数的85.9%。反之,认为指标可行的被试人数少于70人次的有三项,分别是:F27.校董会和监委会面临的挑战,对领导者和管理者的支持,帮助他们克服不足,并进一步提升所有学生的学习成果;F26.校董会有效帮助学校确立方向的程度;F29.校董会、监委会和其他相关委员会履行其法律职责的程度。认同的人数为:61、63、69,分别占总人数的30.6%、31.5%、34.6%。此外,被试认为可行性人数比较低的还有:F11.学生能够咨询影响他们学习和福祉的问题,并参与决策;F10.学生对社区和学校贡献所产生的影响。认同的人数分别为118人和120人,分别占总人数的59.2%和60.3%。(见下图)

通过上述数据统计,我们发现在中国被试看来,认可度最高的是学生的成绩以及与学生成绩紧密关联的几项指标,而认可度较低的是有关校董会的指标。究其原因,无论在任何国家或地区,采用对教育对象进行考试、测试是观测教学质量最为直接的手段。我国统一的高考、中考、地方测试、学校内部测试等等考试形式的成绩是对学生学习成果、学校教学质量最为常见的评价方式。这种手段可以量化教学成果,具有相对公平、便捷、直观等优点,因此受到学校、教师、督学的普遍认可。对于认可度相对较低的三项指标均为学校董事会的指标,我们可以从这样几个层面考虑:首先,所选取的被试当中辽宁省的人数为141,占到了总人数的57.1%,也就是说在被试地域分类上来自辽宁省的被试占据大部分,他们的观点会左右调查问卷的最终结果。学校董事会这一形式来自于西方的企业管理机制,在我国的沿海地区比较常见,例如我国的福建省、浙江省等。而辽宁省的中小学校基本没有实现这种学校管理的模式,因此多数被试对校董会的概念十分生疏,导致对校董会相关联的几项指标的认可度都较低。

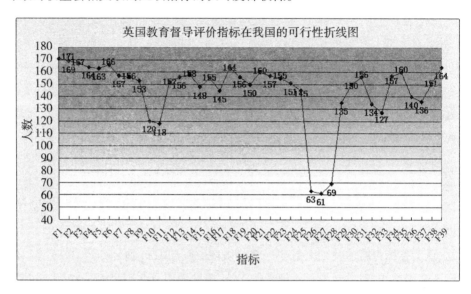

图4　英国教育督导评估指标在我国的可行性折线图

（二）重要性的平均值分析

平均值可以用来粗略检测全体被试对评价指标的认可程度。平均值越高,则表示被试认为该指标在教育督导评价指标当中的重要性越高。通过对问卷结果的数据分析,发现在问卷中各指标的平均值均在3.21－4.43之间。（见下表）

然而,被试对各项指标认可度的平均值不尽相同。分析被试对39项指标的反馈数据:平均值高于4.1的共有十项,按照由高到低的顺序依次为:F4.学生在校的安全感程度以及对安全的认识程度(m＝4.43);F18.教学促进全体学生的学习、发展和兴趣的程度(m＝4.28);F3.学生成就及乐学的程度(学生学习质量、进步及成就。除新校外不能仅采用一年的数据)(m＝4.27);F5.学生感到不安全时,能向学校寻求保护(m＝4.22);F8.学生(特别是学困生),在学校通过努力,改善身心健康的程度(m＝4.21);F21.对促进学生的学习、个人发展以及身心健康的关爱和支持(m＝4.21);F14.学生扩展知识和增强理解力,精通技术和提高素质,这些对未来的学习、培训、工作和生活有所帮助(m＝4.16);F39.有效地使用和管理可支配资源,满足学生的需求,获得高效的成果(m＝4.15);F16.培养学生的洞察力和人生观,以及他们对社会主流价值观的理解(m＝4.13);F35.学校与相关核心单位对学生实施安保的有效性(m＝4.11)。通过以上统计数据可知:在

重要性较高的十项中,"学生的安全程度"以及"安保措施"方面的有 F4,F5,F35
三项,且 F4 的重要性是这十项中最高的。有关学生学习成就及乐学方面的指标
有两项,分别是 F18,F3,被试对这两项重要性的反馈仅次于有关安全的指标。涉
及学生身心健康的指标有两项,分别是 F8,F21,重要性仅次于学习成就及乐学程
度方面的指标。涉及学生未来发展能力和人生观的指标有两项,分别为 F14,F16,
其重要性仅次于学生身心健康相关的指标。涉及对使用和管理资源的指标有一
项即 F39。说明,在我国的中小学校督导、学校管理中,安全被认为最为重要,学生
的成绩和乐学程度次之,之后依次是学生的身心健康、未来发展的能力和人生观、
使用和管理学校资源。

平均值低于 3.6 的指标共七项,按照由低到高的顺序依次为:F33.校内外合
作创造经济价值的效能(m = 3.21);F11.学生对社区和学校贡献所产生的影响(m
= 3.48);F26.校董会有效帮助学校确立方向的程度(m = 3.45);F10.学生能够咨
询影响他们学习和福祉的问题,并参与决策(m = 3.49);F27.校董会和监委会面
临的挑战,对领导者和管理者的支持,帮助他们克服不足,并进一步提升所有学生
的学习成果(m = 3.54);F34.在促进本校学生和合作单位学生的学习及福祉方
面,学校与其他教育机构、组织机构和服务机构合作的程度及效能(m = 3.55);
F28.校董会、监委会和其他相关委员会履行其法律职责的程度(m = 3.57)。通过
以上统计数据可知:在重要性较低的七项指标中,有关"与校外机构合作"的有两
项,分别为 F33,F34,且"校内外合作创造经济价值的效能"的重要性被认为是最
低的。有关"学生参与校外活动和参与影响学生福祉问题的决策"的有两项,分别
为 F11,F10,重要性稍高于与校外机构合作。有关"校董会"和"监委会"的指标有
三项,F26,F27,F28。以上数据说明:在我国的中小学校督导和学校管理中,相对
不重要的是"与校外机构的合作","学生参与校外活动和参与福祉问题的决策"
次之,"校董会和监委会"被认为是不重要的评价指标。

表 35　英国中小学校督导评估指标重要性平均值统计表

指标	排序	平均值	标准差	指标名称
F4	1	4.43	0.75	学生在校的安全感程度以及对安全的认识程度
F18	2	4.28	0.815	教学促进全体学生的学习、发展和兴趣的程度
F3	3	4.27	0.832	学生的学习成就及乐学的程度(学生学习质量、进步及成就。除新校外不能仅采用一年的数据)

续表

指标	排序	平均值	标准差	指标名称
F5	4	4.22	0.818	学生感到不安全时,能向学校寻求保护
F8	5	4.21	0.803	学生(特别是落后生),在学校通过努力,改善身心健康的程度
F21	6	4.21	0.847	对促进学生的学习、个人发展以及身心健康的关爱和支持
F14	7	4.16	0.91	学生扩展知识和增强理解力,精通技术和提高素质,这些对未来的学习、培训、工作和生活有所帮助
F39	8	4.15	0.781	有效地使用和管理可支配资源,满足学生的需求,获得高效的成果
F16	9	4.13	0.912	培养学生的洞察力和人生观,以及他们对社会主流价值观的理解
F35	10	4.11	0.872	学校与相关核心单位对学生实施安保的有效性
F7	11	4.08	0.856	学生(特别是学困生)了解伤害他们的生理、心理情态健康的因素,以及他们对待这些因素的态度
F34	12	4.07	0.852	学校如何有效地提供公平的机会,消除歧视
F22	13	4.05	0.859	教师和学校给学生信息、建议指导的质量
F25	14	4.03	0.921	学校的领导和管理者,能有效使用学生成绩中的信息,去设计、执行、监督、调整学校改进的计划和策略,以确保和驱动学校改进的速度,获得高质量的教与学
F2	15	4.02	0.833	学习质量和进步,包括特教生和残疾生
F31	16	4.02	0.888	学校与父母和监护人沟通的质量
F19	17	4.01	0.86	怎样使用教学评估去满足所有学生的需求
F6	18	4	0.839	学生的课堂表现和在校期间的表现
F20	19	4	0.89	课程能满足每个学生和学生群的需求,以及对每个学生学习成果产生影响
F13	20	3.99	0.908	学生的语言、识字、数字、信息、沟通能力水平与年龄相适应
F17	21	3.89	0.913	培养学生在生活和工作中必备的技能和个人素质,以及他们对自身文化和其他不同国度、不同地区和不同地域文化的理解
F38	22	3.88	0.887	无论是在校内还是校外,学校对社区和谐产生积极的影响

续表

指标	排序	平均值	标准差	指标名称
F1	23	3.87	0.889	学生的成绩(如:测试、考试成绩及其他,也应考虑不同学生群体之间、课程、学科、发展趋势中的变量)
F23	24	3.87	0.891	学校领导与管理者有效实现学校未来目标的效能,他们对学生怀有较高的期望,确保能从其他方面获得支持和帮助
F30	25	3.84	0.947	学校让父母和监护人对他们孩子的学习、福祉和发展给予支持,让他们参与决策的程度
F9	26	3.83	0.917	学生愿意为学校或社区承担一份责任并发挥作用
F15	27	3.83	0.948	学生对他们未来的选择和愿望所了解的程度
F24	28	3.82	0.942	学校如何使用具有挑战性的目标以提升学生的水平,消除特殊学生群中的低效状况
F12	29	3.77	0.942	学生的出勤情况
F36	30	3.71	0.886	在社区、国家、全球范围内,学校培养了学生对于社会经济形态的正确理解
F29	31	3.66	0.986	学校参考父母与监护人的意见,让他们参与决定全校大事并做贡献的程度
F37	32	3.62	0.907	学校分析了所处社区背景,采取一系列恰当、有计划的行动,并评估这些行动的效果和影响
F28	33	3.57	1.005	校董会、监委会和其他相关委员会履行其法律职责的程度
F32	34	3.55	0.994	在促进本校学生和合作单位学生的学习及福祉方面,学校与其他教育机构、组织机构和服务机构合作的程度及效能
F27	35	3.54	1.003	校董会和监委会面临的挑战,对领导者和管理者的支持,帮助他们克服不足,并进一步提升所有学生的学习成果
F10	36	3.49	0.958	学生能够咨询影响他们学习和福祉的问题,并参与决策
F11	37	3.48	1.011	学生对社区和学校贡献所产生的影响
F26	38	3.45	1.065	校董会有效帮助学校确立方向的程度
F33	39	3.21	1.153	校内外合作创造经济价值的效能

通过上述数据我们发现,被试认为最重要的指标是"学生在校的安全感程度以及对安全的认识程度"。正如上表所示,该指标的认可程度最高,并且明显高于

排序第二的指标。在我国的中小学教育中,"安全"毋庸置疑是最为重要的,从人们对轰动全国的"校车事件"再到"学校食堂中毒"等等安全问题的热切关注可以看出学校安全问题是全社会所关注的热点,如果学生在校期间无法得到安全的保障,那么学校可能就要面临极大的质疑。教育法当中对学生在校安全的关注程度极高,这一问题也已经成为教育问责所关注的重点之一,它被明确地作为校长绩效考评的刚性指标。可以说教育行政人员、学校领导、教师、家长以及社会各界在当下都是"谈安全色变"。安全应该并且已经成为学校教育当中最为重要的一部分。

被试认为较不重要的一项是"校内外合作创造经济价值的效能",并且认可度明显低于其他选项。所谓的"校内外合作创造经济价值"指的是校企合作或者校友捐赠的模式。在访谈被试时,我们发觉校长们对校企合作的意见不一,有的校长认为校企联合有悖于地方政策,属于牟利行为,所以非常排斥这方面的问题;有些校长则认为校企合作是一项有利于学校获取资源及配置的措施。访谈中,有些学校与中国移动联合,为学生和家长配备便捷的联络设备;有些则建立学生实习参观的企业基地有利于学生开阔视野、联系实际。实际上在我国沿海地区,很多中小学校正在采用这种办学模式。在我国的高校,校企合作模式被广泛运用。学校的资源是有限的,但是获取资源的手段可以是多样的,只要在政策法规允许范围内创造经济价值造福学校,还是应该值得提倡的。那么从数据和访谈内容所反映的情况来看,数据中的该指标认可程度最低,如果想在此得到改善,需要政府层面更多地结合实际情况调研进而找到校企合作的平衡点。

此外,从总体趋势来看,涉及学生安全、成绩、表现,教师授课成果几方面内容的指标认可度较高,反映出教师、校长和督学们心中判断学校质量的真正标准。因此,无论是"素质教育"还是所谓的"应试教育",以学生为中心的理念从未变更,只是形式上有所调整而已。涉及校董会、学生参与决策及其对社区影响的指标普遍认可度较低。首先,辽宁省的公立中小学校中尚未实行校董事会这种管理模式,所以被试对它并不了解,出现认可度偏低的情况。而学生对学校政策的参与,学生参与社区活动这一类表现学生权利的指标被认为不是十分重要的原因在于,我国是文化源远流长的文明古国,文化对人们思想的影响根深蒂固,古有三纲五常,今有规章制度。人们认为学生的任务是学习知识和增长本领,尤其是中小学生。加之"师道尊严"在我国根深蒂固。实际上,这种意识与素质教育的初衷相悖,素质教育目的是使学生在日常的学习中不仅学习文化知识还要增长才干、塑造其独立的健全人格。参与决策会促进学生的主人翁意识、培养他们的责任感,参与校外活动例如社区劳动、帮扶社区老人等等将培养学生接触外界事物的能力,接人待物与人相处的能力,并且能够激发他们的爱心和形成独立向上的世界观。因此,学校应该转变观念,培养学生积极向上、拥有独立健全品格、积极参与学校和社区活动以及善于决策的人。

(三)被试身份对指标认可程度的趋同性及差异性分析

本研究被试的身份为校长、政府督学、教师、教育管理人员、教研员、教育督导专家。这是因为在我国学校督导的执行者即教育督导主体是各级政府督学或教研员,被督导的对象也就是教育督导的客体包括了校长、教师、教育管理人员等。通过分析问卷反馈结果的趋同性能够反映出指标重要性的总体趋势。不同被试群体对指标反馈结果的差异分析,能够观测到我国被试在对英国中小学校督导评价指标重要性上存在的差异,从而探寻出不同被试群体在看待同一指标时反应出不同结果的深层原因。

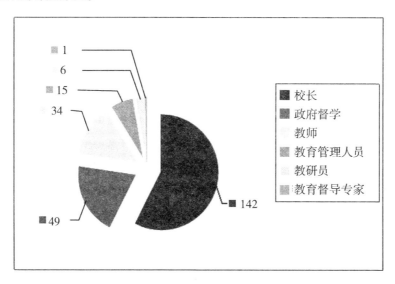

图5 被试身份饼状图

经过 SPSS 统计软件中的平均值分析后得出,校长、政府督学、教师、教育管理人员、教研员、教育督导专家的对该指标的认可程度。由于教育督导专家仅一人,不具有普遍代表性,因此不予以统计分析。最终统计分析的被试为校长 142 人,政府督学 49 人,教师 34 人,教育管理人员 15 人,教研员 6 人,总计 246 人。

表36　不同身份被试对指标认可程度平均值一览表

指标	校长	政府督学	教师	教育管理人员	教研员	指标	校长	政府督学	教师	教育管理人员	教研员
F1	3.75	3.82	4.44	3.73	3.83	F21	4.08	4.37	4.32	4.53	4.17
F2	3.96	4.02	4.18	4.07	4.17	F22	4	4.2	4.06	4	3.83
F3	4.29	4.29	4.24	4	4.33	F23	3.88	3.86	3.85	3.93	3.67
F4	4.46	4.43	4.47	4.2	3.83	F24	3.75	3.9	3.97	4.07	3.67
F5	4.21	4.2	4.32	4.2	4.33	F25	3.99	4.18	4.15	3.93	3.33
F6	3.98	4	4.12	4	4.17	F26	3.39	3.33	3.79	3.8	3.33
F7	4.09	4.04	4.09	4.4	3.5	F27	3.43	3.61	3.82	3.87	3.5
F8	4.18	4.37	3.97	4.47	4.17	F28	3.46	3.65	3.76	4.13	3.33
F9	3.69	4.1	3.88	4	4.17	F29	3.63	3.61	3.97	3.6	3.5
F10	3.39	3.61	3.82	3.07	3.83	F30	3.82	3.82	4.12	3.67	3.67
F11	3.27	3.8	3.79	3.8	3.5	F31	3.97	4.08	4.03	4.33	4
F12	3.7	3.63	4.21	3.93	3.67	F32	3.51	3.57	3.74	3.47	3.17
F13	3.95	3.98	4.29	3.8	3.83	F33	3.2	2.73	3.74	3.47	3.5
F14	4.15	4.35	4.18	3.67	4	F34	3.99	4.37	4.06	4.2	3.5
F15	3.7	4	4.12	3.8	4	F35	4.02	4.12	4.29	4.47	3.83
F16	3.99	4.45	4.35	3.67	4.67	F36	3.61	3.71	4.18	3.87	3
F17	3.83	3.94	4.06	3.6	4.67	F37	3.58	3.69	3.97	3.27	2.83
F18	4.25	4.45	4.24	4	4.17	F38	3.78	4.14	4.09	3.87	3.17
F19	3.98	4.12	4.15	3.53	4	F39	4.15	4.33	4.06	4	3.67
F20	3.97	4	4.12	3.87	4						

通过上表,我们可以发现,五种被试群体一致认为比较重要即平均值全部高于4(深色底纹标识)的指标为:F3.学生成就及乐学的程度;F5.学生感到不安全时,能向学校寻求保护;F18.教学促进全体学生的学习、发展和兴趣的程度;F21.对促进学生的学习、个人发展以及身心健康的关爱和支持。也就是说,在对这四项指标的认可程度上,尽管不同身份的被试认可程度存在差异,但被试都认为以上四项内容在学校督导中很重要。

同理,我们观察被试群体一致认为比较不重要即平均值全部低于4(浅色底纹标识)的指标为:F10.学生能够咨询影响他们学习和福祉的问题,并参与决策;F11.学生对社区和学校贡献所产生的影响;F23.学校领导与管理者有效实现学校未来目标的效能,他们对学生怀有较高的期望,确保能从其他方面获得支持和帮助;F26.校董会有效帮助学校确立方向的程度;F27.校董会和监委会面临的挑战,对领导者和管理者的支持,帮助他们克服不足,并进一步提升所有学生的学习成果;F28.校董会、监委会和其他相关委员会履行其法律职责的程度;F29.学校参考父母与监护人的意见,让他们参与决定全校大事并做贡献的程度;F32.在促进本校学生和合作单位学生的学习及福祉方面,学校与其他教育机构、组织机构和服务机构合作的程度及效能;F33.校内外合作创造经济价值的效能;F37.学校分析了所处社区背景,采取一系列恰当、有计划的行动,并评估这些行动的效果和影响。也就说明不同身份的五种被试群体都认为以上几项在学校督导中是较为不重要的内容。

以上内容主要通过平均值表格体现不同身份被试群体对39项中小学校督导评价指标认可程度的趋同性。下面我们通过观察被试指标认可程度平均值折线图来分析我国不同被试群体对英国中小学校督导评价指标认可程度上存在的差异。

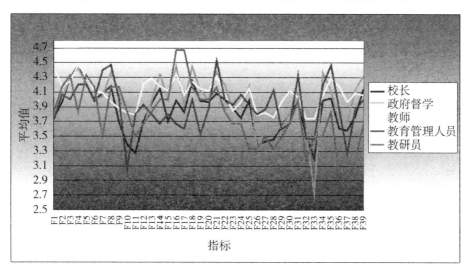

图6 被试对指标认可程度的平均值折线图

政府督学和校长是我国中小学督导紧密相关的主体和客体,政府督学进行学校督导,而校长直接接受各级督学的督察,因此,这两类被试群体的意见最能够反映我国目前中小学校督导的现状和存在的问题。代表政府督学的折线和代表校长的折线总体趋势基本一致,观察折线图可发现,政府督学的被试群体除了对指标 F12.学生的出勤情况,F26.校董会有效帮助学校确立方向的程度,F33.校内外合作创造经济价值的效能三项指标的认可度低于校长以外,少部分的指标认可度与校长的重合,其余对大部分指标的认可度明显高于校长。政府督学是代表国家的意志,对中小学校实施督导,他们长时间接触国家的教育方针政策,必须得按照国家的各项教育督导标准去执行,因此,政府督学对国家督导评价标准的关注程度最高。在访谈政府督学时,他们认为我国目前学校教育督导评价标准及指标存在一些有待改善的问题,在谈到对英国中小学校督导评价指标时,他们表现出了十分关注的态度并且对一些指标高度认可,认为我国目前还没有这方面的评价指标,值得学习。例如:"学生乐学的程度"。辽宁省沈阳市和平区一位督学这样说:"学生是否乐学是很难评价的,涉及了态度的问题。如果英国的评价指标能够解决这一问题是值得借鉴的。"从访谈政府督学的结果能够看出,督学们对这套英国的督导评价指标怀有一种主观积极态度,因此问卷所反映出来的数据也显示出他们认为多数指标的重要程度要高于校长的反馈。通过访谈校长的结果显示出:校长多次提出"学生的安全"和"出勤"在学生管理当中非常重要。校董会是我国公立中小学校中(除沿海地区外)没有采取的学校管理模式,因此对于大部分被试来说都相当陌生。有些校长认为与校外机构合作对学校来说是有益处的,创造经济价值的形式多样,例如:校企联合为学生定制服装、到企业去参观实习、为学校贫困学生捐款等等。有些则认为校企联合违背地方政策。政府督学对"学生出勤""学校董事会有效帮助学校确立方向""校内外合作创造经济价值的效能"此三项指标的反馈数据明显低于校长反馈的指标,可能是由于督学较少接触学校的内部管理,校长则非常熟悉日常学校管理,所以对哪些是管理的重点或哪些方面的工作有益于学校长远发展的看法与政府督学有所出入。

从折线图可发现,代表教师的折线的总体趋势没有明显的起伏,绝大多数的起伏程度与其他群体类似。对指标 F1.学生的成绩;F8.学生在学校通过努力,改善身心健康的程度;F13.学生的语言、识字、数字、信息、沟通能力水平与年龄相适应;F14.学生扩展知识和增强理解力,精通技术和提高素质,这些对未来的学习、培训、工作和生活有所帮助;F30.学校参考父母与监护人的意见,让他们参与决定全校大事并做贡献的程度,此五项的认可程度与其他群体观点相反,认为 F1.非常重要,F8.不是很重要,F13,F14.和 F30.比较重要。出现这种现象的原因是因为教师是与学生接触最多的群体,因此他们对学生的成绩、能力的培养看得很重,因为这些直接关系到教师教学水平的高低。而教师看重学生家长参与学校工作为学校做出贡献,是由于教师的日常工作与学生的家庭教育息息相关,家长能否配合教师对学生的引导和管理,会对教师与学生的接触和教学产生较大的影响。因此,从教师群体出发,他们认为凡是与学生的成绩和影响学生成绩、表现等因素的指标均是学校督导中的重要指标。

从折线图可发现,代表教育管理人员的折线起伏较为明显,尤其是出现了与其他被试观点趋势相同情况下的五个最高点和四个最低点。与其他被试群体相比,教育管理人员认为F8.学生在学校通过努力,改善身心健康的程度;F21.对促进学生的学习、个人发展以及身心健康的关爱和支持;F28.校董会、监委会和其他相关委员会履行其法律职责的程度;F31.学校与父母和监护人沟通的质量;F35.学校与相关核心单位对学生实施安保的有效性,此五项指标比较重要。另外,他们认为F10.学生能够咨询影响他们学习和福祉的问题,并参与决策;F14.学生扩展知识和增强理解力,精通技术和提高素质,这些对未来的学习、培训、工作和生活有所帮助;F17.培养学生在生活和工作中必备的技能和个人素质,以及他们对自身文化和其他不同国度、不同地区和不同地域文化的理解;F19.怎样使用教学评估去满足所有学生的需求,此四项指标比较不重要。在本章的描述性统计中曾说明教育管理人员是指除校长外的学校管理人员。之所以这类被试群体认为以上五项指标比较重要是因为学校的教育管理人员在日常学校事务中起到协调的作用,他们比较关注学生的进步程度、学校与家长的合作、校外机构的合作,这些是他们工作的主要任务。而认为比较不重要的四项指标显示出教育管理人员对学生的权利、学生能力和技能的发展、对学生需求满足几个方面是放在次之的地位。

图6显示,代表教研员的折线与表示其他身份的折线起伏最为明显,它的最高点对应指标F16和F17,最低点对应指标F37,看待指标F4、F7的观点与其他身份被试的观点相反。也就是说,教研员被试认为指标F16.培养学生的洞察力和人生观,以及他们对社会主流价值观的理解和F17.培养学生在生活和工作中必备的技能和个人素质,以及他们对自身文化和其他不同国度、不同地区和不同地域文化的理解,这两项指标在中小学督导评价中最为重要;而他们认为F37.学校分析了所处社区背景,采取一系列恰当、有计划的行动,并评估这些行动的效果和影响的重要性相对更低;认为F4.学生在校的安全感程度以及对安全的认识程度和F7.学生了解伤害他们的生理、心理健康的因素,以及他们对待这些因素的态度这两项指标不是很重要,与其他身份被试的反馈相反。我们认为,出现这种现象的原因有两点:首先,在我国教研员一般都有过做教师、校长、学校管理人员的经历;第二,他们是我国教育督导人员中,真正懂得"督学"的专才。本研究之所以选取

教研员作为被试,不但因为教研员的工作背景是最复杂的,并且教研员的职责与学校课程的研究、学生成绩的考核等密切相关,那么他们看待教育督导问题的视角会比较全面。教研员被试认为最重要的和最不重要的指标与全体被试所反映出的趋势相同,而个别相反趋势则反映出他们看待问题的深度。例如他们认为"培养学生的洞察力和人生观,以及他们对社会主流价值观的理解""培养学生在生活和工作中必备的技能和个人素质,以及他们对自身文化和其他不同国度、不同地区和不同地域文化的理解"这两项指标最重要!

二、英国(2016 年教育督导评估指标体系)

(一)对研究被试的描述性统计分析

1. 问卷发放情况

本研究共发放问卷 43 份,回收问卷 35 份,共剔除无效问卷 2 份,获得有效问卷 33 份,有效率为 76.7%,如下表所示。

表 37　问卷发放情况表

发放问卷总数	43(份)	
回收问卷	份数	百分比(%)
	35	81.4%
有效样本	33	76.7%

2. 被试基本情况统计

本研究调查问卷的被试主要来自辽宁省的沈阳市、大连市、灯塔市,河南省的新乡市、鹤壁市、平顶山市,湖北省的武汉市、恩施市,广西壮族自治区的南宁市,湖南省的娄底市,广东省的广州市,黑龙江哈尔滨市等 7 个省 12 个市。

从性别方面看,男性共 14 份,占有效样本的 42.4%,女性共 19 份,占有效样本的 57.6%,详见下表。

表 38　被试性别数量统计表

性别	人　数	百分比(%)
男	14	42.4
女	19	57.6
合　计	33	100

从被试身份来看,数量最多的是教师,共15份,占有效样本的45.5%,教育管理人员6人,校长3人,其他4人,教辅人员2人,政府督学2人,教研员1人,详见下表。

表39 被试身份类型统计表

身份	人数	百分比(%)
教师	15	45.5
教育管理人员	6	18.2
其他	4	12.1
校长	3	9.0
教辅人员	2	6.1
政府督学	2	6.1
教研员	1	3.0
合 计	33	100

从学历来看,学历为大专最少,为2人;学历为本科的为17人;研究生学历有14人,详见下表。

表40 被试学历统计表

身份	人数	百分比(%)
大专	2	6.1
本科	17	51.5
研究生	14	42.4
合 计	33	100

从工作年限来看,21年及以上为8人,16-20年的为6人,11-15年的为2人,6-10年为4人,1-5年最多,为13人,占有效问卷的39.4%,详见下表。

表41 被试教龄/工龄统计表

身份	人数	百分比(%)
1-5年	13	39.4
6-10年	4	12.1
11-15年	2	6.1

身份	人数	百分比(%)
16－20 年	6	18.2
21 年及以上	8	24.2
合计	33	100

（二）指标的重要性分析

在进行指标重要性的分析上,按照"非常重要、很重要、重要、较重要、不重要"的顺序对指标分别进行 5 分、4 分、3 分、2 分、1 分的赋值,进而得出最高值的指标,再分别除以总分 165 分(被试 33×5),得出每个指标的重要性百分比,按照降序排列,得出以下结论,详见下表。

表 42　被试反馈的指标重要性排序表

重要性	指标	赋值	百分比
1	1.2 学校促进学生精神、道德、社交和文化的发展	145	87.88
2	4.16 学生有机会去学习如何保护自己的安全	144	87.27
3	1.1 教学、学习和评估的效能良好	143	86.67
4	1.4 安全保障有效	143	86.67
5	4.1 学生充满自信,自我肯定	142	86.06
6	2.3 领导者对学校教育质量有正确的理解	140	84.85
7	3.2 能够有效利用上课时间	140	84.85
8	3.7 教师培养学生的阅读、写作和沟通能力	140	84.85
9	3.1 教师使用有效的计划来进行教学	139	84.24
10	2.5 学校重视教师持续的专业发展	138	83.64
11	5.3 学生广泛阅读,有着与其年龄相当的理解力和流利度	138	83.64
12	3.8 教师鼓励学生用积极的态度去学习	137	83.03
13	3.12 学生有时间去应用他们的知识、理解力和技能	137	83.03
14	2.11 领导者保护学生不受忽视、虐待	136	82.42
15	3.9 学生能够从错误中吸取经验	136	82.42
16	4.3 学习态度积极	136	82.42

重要性	指标	赋值	百分比
17	4.14 学生与学校友好协作共同应对和防止欺凌事件	136	82.42
18	1.3 学校促进学生的身体健康发展	135	81.82
19	4.4 学生尊重他人的观点和意见	135	81.82
20	4.13 教师了解欺凌和偏见的行为对学生健康的影响	135	81.82
21	2.2 学校领导对学生充满信心	134	81.21
22	2.6 校长创建了激励教师和信任教师的氛围	134	81.21
23	2.8 校长和管理者促进学生精神、道德、社交和文化的发展	134	81.21
24	3.10 学生在课内外都能巩固和深化知识、理解力和技能	134	81.21
25	3.14 教师在课堂和学校的语言得当,没有侮辱性的语言和陈辞滥调	134	81.21
26	5.1 在大多数的学科中,学生能够持续进步	134	81.21
27	4.15 学校开放的文化促进学生各方面的福祉	133	80.61
28	3.3 教师在课堂上巩固学生的知识、理解力和技能	132	80.00
29	2.1 领导者对学生和员工寄予高期望	131	79.39
30	2.7 多种可供选择的课程为学生提供了很多学习机会	131	79.39
31	4.5 高质量、公正的职业指导会帮助学生根据自己的需求选择课程,使他们为下一阶段的教育、就业、创业或者是再培训做好准备	131	79.39
32	4.11 学生良好的执行力源自学校对高标准的努力	131	79.39
33	2.12 学校领导营造积极的校园文化	130	78.79
34	3.6 学生有效利用反馈结果,知晓怎么改善自身	130	78.79
35	4.6 学生重视学校教育,很少缺席或持续缺席	130	78.79
36	3.13 学校给家长提供准确的如何帮助孩子进步的信息	129	78.18
37	2.10 校领导不允许任何形式的歧视行为	128	77.58
38	4.2 学生为学习、学校感到骄傲	128	77.58
39	5.2 在大部分学科中,学困生的进步与有着相同起点学生的进步相当	127	76.97
40	5.6 学生为下一阶段的教育、培训、就业做准备,并获得相关的资格证书	126	76.36

重要性	指标	赋值	百分比
41	5.5 在成绩薄弱方面,有着持续的改进	125	75.76
42	2.9 学校领导和管理者促进机会均等	123	74.55
43	3.11 大多数学生致力于提升自身的学习	123	74.55
44	4.9 学生课堂反应迅速,课程进展顺利	123	74.55
45	5.4 大部分学困生的进步和全国学生的进步水平相当	122	73.94
46	3.4 教师使用提问的方式观察学生反应	121	73.33
47	3.5 教师根据学校的评估政策给学生反馈结果	121	73.33
48	4.12 家长、教职工和学生对个人发展、行为、福祉没有担忧	121	73.33
49	2.4 校领导使用绩效管理来有效提高教学质量	119	72.12
50	4.8 学生在一天的学习中管理好自身,包括午饭时间	119	72.12
51	4.7 学生很少因为低出席率而成绩差	114	69.09
52	4.10 学生很少出现低级的破坏行为	111	67.27

由上表我们得出重要性较高的前17项的指标,按照降序排序分别为:1.2 学校促进学生精神、道德、社交和文化的发展;4.16 学生有机会去学习如何保护自己的安全;1.1 教学、学习和评估的效能良好;1.4 安全保障有效;4.1 学生充满自信,自我肯定;2.3 领导者对学校教育质量有正确的理解;3.2 能够有效利用上课时间;3.7 教师培养学生的阅读、写作和沟通能力;3.1 教师使用有效的计划来进行教学;2.5 学校重视教师的持续专业发展;5.3 学生广泛阅读,有着与其年龄相当的理解力和流利度;3.8 教师鼓励学生用积极的态度去学习;3.12 学生有时间去应用他们的知识、理解和技能;2.11 领导者保护学生不受忽视、虐待;3.9 学生能够从错误中吸取经验;4.3 学生的学习态度积极;4.14 学生与学校友好协作,共同应对和防止欺凌事件。

重要性较低的七项指标为:3.4 教师使用提问的方式观察学生反应;3.5 教师根据学校的评估政策给学生反馈结果;4.12 家长、教职工和学生对个人发展、行为、福祉没有担忧;2.4 学校领导使用绩效管理来有效提高教学质量;4.8 学生在一天的学习中能管理好自身,包括午饭时间;4.7 学生很少因为低出席率而成绩差;4.10 学生很少出现低级的破坏行为。

（三）指标的可行性分析

在进行指标的可行性分析时,将33名被试勾选出的可行指标进行统计,得出每个指标共有多少被试认为可行,及每项指标所占被试总样本的百分比,详见下表。

表43 被试反馈的指标可行性排序表

重要性	指标	统计	百分比
1	2.5 学校重视教师持续的专业发展	25	75.76
2	1.4 安全保障有效	23	69.70
3	4.4 学生尊重他人的观点和意见	23	69.70
4	1.2 学校促进学生精神、道德、社交和文化的发展	22	66.67
5	1.3 学校促进学生的身体健康发展	22	66.67
6	2.11 领导者保护学生不受忽视、虐待	22	66.67
7	3.3 教师在课堂上巩固学生的知识、理解力和技能	22	66.67
8	3.4 教师使用提问的方式观察学生反应	22	66.67
9	3.6 学生有效利用反馈结果,知晓怎么改善自身	22	66.67
10	3.7 教师培养学生的阅读、写作和沟通能力	22	66.67
11	3.10 学生在课内外都能巩固和深化知识、理解力和技能	22	66.67
12	5.3 学生广泛阅读,有着与其年龄相当的理解力和流利度	22	66.67
13	4.13 教师了解欺凌和偏见的行为对学生健康的影响	22	66.67
14	4.14 学生与学校友好协作共同应对和防止欺凌事件	22	66.67
15	3.1 教师使用有效的计划来进行教学	21	63.64
16	1.1 教学、学习和评估的效能良好	20	60.61
17	4.1 学生充满自信,自我肯定	20	60.61
18	2.7 多种可供选择的课程为学生提供了很多学习机会	19	57.58
19	3.14 教师在课堂和学校的语言得当,没有侮辱性的语言和陈辞滥调	19	57.58
20	3.8 教师鼓励学生用积极的态度去学习	18	54.55
21	2.8 领导和管理者促进学生精神、道德、社交和文化的发展	17	51.52
22	2.4 校领导使用绩效管理来有效提高教学质量	16	48.48
23	3.2 能够有效利用上课时间	16	48.48

续表

重要性	指标	统计	百分比
24	4.3 学生的学习态度积极	16	48.48
25	2.1 领导者对学生和员工寄予高期望	15	45.45
26	2.6 校长创建了激励教师和信任教师的氛围	15	45.45
27	2.12 学校领导营造积极的校园文化	15	45.45
28	4.2 学生为学习、学校感到骄傲	15	45.45
29	4.15 学校开放的文化促进学生各方面的福祉	15	45.45
30	5.1 在大多数的学科中,学生能够持续进步	15	45.45
31	2.3 领导者对学校教育质量有正确的理解	14	42.42
32	3.9 学生能够从错误中吸取经验	14	42.42
33	3.12 学生有时间去应用他们的知识、理解和技能	14	42.42
34	4.6 学生重视他们的教育,很少缺席或持续缺席	14	42.42
35	4.9 学生课堂反应迅速,课程进展顺利	14	42.42
36	4.11 学生有良好的执行力,源自学校对高标准的努力	14	42.42
37	4.16 学生有机会去学习如何保证自己的安全	14	42.42
38	5.2 在大部分学科中,学困生的进步与其有着相同起点学生的进步相当	14	42.42
39	2.2 校领导对学生充满信心	13	39.39
40	2.10 校领导防止任何形式的歧视行为	13	39.39
41	3.5 教师根据学校的评估政策给学生反馈结果	13	39.39
42	3.13 学校给家长准确的关于孩子如何进步的信息	13	39.39
43	4.5 高质量、公正的职业指导会帮助学生根据自己的需要选择课程,使他们为下一阶段的教育、就业、创业或者是再培训做好准备	13	39.39
44	4.8 学生在一天的学习中管理好自身,包括午饭时间	13	39.39
45	5.4 大部分学困生的进步和全国学生的进步水平相当	13	39.39
46	5.6 学生为下一阶段的教育、培训、就业做准备,并获得相关资格证书	12	36.36
47	3.11 大多数学生致力于提升自身的学习	11	33.33

重要性	指标	统计	百分比
48	5.5 在成绩薄弱方面,有着持续的改进	11	33.33
49	4.10 学生很少出现低级的破坏行为	10	30.30
50	4.12 家长、教职工和学生对个人发展、行为、福祉没有担忧	10	30.30
51	2.9 领导和管理者促进机会均等	8	24.24
52	4.7 学生很少因为低出席率而成绩差	8	24.24

由此研究得出,可行性较高的前17项指标分别为:2.5 学校重视教师的持续的专业发展;1.4 安全保障有效;4.4 学生尊重他人的观点和意见;1.2 学校促进学生精神、道德、社交和文化的发展;1.3 学校推进学生的身体健康发展;2.11 领导者保护学生不受忽视、虐待;3.3 教师在课堂上巩固学生的知识、理解和技能;3.4 教师使用提问的方式观察学生反应;3.6 学生有效利用反馈结果,知晓怎么改善自身;3.7 教师培养学生的阅读、写作和沟通能力;3.10 学生在课内外都能巩固和深化知识、理解和技能;5.3 学生广泛阅读,有着与其年龄相当的理解力和流利度;4.13 教师了解欺凌和偏见的行为对学生健康的影响;4.14 学生与学校友好协作共同应对和防止欺凌事件;3.1 教师使用有效的计划来进行教学;1.1 教学、学习和评估的效能良好;4.1 学生充满自信,自我肯定,认为以上指标可行的人数在21—25人之间,认可度较高。

7 项指标只得到了少于13名被试的认同,分别是:5.6 学生为下一阶段的教育、培训、就业做好了准备,并获得相关资格证书;3.11 大多数学生致力于提升自身学习;5.5 在成绩薄弱方面,有着持续的改进;4.10 学生很少出现低级的破坏行为;4.12 家长、教职工和学生对个人发展、行为、福祉没有担忧;2.9 领导和管理者促进机会均等;4.7 学生很少因为低出席率而成绩差,被试的认同人数分别为:12、11、11、10、10、8、8,分别占总人数的36.36%、33.33%、33.33%、30.30%、30.30%、24.24%、24%。

3. 差异性分析

在差异性分析中,主要分析被试中的校长3人,政府督学2人,教研员1人的问卷统计。经过分析发现,重要性中排序较高的有以下8项:指标"1.2 学校促进学生精神、道德、社交和文化的发展"仍然是第一位,值得指出的是"5.3 学生广泛阅读,有着与其年龄相当的理解力和流利度"在总体指标中排在第11位,而在校长、督学、教研员中排在并列第一的位置,由此可见在校长、督学、教研员眼中此项指标的重要性。

表44 差异性研究中被试反馈的指标重要性排序表

重要性	指标	赋值	百分比
1	1.2 学校促进学生精神、道德、社交和文化的发展	29	44.62
2	5.3 学生广泛阅读,有着与其年龄相当的理解力和流利度	29	44.62
3	4.1 学生充满自信,自我肯定	28	43.08
4	1.1 教学、学习和评估的效能是良好的	27	41.54
5	3.2 能够有效利用上课时间	27	41.54
6	3.8 教师鼓励学生用积极的态度去学习	27	41.54
7	3.14 教师在课堂和学校的语言得当,没有侮辱性的语言和陈辞滥调	27	41.54
8	4.16 学生有机会去学习如何保证自己的安全	27	41.54

经过分析发现,每项指标6人中5人认为可行的有以下7项(见下表)。且此7项在所有被试中均排在前十的位置。因此,在指标的可行性问题上,因被试身份所表现出来的差异性不大。

表45 差异性研究中被试反馈的指标可行性排序表

可行性	指标	赋值	百分比
1	1.3 学校促进学生的身体健康发展	5	83.33
2	1.4 安全保障有效	5	83.33
3	2.5 学校重视教师持续的专业发展	5	83.33
4	3.3 教师在课堂上巩固学生的知识、理解和技能	5	83.33
5	3.4 教师使用提问的方式观察学生反应	5	83.33
6	3.6 学生有效利用反馈结果,知晓怎么改善自身	5	83.33
7	3.7 教师培养学生的阅读、写作和沟通能力	5	83.33

小结

重要性和可行性都很高的指标有:

在按顺序统计并梳理出重要性较高和可行性较高的指标之后,我们发现重要性和可行性都较高的指标有以下10项:1.2 学校促进学生精神、道德、社交和文化的发展;1.1 教学、学习和评估的效能良好;1.4 安全保障是有效的;4.1 学生充满自信,自我肯定;3.7 教师培养学生的阅读、写作和沟通能力;3.1 教师使用有效的计划来进行教学;2.5 学校重视教师持续的专业发展;5.3 学生广泛阅读,有着与其年龄相当的理解力和流利度;2.11 领导者保护学生不受忽视、虐待;4.14 学生与学校友好协作共同应对和防止欺凌事件。其中"1.2 学校促进学生精神、道德、社交和文化的发展"的重要性最强;"2.5 学校重视教师持续的专业发展"的可行性最高。

被试认为重要性高但是可行性低的指标有 7 项:

4.16 学生有机会去学习如何保证自己的安全;2.3 领导者对学校教育质量有正确的理解;3.2 上课时间能够有效利用;3.8 教师鼓励学生用积极的态度去学习;3.12 学生有时间去应用他们的知识、理解和技能;3.9 学生能够从错误中吸取经验;4.3 学生学习态度积极。虽然被试认为它们有很高的重要性,但是在被试反馈的问卷中发现这些指标的可行性相对较低,例如:学生有时间去学习如何保证自己的安全,学生有时间去应用他们的知识、理解力和技能,这些在保证学生的身心健康、长期发展来讲都非常重要,但是现在学校和管理部门仍然主要抓的是学生的升学率。虽然现在学校重视培养学生的综合能力,比如体育教育、绘画、音乐等,但要腾出专门的学习时间使学生能够学习怎样保护自己的安全、以及如何应用知识和技能等,被试们认为还是不太可行的。我国目前中小学校长更多地是在贯彻实行教育部和地方教育部门的政策和意志,因此被试认为上述指标的可行性较低。"学生的上课时间得到有效利用"这项指标也是重要性高,而可行性低,在我国的教育督导评估中,一般只强调学校每周的课时、每月课时的安排是否符合课程大纲或国家的规定。由于很少进教室督学,因而不太注重课堂的教学效能。故他们认为此项指标的重要性虽高,但是可行性较低。其他重要性高、可行性低的指标有:"3.8 教师鼓励学生用积极的态度去学习""3.9 学生能够从错误中吸取经验""4.3 学生对学习的态度积极"等等。

被试认为可行性较低且不重要的指标有:

3.5 教师根据学校的评估政策给学生反馈结果;

3.13 学校给家长准确的关于孩子如何进步的信息;

4.8 学生在一天的学习中管理好自身,包括午饭时间;

5.4 大部分学困生的进步和全国范围内学生的进步水平相当;

5.6 学生为下一阶段的教育、培训、就业做准备,并获得相关资格证书;

3.11 大多数学生致力于改善他们的学习；

5.5 在成绩薄弱方面，有着持续的改进；

4.10 学生低级的破坏行为是罕见的；

4.12 家长、教职工和学生对个人发展、行为、福祉没有担忧；

2.9 领导和管理者促进机会均等；

4.7 学生很少因为低出席率而成绩差。

以上 11 项指标在我国的教育督导评估指标中是没有的，被试对它们的重要性和可行性的认可度都比较低。

（四）访谈编码统计分析

英国中小学教育督导评估指标包括优秀、良好、需要改进和不合格四个等级。在本研究的访谈中，我们选取了英国"良好学校"的标准对被试进行访谈和分析。主要缘由是"良好学校"的标准是英国中小学教育督导评估标准的基准线（Benchmark）。介于良好标准的指标表述较长，因此我们在尊重其原来五个维度划分的基础上，拆分为 52 个测评点进行访谈。访谈内容详见下表。课题组共访谈了 12 个被试，其中校长 1 名，督学 1 名，教育管理人员 2 名，教辅人员 1 人，教师 7 名。其中 5 人是通过电话访谈的，5 人通过网上访谈的，2 人是通过面对面访谈的。12 名受访者中，女性 10 人，男性 2 人；被试共涉及 5 个省 8 个市，1 名来自广州市，1 名来自南宁市，1 名来自郑州市，3 名来自新乡市，1 名来自鹤壁市，1 名来自平顶山市，3 名来自沈阳市，1 名来自烟台市。在被试的学历方面，1 名具有博士学位，3 名具有硕士学位，8 名具有本科学士学历。

按照频次统计的步骤和方法，我们把被试的录音导成文字，将被试提及的指标进行记录，然后统计出被试提及指标或测评点的频次和人数。对指标的分析不仅包括对核心指标的频次统计分析，还包括了被访谈对象对本研究内容的补充意见和修改建议。

1.频次统计分析

表46 英国中小学教育督导评估指标被提及的频次统计表

指标 \ 频次	1	2	3	4	5	6	7	8	9	10	11	12	频次合计
1 教学、学习和评估的效果良好											1		1
2 学校促进学生精神、道德、社交和文化的发展	1					1				1	1		4
3 学校促进学生的身体健康发展	1												1
4 安全保障有效	2					1	1	1			1	3	9
5 校领导对学生和员工寄予高期望			1				1						2
6 校领导对学生充满信心			1				1						2
7 校领导对学校教育质量有正确的理解											1		1
8 校领导使用绩效管理来有效提高教学质量				1	1								2
9 学校重视教师持续的专业发展	1	1	1		1	1		1	1			1	8
10 校领导创建了激励教师和信任教师的氛围			3			1	1				1	1	7
11 丰富的课程为学生提供了很多学习机会					1							1	2
12 校领导和管理者促进学生精神、道德、社交和文化的发展	1												1
13 校领导和管理者促进机会均等											3	2	5
14 校领导防止任何形式的歧视行为											3		3
15 领导者保护学生不受忽视、虐待												1	1
16 领导者营造积极的校园文化	1											1	2
17 教师使用有效的计划来进行教学		1		1						1		1	4
18 有效利用上课时间										1		1	2
19 教师在课堂上巩固学生的知识、理解力和技能		1		1	1	1				1		1	6

续表

频次 指标	12位访谈被试												频次合计
	1	2	3	4	5	6	7	8	9	10	11	12	
20 教师使用提问的方式观察学生反映		1					1					1	3
21 教师按照学校的评估规章给学生反馈评估结果													0
22 学生有效利用反馈结果，知晓怎么改善自身					1	1	1	1					4
23 教师培养学生的阅读、写作和沟通能力											1		1
24 教师鼓励学生用积极的态度去学习					1	1							2
25 学生能够从错误中吸取经验							1						1
26 学生在课内外能巩固和深化知识、理解和技能					1		1						2
27 大多数学生致力于改善他们的学习							1						1
28 学生有时间去应用他们的知识、理解力和技能	1				1	1	1		1				5
29 学校给家长准确的关于孩子进步的信息										1	1		2
30 教师在课堂和学校的语言得当，没有侮辱性的语言和陈辞滥调											1		1
31 学生是自信的，自我肯定的						1							1
32 学生为学习、学校感到骄傲								1	1				2
33 学生对学习等各方面的态度是积极的													0
34 学生尊重他人的观点和意见													0
35 用高质量、公正的职业指导去帮助学生选修课程，使他们为下一阶段的教育、就业、创业或者是再培训做好准备													0
36 学生重视他们的教育，很少缺席或持续缺席				1								1	2

166

续表

频次 / 指标	12 位访谈被试												频次合计
	1	2	3	4	5	6	7	8	9	10	11	12	
37 学生很少因为低出席率而成绩差													0
38 学生在每天的学习中能管好自己,包括午饭时间											1		1
39 学生可以做出快速反应,使课程顺利进行													0
40 学生低级的破坏行为是罕见的	1								1				2
41 学校采用高标准使学生有良好的执行力													0
42 家长、教职工和学生对个人发展、行为、福祉没有担忧										1	1		2
43 教师了解欺凌和偏见的行为对学生健康的影响									1	1	1	1	4
44 学生与学校友好协作共同应对和防止欺凌事件								1	1	1	1		4
45 学校开放的文化促进学生各方面的福祉		1										1	2
46 学生有机会去学习如何保证自己的安全	1				1	1	1	1					5
47 在大部分学科中,学生能够持续进步						1							1
48 在大部分学科中,学困生的进步与相同起点学生的进步相当													0
49 学生广泛阅读,有着与他们年纪相当的理解力和流利度		1								1			2
50 大部分学困生的进步和全国范围内其他学生的进步水平相当													0
51 持续改进所有薄弱方面													0
52 学生能为下一阶段的教育、培训、就业做好准备,并获得相关资格证书		1			1		1						3

从上表中可以看出,被试提及的 4－9 次的指标共有以下 12 项:9 次的 1 项
"安全保障有效";8 次的 1 项"学校重视教师持续的专业发展";7 次的 1 项"领导
创建了激励教师和信任教师的氛围";6 次的 1 项"教师在课堂上巩固学生的知
识、理解力和技能";5 次的 3 项"领导和管理者促进机会均等","学生有机会去学
习如何保证自己的安全"和"学生有时间去应用他们的知识、理解力和技能";4 次
的 5 项:"学校促进学生精神、道德、社交和文化的发展","教师使用有效的计划来
进行教学","学生有效利用反馈结果,知晓怎么改善自身","教师了解欺凌和偏
见的行为对学生健康的影响"和"学生与学校友好协作共同应对和防止欺凌
事件"。

被试提及指标频次最高的是在学生安全保障方面,达到了最高的 9 频次,其
他方面包括校园欺凌、学生自身安全意识等也有所提及。被试反映,学生安全不
仅包括学生的身体安全,也包括心理健康。身体安全方面,学生自身保护能力差,
需要学校去提供适当的机会去保证学生有机会和有渠道去学习自我保护的知识
和能力。在学生的心理健康方面,许多中小学校都设有心理咨询室、心理健康活
动室等。我国目前对学生安全很重视,很多省、市、地区的督导评估准则中都专门
设有安全保障这一项,并将之设为红线,实行一票否决。在英国的教育督导评估
手册中,强调提供机会让学生学习怎么确保自己的安全和健康,因为外界再提供
保护都是外在条件,还需要内因起作用,即学生自身保护意识的提升和到位。

在领导和管理方面,被试提及最多的主要就是"学校重视教师持续的专业发
展"(8 次)、"领导创建了激励教师和信任教师的氛围"(7 次)和"领导和管理者促
进机会均等"(5 次)。在访谈过程中发现,很多教师及教育管理人员希望有进一
步提升自身知识和能力的机会,反映出教师对持续专业发展愿望的渴求,此指标
提及频次在年轻教师中尤为多见。但他们工作繁忙,教学任务重,能得到走出去
学习的机会比较少。他们还反映,在学校中应该创建领导信任教师的风气,但此
项指标在我国的督导评估指标中没有体现。在机会均等上,我国对义务教育的均
衡化很重视,颁布了一系列的条例来实施,但是从来没有设置专门的"机会均等"
指标去评估中小学学校。

在教师方面,主要包括"教师在课堂上巩固学生的知识、理解力和技能""教师
使用有效的计划来进行教学"这两项指标上。这两项指标与我国评估指标中的表
述不完全相同,但也是我国所重视的。"教师了解欺凌和偏见的行为对学生健康
的影响",被试反映此项指标有助于教师规范自身的行为,在任何场合都不要对学

生持有偏见,用语言或行为去伤害他们,教师尤其要注重保护学生的身心健康。

从学生方面来说,被试提及较多的有 4 个指标,分别是"学生有效利用反馈结果,知晓怎么改善自身","学生有时间去应用他们的知识、理解力和技能","学生有机会去学习如何保证自己的安全","学生与学校友好协作共同应对和防止欺凌事件"。很多被试反映,在我国教育督导评估的过程中,更多的是对教师和学校的评估,评估内容基本不涉及学生。而学校对学生的评估就是一次次的考试,以及学校内部的学生守则等等。被试认为学生应该作为被评估对象参与到评估过程中来。首先,要提供"学生有时间去应用他们的知识、理解力和技能"的机会。被试反映,学生应该被赋予更多的实践机会去学习、实践和运用所学。其次,在"学生有效利用反馈结果,知晓怎么改善自身"的指标中,学校的评估结果应该更多地反馈给学生,目前学校评估的结果很多都下达不到学生层面,学生的日常考试成绩得分也已经被"优、良、中、差"等所代替。因此,怎样使学生能够获得和利用督导评估反馈的结果,从而使我国的督导评估工作在"督学"方面更有意义、更有价值、更有效能,很值得研究。

在学校的整体效能中,"学校促进学生精神、道德、社交和文化的发展"也被提及较多,在访谈中,他们认为此项指标应更细化,应当有具体的测评点。

2. 被试提及的其他指标

在访谈中,不但要注意被试对英国指标在中国可行性的认同程度,同时还要注意被试多次提及,在英国督导评估指标中没有,但又是很重要的督导评估指标,这些来自一线的实践工作者的声音对于完善我国的教育督导评估指标体系十分重要。本研究访谈的 12 个被试都是长期从事一线教育的教师、教研员、教育管理人员、校长等,以下是他们的声音和贡献。

表47 被试认为重要而在英国教育督导评估指标中没有的指标

频次 指标	被试	12 位访谈被试											频次合计
	1	2	3	4	5	6	7	8	9	10	11	12	
1.学生综合素质教育		1				2	1					1	5
2.学生的心理健康教育	3					1	1						5
3.学生的言行举止得当	2					1				1			4
4.教师绩效	3	1					1			1			6

频次 指标	被试	12 位访谈被试												频次合计
		1	2	3	4	5	6	7	8	9	10	11	12	
5. 资金的有效利用			2	2		1						1		1	7
6. 学校的硬件设施		2		1	1		1			1					6
7. 学生要自律			1			2		2							5

由上表可以看出,被试提及的、但在英国教育督导评估标准里没有的指标,分别有以下几项:"资金的有效利用"7 次,"教师绩效"和"学校的硬件设施"6 次,"学生的综合素质教育""学生的心理健康教育"和"学生要自律"5 次,"学生的言行举止得当"4 次。在资金的有效利用上,很多被试反映,这是学校得以运转的前提,在中国十分重要。然而在英国教育督导等级评估标准的达到良好的标准中没有此项指标,但是在优秀标准中是有的。英国是资深的发达资本主义国家,公立中小学的办学经费和资金、社会贫困人口的福利补贴机制等社会保障体系十分完善。因此对于硬件和教育经费拨款的督导专项评估检查早在 20 世纪就已经完善了。而我国的教育经费拨款直到 2012 年才首次达到我国 GDP 的 4%,我国地域辽阔,各省的经济发展和教育投入很不均衡,重视资金的有效利用率自然而然成为关注的焦点之一。被试们还反映,在学校里应付上级临时检查的现象依然存在,很多资金和精力在为督导评估做准备的过程中被浪费掉,反而很多教师的绩效工资没有很好地落实,因此资金的有效利用需要引起重视。

"教师的绩效"和"学校的硬件设施"在访谈中被提及有 6 次。教师的绩效是教师和教育管理人员普遍比较关心的问题,教师不仅需要得到社会的尊重,同时更需要完善的绩效制度来保证教师的利益。因此在评估学校效能的时候,需要进一步增加对教师切身利益相关的指标,来确保教师的积极性,来提高教师效能。"学校的硬件设施"在访谈中被提及的原因是在我国的中小学教育督导评估中,学校的硬件设施是评估的主要内容,也是学校普遍重视的问题,例如学校图书馆的藏书量、学校有没有实验室、学校有没有心理咨询室等等。而英国的指标中对硬件设施的要求几乎没有,因为已经过了学校硬件建设的阶段,现在更关注学校的软件部分,如:学校文化、学生、教师和校长领导力等。在访谈中,被试希望能更好地提高学生的综合素质能力,而不仅仅是学业成绩,因为在中国强调和关注更多的是素质教育。

"学生的心理健康教育"被提到了5次。因为随着中国的迅速崛起,竞争也越来越大,学生群体面对着巨大的压力,从最初的择校到在校的成绩,处处都是竞争,因此,学校应当更加关怀学生的心理健康,采取多种措施去关注学生的心理变化,比如定期召开心理班会,学校建立心理咨询室等等。

"学生要自律"也被提到5次,为了适应社会的飞速发展,学生需要提高自律能力。目前我国的课堂大部分以教师为中心,教师重视"讲功和口才",重视怎样讲学生才能懂,使学生习惯于在大班授课中记笔记、背答案、将教师给的答案视为唯一的标准答案。这样的授课方式和育人环境使学生普遍依赖于教师,自律能力低,被动学习,缺乏创新力和创新思维的培养。

"学生的言行举止得当"也被被试提及4次,被试认为学生不论在校内和校外,都需要有良好得当的言行举止。目前校园暴力现象时有发生,国务院教育督导委员会办公室向各地印发《关于开展校园欺凌专项治理的通知》,各地中小学校将针对发生在学生之间,蓄意或恶意通过肢体、语言及网络等手段,实施欺负、侮辱造成伤害的校园欺凌进行专项治理,也反映出这个指标的重要性以及增添的必要性。

三、荷兰

(一)对研究被试的描述性统计分析

1. 问卷发放情况统计

本研究针对荷兰的教育督导评估指标体系共发放问卷1000份,剔除无效问卷后,有效样本共834份,有效率为96.42%。

表48 荷兰问卷发放份数和有效率

1000(份)	
份数	百分比(%)
865	87.00
834	96.42

由下表可知:被试的所在地涉及辽宁省各市、县,共回收有效问卷834份,其中锦州市共回收137份,占有效样本总数的16.4%,有效样本回收率最高;抚顺市次之,共回收有效问卷95份,占有效样本总数的11.4%。

2. 问卷被试所在地

表 49 被试所在地和人数百分比

地区	人数	百分比(%)
沈阳市	40	4.8
锦州市	137	16.4
阜新市	54	6.4
朝阳市	79	9.5
抚顺市	95	11.4
铁岭市	46	5.5
鞍山市	16	2.0
辽阳市	72	8.6
营口市	79	9.5
本溪市	78	9.4
大连市	24	2.9
葫芦岛市	30	3.6
丹东市	24	2.9
盘锦市	26	3.1
盖州市	18	2.2
北票市	16	1.9
总计	834	100

3. 问卷被试基本资料统计

以下是关于有效问卷被试基本情况的统计,主要包括:被试的城乡类型、性别、身份、学历、工作年限这五方面的基本情况,如下表所示:

表 50 荷兰中小学校督导评估指标在中国的可行性调查中被试基本情况统计表

类别		人数	百分比(%)	总计
城乡类型	城市	467	56.00	834
	农村	367	44.00	
性别	男	281	33.69	834
	女	553	66.31	

类别		人数	百分比(%)	总计
身份	校长	142	17.02	834
	政府督学	14	1.68	
	教师	534	64.03	
	教育管理人员	15	1.78	
	专家	3	0.36	
	教研员	126	15.10	
学历	大专以下	6	0.72	834
	大专	160	19.19	
	本科	622	74.58	
	研究生及以上	46	5.52	
工作年限	1–9 年	131	15.70	834
	10–19 年	212	25.42	
	20–29 年	422	50.60	
	30 年以上	69	8.27	

由上表可知,由被试学校城乡统计可看出:分布在城市地区的共467份,占有效样本总数的56.00%;分布在农村地区的共367份,占有效样本总数的44.00%。被试性别统计:男性共281份,占有效样本总数的33.69%,女性共553份,占有效样本总数的66.31%。被试身份统计:身份是校长的共142份,占有效样本总数的17.02%;身份是政府督学的共14份,占有效样本总数的1.68%;身份是教师的共534份,占有效样本总数的64.03%;身份是教育管理人员的共15份,占有效样本总数的1.78%;身份是专家的共3份,占有效样本总数的0.36%;身份是教研员的共126份,占有效样本总数的15.10%。被试学历统计:学历为大专以下的共6人,占有效样本的0.72%;学历为大专的共160人,占有效样本的19.19%;学历为本科的共622人,占有效样本的74.58%;学历为研究生及以上的共46人,占有效样本的5.52%。被试工作年限即教龄统计:在1–9年的共131人,占有效样本的15.70%;在10–19年的共212人,占有效样本的25.42%;在20–29年的共422人,占有效样本的50.60%;在30年以上的共69人,占有效样本的8.27%。

（二）总体信度及可行性分析

1. 总体信度

信度指的是由多次测量所获得的结果之间的一致性或稳定性，是教育评价指标体系实施的前提条件。① 本研究的总问卷和各维度都是利用克伦巴赫系数（Cronbacha）来检验信度。Nunnally（1978）和 De Vellis（1991）认为，问卷的克伦巴赫系数（Alpha）在 0.70 以上是可接受的最小信度值。本研究的结果表明，总问卷的 Alpha 值为 0.9459，达到了较高的显著水平，符合信度要求（见下表），证明问卷可靠性高。

表 51　"荷兰中小学校督导评估指标在中国的可行性调查问卷"信度表

Reliability Coefficients	
N of Cases = 237.0	N of Items = 38
Alpha = .9379	

2. 可行性分析

本研究的问卷调查有两个目的，第一是征询中国被试认为荷兰中小学校督导评价指标在我国是否具有可行性，具体到哪些指标可行，哪些指标不可行？ 第二是征询中国被试的看法，调查他们认为荷兰中小学校督导评价指标中哪些相对重要，哪些相对不重要。即问卷由两种题项形式构成，第一种是可行性调查形式，第二种是重要性形式。本研究问卷分为两部分，分别由中学和小学管理人员、教师等分别作答。通过被试对中学部分问卷的反馈结果看，在"荷兰中学督导评价指标在我国是否可行"这一组题项中，共有 398 人次作答；在"荷兰小学校督导评价指标在我国是否可行"这一组题项中，共有 436 人次作答。由于两组问卷有很多题项相同或相近，故下文中说的可行性是对中小学总体可行性的研究。

调查结果显示，被试均认为 41 项评价指标在我国都具有可行性，并且对大部分写出具体被试数值指标的认可程度较高，认可人数均超过 60%。在中小学两项指标中，被试反馈指标可行人数超过 300 人次的有九项指标，分别是：F3. 国家级考试中，学生能取得预期的成绩；F4. 学生参加国家统考的成绩和校内考试成绩的差距在允许范围内；F5. 低年级课程满足法定要求；F6. 高年级课程大纲要包含所有考试科目；F15. 教师调整课堂教学，以适应学生间的发展性差异；F18. 通过学校

---

① 潘玉进. 教育与心理统计——SPSS 应用［M］. 杭州：浙江大学出版社，2006：260.

组织的活动,使家长能够参与学校管理与教学;F23.学校持续的使用统测,以监督学生的成绩和发展;F26.学校监测学生是否按照成长规划来成长,在监测结果基础上,做出合理的调整;F32.学校定期评价学生是否达到培养目标;F33.学校定期评价教学过程。在这九项指标中,被试认为可行性最高的为:F3.国家级考试中,学生能取得预期成绩,共有331人次,占总人数的89.9%。反之,认为指标可行的被试人数少于150人次的有三项,分别是:F38.学校代表校董事会将学校自评报告送达督导,认同人数为81,占总人数的22.0%;F39.学校代表校董事会将学校发展计划送达督导,认同人数为83,占总人数的22.6%;F40.学校代表校董事会将学校特殊需求送达督导,认同人数为79,占总人数的21.5%。

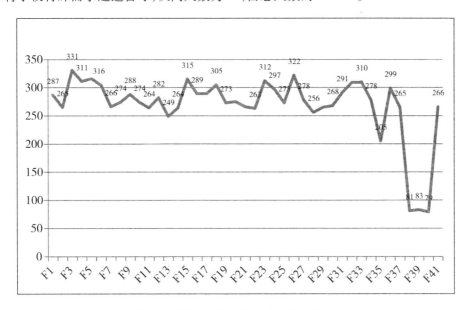

图7　荷兰中学督导评估指标在中国的可行性折线图

图表明,中国被试认可度最高的是学生的成绩以及与学生成绩紧密关联的几项指标,而认可度较低的是有关校董会的指标。究其原因,无论在任何国家或地区,采用对教育对象进行考试、测试是观测教学质量最为直接的手段。我国统一的高考、中考、地方测试、学校内部测试等等考试形式的成绩是对学生学习成果、学校教学质量最为常见的评价方式。自从科举制以来,考试制度在中国存在了千年之久。作为一种最为直接有效的人才选拔模式,考试选拔在社会发展中起到了不可忽视的作用。这种手段可以量化教学成果,具有相对公平、便捷、直观等优点,因此受到学校、教师、家长的普遍认可。对于认可度相对较低的三项指标均为学校董事会的指标,我们可以从这个层面考虑:学校董事会这一形式来自于西方的企业管理机制,在我国的中小学校很少有这种学校管理的模式,只有少数经济较为发达的沿海地区有该模式的探索,例如福建省。董事会制度对学校建立在经济状况、学校规模、师资制度等均有一定的要求,很多地区的学校并不具备这些条件。而且对于公立学校来讲,更不存在董事会制度,这也制约了校董会制度在我国的发展。因此多数被试对校董会的概念比较模糊,导致对校董会相关联的指标的认可度较低。

（三）重要性的平均值分析

算术平均数是总体各单位某一数量标志的平均数,是表现数据集中趋势的一个统计指标。① 平均值可以用来检测全体被试对评价指标的认可程度。若平均值越高,则表示被试认为该指标在教育督导评价指标当中的重要性越高。通过对问卷结果的数据分析,发现在问卷中各指标的平均值均在 3.57 – 4.57 之间。

然而,被试对各项指标认可度的平均值不尽相同。分析被试对 41 项指标的反馈数据:平均值高于 4.2 的共有 11 项,按照由高到低的顺序依次为:F20.学校向师生宣讲安全常识并能洞察和预防潜在的不安全因素(m = 4.57);F10.不能随意取消已安排好的学校活动(m = 4.53);F19.确保学生、职工在校安全(m = 4.52);F6.高年级课程大纲要包含所有考试科目(m = 4.37);F5.低年级课程满足法定要求(m = 4.29);F2.高年级学生要在许可的时间段内完成学业(m = 4.29);F8.学校开设培养学生社交能力和潜能的课程(m = 4.27);F15.教师调整课堂教学,以适应学生间的发展性差异(m = 4.27);F12.学生有效利用教学时间(m = 4.25);F33.学校定期评价教学过程(m = 4.23);F32.学校定期评价学生是否达到培养目标(m = 4.22)。通过以上统计数据可知:在重要性较高的十项中,"学生的安全程度"以及"安保措施"方面的有 F20、F19 共两项,且 F20 的重要性是这 11 项中最高的。有关学生学习成就方面的指标有四项,分别是 F6、F5、F2、F8。被试对这四项重要性的反馈仅次于安全指标。涉及学生未来发展能力和人生观的指标有两项,分别为 F8、F12,其重要性仅次于学生的身心健康。涉及对使用和管理资源的指标有三项即 F15、F33、F2。以上数值说明:在我国的中小学校督导评价指标和学校管理中,安全被认为是第一位的,学生的成绩次之,之后依次是学生的身心健康、未来发展的能力和人生观、使用和管理学校资源等。

---

① 李春萍.教育研究方法[M].长春:东北师范大学出版社,2001:242.

平均值低于 3.8 共七项,按照由低到高的顺序依次为:F37.学校为推进积极的公民意识而对其教育质量进行评价(m = 3.57);F25.入学后,学校为每个学生制订成长规划(m = 3.69);F38.学校代表校董事会将学校自评报告送达督导(m = 3.71);F39.学校代表校董事会将学校发展计划送达督导(m = 3.71);F40.学校代表校董事会将学校特殊需求送达督导(m = 3.72);F26.基于数据和分析,学校决定向不同的特教生提供不同类型关爱(m = 3.75);F28.学校向校董事会展示其教育质量(m = 3.79)。通过以上统计数据可知:在重要性较低的七项指标中,有关"学生职业生涯规划"的有两项,分别为 F37、F25,且"学校为推进积极的公民意识而对其教育质量进行评价"的重要性被认为是最低的。有关"向特教生提供特殊关爱"的有一项,为 F26,重要性稍高于学生职业生涯规划。有关"校董会"的指标有四项,F38、F39、F40、F28。以上数据说明:在我国的中小学校督导和学校管理中,相对不受被试认可的指标是"中小学学生的职业生涯规划","向特教生提供不同关爱"次之,"校董会"也被认为是不重要的评价标准。

表52 荷兰中小学校督导评估指标重要性的平均值统计表

指标	排序	平均值	标准差	指标名称
F20	1	4.57	0.75	学校向师生宣讲安全并能洞察和预防潜在的不安全因素
F10	2	4.53	0.815	不能随意取消已安排好的学校活动
F19	3	4.52	0.832	确保学生、职工在校安全
F6	4	4.37	0.818	高年级课程大纲要包含所有考试科目
F5	5	4.29	0.803	低年级课程满足法定要求
F2	6	4.29	0.847	高年级学生在许可的时间段内完成学业
F8	7	4.27	0.91	学校开设培养学生社交能力和潜能的课程
F15	8	4.27	0.781	教师调整课堂教学,以适应学生间的发展性差异
F12	9	4.25	0.912	学生有效利用教学时间
F33	10	4.23	0.872	学校定期评价教学过程
F32	11	4.22	0.856	学校定期评价学生是否达到培养目标
F41	12	4.17	0.852	学校的课时符合法定要求
F35	13	4.15	0.859	学校确保教学过程质量

指标	排序	平均值	标准差	指标名称
F34	14	4.13	0.921	学校进行系统的改进
F3	15	4.02	0.833	国家级考试中,学生能取得预期成绩
F1	16	4.02	0.888	在规定时间内低年级学生能够达标
F13	17	4.01	0.86	学生积极参与教育活动
F14	18	4	0.839	教师调整课程设置,以适应学生间的发展性差异
F17	19	4	0.89	教师注重教学实践,以适应学生间的发展差异

通过上述数据我们发现,被试认为最重要的指标是"学校向师生宣讲安全常识并能洞察和预防潜在的不安全因素",该指标的认可程度最高,前三项关于安全的指标明显高于其他指标。在我国的中小学教育中,"安全"毋庸置疑是最为重要的,从人们对轰动全国的"校车事件"再到"学校食堂中毒"等等安全问题的热切关注可以看出学校安全问题是全社会最关注的热点,如果学生在校期间无法得到安全的保障,那么学校可能就要面临极大的质疑。教育部的文件已经将校园安全升至国家战略高度。这一问题也已经成为教育问责所关注的重点之一,它被明确地作为校长绩效考评的刚性指标。可以说教育行政人员、学校领导、教师、家长以及社会各界在当下都是"谈安全色变"。

被试认为较不重要的一项是"学校为推进积极的公民意识而对其教育质量进行评价",并且认可度明显低于其他选项。所谓的"积极的公民意识"指的是学生能够积极融入社会中。在访谈被试时,我们发现被试们对培养学生的社会融入能力的意见不一,有的校长认为这更需要家庭的努力,学校层面能做的非常有限;有些校长则认为这是一项有利于学生今后发展的工作,但作为学校,要应对升学方面的压力,升学率、生源、学生教育等,归根结底还是要落实到成绩上,竭其所能使学生安全"优质"地升学。

此外,从总体趋势来看,涉及学生安全、成绩、表现,教师授课成果几方面内容的指标认可度较高。反映出教师、校长和督学们心中判断学校质量的真正标准。因此,无论现在的"素质教育"还是过去的"应试教育",学校的工作以学生为中心的理念从未变更,只是形式上有所调整而已。涉及校董会普遍认可度较低。首先,校董会在我国的公立中小学校中尚未完全实行这一学校管理模式,所以对它并不十分了解,出现认可度偏低的情况。在部分南方发达地区,如福建省,已经实行这一模式,但就目前看来,校董事会制度在我国公立中小学校还不能马上普及。

(四)因素分析

对"荷兰教育督导评价指标体系"调查问卷进行因素分析后发现,小学和中学调查问卷的 KMO 分别为 0.966、0.954,KMO 值越接近于 1,意味着变量间的相关性越强,当 KMO 值超过 0.9 时,说明非常适合于因素分析;[①]Bartlett's 球形检验的 X^2 值为 16544.381、9509.586,df 值分别为 861、820,p 值为 0.000 达到显著,表明母群体的相关矩阵间有共同因素存在,本研究所收集的数据适合做因素分析。

1. 小学部分

表 53　KMD 和 Bartlett 检验(小学)

Kaiser-Meyer-Olkin Measure of Sampling Adequacy.		0.966
Bartlett's Test of Sphericity	Approx. Chi-Square	16544.381
	df	861
	Sig.	0

本研究的样本大小为 834,小学部分为 436 人,初中部分为 398 人。在把因素载荷值限定为 0.6 时,因素之间的相关性、稳定性和总体解释率已经达到理想状态,因此把因素载荷值定为 0.6。[②] 经整合后,高于 0.6,低于 0.7 的指标在小学部分有八项见表 54,如"向校董事会展示其教育质量""学校为推进积极的公民意识而对其教育质量进行评价"这两个指标(均隶属于第三维度下的提供特殊需要和指导这个二级指标),我省被试对其认同度不高,在访谈时也较少提及这个标准。因为校董会制度在我国还尚未普及,且很多被试对这一制度并不了解;而公民意识这一层面在我国更多体现在德育教育之中,德育是我国学校教育的重要组成部分,正如访谈中一位校长所言:"德育工作是现阶段教育工作的核心工作之一,然而和西方国家不太一样的是,我国的德育工作更多聚焦在对学生价值观、人生观的培养,真正涉及学生社会观的不多。"还有"基于数据和分析,学校决定向不同的特教生提供不同类型关爱""学校全方位关爱学生"和"学校洞察学生的教育需求",反映了我国教育工作者对学生的关爱还有待增强。学校不断强化以人为本、以生为本,但真正做到为学生的社会化、职业化考虑的则少之又少。再有指标"学

---

① 李春萍. 教育研究方法[M]. 长春:东北师范大学出版社,2001:352.

② 同上

校持续地使用统测,以监督学生的成绩和发展",目前,我省虽然各校在硬件条件上均已达到或超出国家及辽宁省标准,但相关数据收集机制并不健全,学生监控机制并未完全施行,相比西方国家的常年跟踪式研究,更是我国所缺少的。

表54　荷兰小学督导评估指标因素载荷表

旋转后的因素载荷矩阵(因素/因子)

指标	Component			
	1	2	3	4
1.1.1	0.768			
1.1.2	0.764			
4.1.1	0.693			
2.3.1		0.788		
2.2.1		0.770		
3.1.2		0.758		
3.1.3		0.749		
3.1.4		0.746		
2.3.2		0.733		
3.1.5		0.704		
2.3.3		0.703		
2.4.4		0.604		
6.1.2			0.900	
6.1.1			0.880	
6.1.3			0.680	
5.1.7			0.654	
5.1.6			0.652	
5.1.1				0.661
4.2.2				0.639
4.2.3				0.613

因素一

因素一主要涉及学生成就方面如下表所示,共三项指标。其中因素载荷值较高的是"学生在小学毕业应达到的水平(国家标准)"和"学生在小学毕业应达到的语文和数学水平"。这两项均是国家在学生毕业时的硬性要求,是学生在毕业考试时应达到的相应水平。这也是各所学校的最主要任务。访谈中也有所体现:"我们学校最主要的任务就是使学生优质、安全地接受教育和升入更高一级的学校学习。"

表55 因素一指标及载荷值(小学)

题项	指标	载荷值
1.1.1	学生在小学毕业应达到的水平(国家标准)	0.768
1.1.2	学生在小学毕业应达到的语文和数学水平	0.764
4.1.1	学校持续的使用统测,以监督学生的成绩和发展	0.693

因素二

因素二主要涉及了课堂教学和学校安全管理因素,有九项指标具有较高的解释力,这个因素中载荷值大于0.6的指标最多,说明我省被试对这一因素的高度认同。课堂教学和学校安全是学校工作的重点和保障,课堂教学作为教育活动的最重要载体,认可程度最高自不必说。学校安全问题也一直是社会热点问题,从饮食到校车,层出不穷的问题使校园安全成了学校工作的重中之重。访谈时,几乎所有校长都谈到了学校安全的问题,一切教学工作,都要在学校安全的基础之上进行,并且尽可能地降低学生安全隐患,甚至连春游、运动会等活动,都要谨慎而再谨慎,一切以安全为前提。课堂教学作为学校教育的主体活动,受到被试的一致认可。尤其对教师的教学目标设定、教学时间利用、教学氛围创建和注重学生差异几个方面。

表56 因素二指标及载荷值(小学)

题项	指标	载荷值
2.3.1	教师授课清晰明了	0.788
2.2.1	教师有效利用课堂教学时间	0.770
3.1.2	确保学生、职工在校安全	0.758

题项	指标	载荷值
3.1.3	学校向师生宣讲安全常识并能洞察和预防潜在的不安全因素	0.749
3.1.4	学校采用安全举措以防范校内外的不安全隐患	0.746
2.3.2	教师能营造一种目标明确的工作氛围	0.733
3.1.5	学校教工应教会学生尊重他人	0.704
2.3.3	学生积极参与教育活动	0.703
2.4.4	教师注重教学实践,以适应学生间的发展差异	0.604

因素三

因素三主要涉及学校教育的质量保障层面,如下表所示。这个因素中载荷值大于0.6的有五项,仅次于因素二。结合访谈中被试所谈,该因素内涉及的校董事制度会在我国并未完全普及,被试认可的主要是在接受上级督导过程中,需将发展计划、自评报告、学校的特殊需要等提前送达督导办,以便进行督导。

表 57　因素三指标及载荷值(小学)

题项	指标	载荷值
6.1.2	学校代表校董事会将学校发展计划送达督导	0.900
6.1.1	学校代表校董事会将学校自评报告送达督导	0.880
6.1.3	学校代表校董事会将学校特殊需求送达督导	0.680
5.1.7	学校为推进积极的公民意识而对其教育质量进行评价	0.654
5.1.6	学校向校董事会展示其教育质量	0.652

因素四

因素四主要涉及学校为学生提供特殊需要和保障,如下表所示。这里主要体现的是我国公立普通小学对特教生的关爱。如访谈中一位校长提到:“我们学校虽然特教生数量很小,只有不到十人,但对这样的特殊学生倾注的心血可能是其他学生的几倍,往往特教生会有一些不同于同龄孩子的心理状态,这是我们教育过程中应该特别注意的地方。”因材施教,这是中国几千年前就有的教育理念,关注每个学生的个体差异并最大程度上给予相应的教育,这也是基层教育工作者的理想诉求。另外一项,即“学校持续的使用统测,以监督学生的成绩和发展”。对于成绩而言,各个学校都有其相应的监测系统,包括期中期末考试和各种月考、统考,能够做到对学生成绩有所掌控。但对于学生发展的监控,学校往往做不到这一点,而且由于学校缺少对于学生发展的各项数据,缺少相应的数据库及长期跟踪,使对学生发展的监测效果不理想。教育部的文件也一再反复强调不能以高考成绩或中考成绩对学校进行排队或评优。

表58　因素四指标及载荷值(小学)

题项	指标	载荷值
5.1.1	学校洞察学生的教育需求	0.661
4.2.2	基于数据和分析,学校决定向不同的特教生提供不同类型的关爱	0.639
4.2.3	学校全方位关爱学生	0.613

2. 中学部分

表59　KMO 和 Bartlett 检验(中学)

Kaiser-Meyer-Olkin Measure of Sampling Adequacy.		0.954
Bartlett's Test of Sphericity	Approx. Chi-Square	9509.586
	df	820
	Sig.	0

在初中部分,所有指标因素载荷均高于0.6,低于0.7的指标有十项,如:"学校为推进积极的公民意识而对其教育质量进行评价""高年级学生要在许可的时间段内完成学业""学生参加国家统考的成绩和校内考试成绩的差距在允许范围内"。成绩在教育过程中是极为重要的评价标准,在国外往往考试不断,例如在英国,在学生7、11、14、16岁时都要进行国家级统考,以监测全国学生所接受的教育质量。在我国尚未达到这一程度,且除了高考中考外,越来越忌讳谈到考试一词。访谈中很多人都谈到了这一现象:"我们学校在考试上面费尽了心思,考多了国家不允许,考少了家长不允许;成绩排名国家不允许,不排名家长同样不允许。在考试问题上,我国确实应该学习西方国家,不要讳疾忌医。"还有"学生有效利用教学时间""不能随意取消已安排好的学校活动",反映了我国教育教学时间、活动时间的掌控。访谈中一位校长谈道:"学校的所有活动都是根据上级要求及学校发展所安排好的,除了必要的教育教学时间外,还会安排一些教师的教研互助、学生的

图书月等等。"再有"确保学生、职工在校安全""学校向师生宣讲安全常识并能洞察和预防潜在的不安全因素",安全问题早已成为校园重点之一,但就督导而言,则大多集中在校园硬件和软件的督导上,对校园安全的督导不多。访谈中也谈到这一问题,"每年我们学校所接受的督导都有几次,有综合的也有专项的,有省市级的,也有县级的,但大都是专项督导,例如辍学情况或者某一具体科目课程的督导"。而学校对于安全的宣传,也都是采用黑板报、宣传画等形式,安全教育课时间往往都是让给其他课程,或被其他课程占用。

表60　荷兰中学督导评估指标因素载荷表

旋转后的因素载荷矩阵(因素/因子)

指标	Component					
	1	2	3	4	5	6
5.1.6	0.859					
5.1.7	0.838					
6.1.1	0.794					
6.1.2	0.713					
6.1.3	0.603					
2.4.1		0.724				
2.2.1		0.719				
2.1.5		0.708				
2.4.2		0.671				
1.1.1			0.754			
1.1.3			0.715			
1.1.4			0.693			
1.1.2			0.663			
3.1.2				0.722		
2.3.2				0.660		
2.4.4				0.637		
2.4.3				0.625		
3.1.4					0.666	
3.1.3					0.659	
4.1.4						0.739
4.2.4						0.655

因素一

因素一主要涉及了质量保障及特殊需要和指导层面,如下表所示,在这一层面无论是对何类学校,都属于核心工作。对于学校的质量保障,学校不但要向学生和家长保证,同时也要向上级部门保证。接受上级部门督导便是展示学校教育质量的最好途径。在初中部分,学校对学生能够按照成长规划成长比较认可,这一阶段学生逐步开始社会化并且分文理科,对其成长进行规划并监测是十分必要的。

表 61 因素一指标及载荷值(中学)

题项	指标	载荷值
5.1.6	学校向校董事会展示其教育质量	0.859
5.1.7	学校为推进积极的公民意识而对其教育质量进行评价	0.838
6.1.1	学校代表校董事会将学校自评报告送达督导	0.794
6.1.2	学校代表校董事会将学校发展计划送达督导	0.713
6.1.3	学校代表校董事会将学校特殊需求送达督导	0.603

因素二

因素二主要涉及教学过程,如下表所示。因素二所涉及的指标其重点分别为学校开设有利于构建和谐社会的课程和学校不得随意取消安排好的活动;课程设置和教师的课堂教学要适应学生之间的差异。对于前者来说,是属于培养学生公民意识、社会性的必要课程,也是学校德育工作的重要组成部分。对于后者,是基于学校工作的统筹安排和对学生德智体美劳的全面培养的基础上设定的。该因素中两项指标均涉及学生的差异性发展。初中阶段是培养学生养成社会性、职业性的初始阶段,对待不同学生的差异性,学校和教师要进行相应调整,以达到教育效果的最佳化。

表 62 因素二指标及载荷值(中学)

题项	指标	载荷值
2.4.1	教师调整课程设置,以适应学生间的发展性差异	0.724
2.2.1	不能随意取消已安排好的学校活动	0.719
2.1.5	学校开设正向的公民教育和建设和谐社会的课程	0.708
2.4.2	教师调整课堂教学,以适应学生间的发展性差异	0.671

因素三

因素三主要涉及学生成就方面,如下表所示。相比于小学部分,这部分载荷值大于0.6的因素明显增加,达到四项。在我国的教育体制内,初中阶段学业压力开始增大,如果能进入一所优质高中,往往就能进入一所优质大学,直接影响学生的就业。学校和学生面临中考压力,学生成绩变成了学校工作的主要乃至唯一目标。且被试对于考试的认可程度一致较高,在访谈中被试也对考试发表了自己的看法:"我们学校在这方面其实压力很大,上级要求我们保障入学率、辍学率、升学率等等,家长要我们保障学生成绩和入学率。家长都希望自己的孩子能够成绩优异,考上好的高中大学,但上级部门要求我们不能搞排名,不能搞月考,仅凭期中期末成绩,很难说服家长。"

表63 因素三指标及载荷值(中学)

题项	指标	载荷值
1.1.1	在规定时间内低年级学生能够达标	0.754
1.1.3	国家级考试中,学生能取得预期成绩	0.715
1.1.4	学生参加国家统考的成绩和校内考试成绩的差距在允许范围内	0.693
1.1.2	高年级学生要在许可的时间段内完成学业	0.663

因素四

因素四主要涉及学校安全管理及教学过程,如下表所示。初中阶段学生的逆反心理逐渐萌生,各种校园斗殴、暴力事件屡禁不止。学生自制能力差使得学校要采取必要措施。很多学校现在开始进行封闭式管理,其目的就是为了减少校外人员的影响,保障学生的在校安全。初中阶段是学生社会观、价值观养成的年龄,在这一阶段学校更应该注重个体发展差异,针对学生之间的差异性特征,调整相应的教学策略。

表64 因素四指标及载荷值(中学)

题项	指标	载荷值
3.1.2	确保学生、职工在校安全	0.722
2.3.2	学生有效利用教学时间	0.660
2.4.4	教师注重教学实践,以适应学生间的发展差异	0.637
2.4.3	教师调整教学目标,以适应学生间的发展差异	0.625

因素五

因素五主要涉及校园安全管理层面,如下表所示。初中阶段学生的逆反心理逐渐萌生,各种校园斗殴、暴力事件屡禁不止。学生自制能力差使得学校要采取必要措施。很多学校现在开始进行封闭式管理,其目的就是为了减少校外社会闲杂人员的影响,保障学生的在校安全。

表 65 因素五指标及载荷值(中学)

题项	指标	载荷值
3.1.4	学校采用安全举措以防范校内外的不安全隐患	0.666
3.1.3	学校向师生宣讲安全常识并能洞察和预防潜在的不安全因素	0.659

因素六

因素六主要涉及学校为学生提供关爱和监测学生按计划成长,如下表所示。这里主要体现的是学校对学生职业生涯的规划和培养。如上文所说,初中阶段学生能否得到良好发展往往会决定该学生能否进入优质大学。学校也对这一时期的每个学生进行早期职业生涯规划以及制订培养目标,访谈中很多校长也都谈到了这一点,目的就是为了让学生能够明确今后的就业方向和前景,尽早准备升学和工作。

表 66 因素六指标及载荷值(中学)

题项	指标	载荷值
4.1.4	学校监测学生是否按照成长规划在成长,在监测结果基础上,做出合理的调整	0.739
4.2.4	学校定期评价对学生的关爱	0.655

四、法国

(一)对研究被试的描述性统计分析

1.问卷发放情况统计

本研究共发放问 7000 份,回收问卷 6300 份,共剔除无效问卷 652 份,获得有效问卷 5648 份,有效率为 89.6% ,如下表所示。

表67　法国问卷发放份数和有效率

发放问卷总数	7000(份)	
回收问卷	份数	百分比(%)
	6300	90.0%
有效样本	5648	89.6%

2.被试基本情况统计

本研究的被试主要来自辽宁省的14个市县,包括沈阳、大连、鞍山、抚顺、本溪、丹东、营口、阜新、朝阳、葫芦岛、辽阳、盘锦、铁岭和锦州。其中沈阳市共回收有效问卷1400份,占有效样本的24.8%,有效样本回收率最高;朝阳市共回收有效问卷131份,占有效样本的2.3%,有效样本回收率最低。

表68　被试基本资料统计表

类别	人数	百分比(%)	总计	
城乡	城市	2897	51.3	5648
	农村	2751	48.7	
地区	沈阳市	1400	24.8	5648
	大连市	353	6.3	
	鞍山市	443	7.8	
	抚顺市	304	5.4	
	本溪市	220	3.9	
	丹东市	363	6.4	
	阜新市	334	5.9	
	营口市	426	7.5	
	朝阳市	131	2.3	
	葫芦岛市	346	6.1	
	辽阳市	254	4.5	
	盘锦市	257	4.6	
	铁岭市	645	11.4	
	锦州市	172	3.1	

续表

类别	人数	百分比(%)	总计	
性别	男	1871	33.1	5648
	女	3777	66.9	
身份	校长	702	12.4	5648
	教研员	1	0.02	
	教师	4055	71.8	
	教育管理人员	587	10.4	
	专家	5	0.08	
	政府督学	32	0.6	
	教辅人员	81	1.4	
	干训教师	147	2.6	
	其他	38	0.7	
学历	大专以下	62	1.1	5648
	大专	935	16.6	
	本科	4323	76.5	
	研究生及以上	328	5.8	
工作年限	1－9年	997	17.6	5648
	10－19年	1981	35.1	
	20－29年	2110	37.4	
	30年以上	560	9.9	

从城乡类型来看,来自城市的有效问卷为2897份,占有效样本的51.3%;来自农村的有效问卷数量为2751份,占有效样本的48.7%。

从性别方面看,男性共1871份,占有效样本的33.1%,女性共3777份,占有效样本的66.9%,被试女性数量是男性的两倍多。

从被试身份来看,数量最少的是教研员身份1份,占有效样本的0.02%;数量最多的是教师,共4055份,占有效样本的71.8%。

从学历来看,学历是大专以下的最少,62份,占有效样本的1.1%;学历是本科的最多为4323份,占有效样本的76.5%。

从工作年限来看,20－29年的最多,共2110份,占有效样本的37.4%;30年以上的最少,共560份,占有效样本的9.9%;工作年限在1–9年的被试997人,占比为17.6%;10–19年的1981人,占比为35.1%。

(二)信度和因素分析

法国小学生核心素养督导评估指标包括四大维度,60项四级指标,为避免占据被试过多的答题时间,经归纳整合后,本研究发放了三个维度的42项四级指标,将法国小学生核心素养督导评估指标归为三大维度:信息通讯技术;社交能力与公民意识;自主性和主动性。形成《小学生信息、道德、自主性督导评估指标调查问卷》,编制成五点量表,对被试随机发放问卷,对回收到的数据分别进行因素分析、信度和重要性的分析,以得出结论。

总体信度

本研究的调查问卷利用克伦巴赫系数(Cronbacha)来进行检验信度。运用SPSS 19.0对《小学生信息、道德、自主性督导评估指标调查问卷》进行信度分析,其结果如表所示:问卷Cronbach's Alpha值为0.976,基于标准化项的Cronbach's Alpha值为0.976,两个系数值都在0.9以上,说明数据具有很高的内在一致性,由此证明调查问卷的可靠性很高。

表69　可靠性统计分析

Cronbach's Alpha	基于标准化项的Cronbach's Alpha	项数
0.976	0.976	42

因素分析

KMO和Bartlett球形检验

对《小学生信息、道德、自主性督导评估指标调查问卷》结果进行因素分析,可以发现KMO的值为0.977,由于KMO统计量的取值在0和1之间,该值越大,则样本数据越适合于作因素分析,Kaiser(1974)给出的经验原则是KMO统计量在0.90以上作因素分析的适合性是很好的[①]。Bartlett's球形检验的X^2值为218826.900,df值为861,Sig值为0.000达到显著,由此可见,本研究所收集的数据适合做因素分析。

---

① 李洪成,姜宏华.SPSS数据分析教程[M].北京:人民邮电出版社,2012:252.

表 70 KMO 和 Bartlett 检验

取样足够的 Kaiser-Meyer-Olkin 度量		0.977
Bartlett 的球形度检验	近似卡方	218826.900
	df	861
	Sig.	0.000

方差解释表

使用最大变异法对初始因素载荷矩阵进行转轴,转轴后通过调整各因素负荷量的大小,更真实地反映被试对问卷指标的认可度。默认提取特征值大于 1 的公共因子,本研究通过因素分析共提取特征值大于 1 的公共因子 5 个,可以解释总体变量的 69.432%,所以选取前 5 个公共因子。

表 71 解释的总方差表

解释的总方差

成分	初始特征值			提取平方和载入		
	合计	方差的 %	累积 %	合计	方差的 %	累积 %
1	21.735	51.750	51.750	21.735	51.750	51.750
2	3.008	7.162	58.912	3.008	7.162	58.912
3	1.855	4.416	63.328	1.855	4.416	63.328
4	1.384	3.296	66.624	1.384	3.296	66.624
5	1.179	2.808	69.432	1.179	2.808	69.432

抽取方法:主成分分析

旋转后的因子载荷矩阵

把因素载荷值限定为 0.6,因素之间的相关性、稳定性和总体解释达到理想状态。对转轴后的各因素载荷值汇总如下表所示,因素载荷值大于 0.6 的指标共有 37 项,其中因素一包含 14 项指标,因素二包含 9 项指标,因素三包含 9 项指标,因素四包含 3 项指标,因素五包含 2 项指标。

表 72　因素载荷矩阵表

因素载荷矩阵^a

	成分				
	1	2	3	4	5
3.12	0.767				
3.8	0.762				
3.13	0.751				
3.10	0.743				
3.9	0.743				
3.6	0.734				
3.7	0.733				
3.4	0.725				
3.11	0.724				
3.5	0.717				
3.14	0.715				
3.3	0.700				
3.2	0.689				
3.1	0.642				
2.6		0.737			
2.5		0.736			
2.4		0.728			
2.8		0.702			
2.2		0.696			
2.7		0.687			
2.3		0.658			
2.9		0.657			
2.1		0.650			
1.14			0.703		
1.13			0.699		
1.10			0.693		

续表

因素载荷矩阵ª					
	成分				
	1	2	3	4	5
1.15			0.678		
1.12			0.675		
1.9			0.674		
1.11			0.669		
1.8			0.644		
1.16			0.643		
1.3				0.817	
1.2				0.802	
1.4				0.736	
3.16					0.673
3.15					0.625

提取方法:主成分。

旋转法:具有 Kaiser 标准化的正交旋转法。

a. 旋转在 8 次迭代后收敛。

信度分析

《小学生信息、道德、自主性督导评估指标调查问卷》包括 3 大维度,由 42 项指标构成,因素载荷值在 0.6 以上的指标共有 37 项,其中因子一有 14 项,因子二有 9 项,因子三有 9 项,因子四有 3 项,因子五有 2 项,解释总体变异量的 69.432%,有效性达到 88.1%,具有可借鉴性。根据 De Vellis(1991)的观点"Alpha 值范围在 0.80 - 0.90 之间,表示可以接受;Alpha 值大于 0.9,表示数据表的信度很好"①。变量的总 Alpha 系数为 0.976,因子 1、因子 2、因子 3、因子 4、因子 5 的 Alpha 系数分别为 0.962、0.951、0.951、0.912、0.872,由此可以认为本研究量表中变量有较高的信度。

---

① 明隆. SPSS 统计应用务实[M].北京:中国铁道出版社,2001:9.

表 73　因素的信度分析表

变量	指标数量	Alpha 系数
总体	37	0.976
因素 1	14	0.962
因素 2	9	0.951
因素 3	9	0.951
因素 4	3	0.912
因素 5	2	0.872

经过整合分析,因素载荷值小于0.6的指标共五项,分别为"了解电脑不同组件的功能"(1.1)、"了解应用计算机和互联网的基本规则"(1.5)、"对网络信息持批判态度"(1.6)、"注重合作解决问题"(1.7)和"拒绝暴力行为、性别歧视和种族歧视"(2.10)。上述五项指标在各个层面的教育工作者中的认同度较低。

其中指标1.1、1.5、1.6和1.7这几个指标是信息通讯技术维度下的几个指标,指标1.1主要评估的是学生了解电脑不同组件功能的能力,指标1.5要求学生们了解计算机和互联网的使用方法和规则。2015年教育部信息化专家组组长赵沁平在"十二五"教育信息化工作回望中指出:《教育规划纲要》颁布五年来,我国城市学校互联网覆盖率已达97%,农村也达到了81.5%。因此这两项指标未受到较高认可的原因可能是因为现在我国小学生信息技术设备、网络、课程已经大面积地覆盖,学生们已经能够掌握这个基础。指标1.6是从网络信息安全角度,希望学校能够培养学生甄别各种网络真假消息的能力,在引用网络来源的资料时,可以辨别它们的可信度;指标1.7在于鼓励学生们合作解决问题,在使用电脑完成一项任务,或者分组进行制作和演示的时候,能够培养学生的合作意识和能力。但是这两项内容没有得到较高的认同。尤其是在汶川地震、天津爆炸等事件发生之后,网络上散布了很多谣言,引起了全国上下的恐慌和议论,严重影响了社会治安环境,这就是很多网民对网络信息不能够正确判断造成的后果,这些事件为我们敲响了警钟,在网络越来越发达的今天,如何让孩子们甄别网络消息,远离相信和散布虚假消息,杜绝不规范引用网络资源,应该是我们应该重视的问题。指标2.10拒绝暴力行为、性别歧视和种族歧视,法国这条指标提出的背景不同于我国。我国不存在黑人和白人的种族歧视,被试所在地区少数民族并不多,性别歧视不明显,所以可能造成该指标在我国的认可度不高。但是这条指标在我国可以有不同的诠释,近年来新闻报道的校园暴力事件也不在少数,拒绝暴力行为、性别歧视,维护民族团结也是学校和师生需要重视的。

因素1

因素1主要涉及学生自主性和主动性素养,得到了大部分教育工作者的认同。其中因素载荷值最高的两项是:3.12 积极主动参与,在规定时间内完成任务,3.8 做每件事能够全神贯注、全身心地投入。这表明学生实现自我目标的积极性和主动性越来越引起学校和教师的关心。3.13、3.14"了解有害身体的行为和习惯""了解运动、营养、睡眠、个人卫生的知识"要求学生能够有良好的生活习惯,包括饮食、坚持锻炼身体、卫生习惯等方面。指标3.10 和3.9 更加注重学生的道德,参加集体活动时应该具有的素质。3.6、3.7、3.4、3.11、3.5、3.3、3.2、3.1 则更多地偏重于学生自我管理、自主性,以及自我评估的能力。

表74　因素一指标及其载荷值

题项	指标	载荷值
3.12	积极主动参与,在规定时间内完成任务	0.767
3.8	做每件事能够全神贯注、全身心地投入	0.762
3.13	了解有害身体的行为和习惯	0.751
3.10	目标明确地参与个人与集体项目	0.743
3.9	做一个有素质的观众	0.743
3.6	了解自己的优势和劣势	0.734
3.7	完成老师设置的各阶段学习目标	0.733
3.4	根据所学知识和能力,完成任务	0.725
3.11	选择和实施工作计划	0.724
3.5	明确自己的目标,并能够评估自己距离目标的差距	0.717
3.14	了解运动、营养、睡眠、个人卫生的知识	0.715
3.3	根据所学知识和能力,全身心投入一项任务	0.700
3.2	根据要求独立完成任务	0.689
3.1	能够看懂问题和要求	0.642

因素 2

因素 2 主要涉及的是学生的道德和公民素养。其中因素载荷值最高的是 2.6 和 2.5"了解民族团结的问题""了解社交基本规则、国家基本制度和法规(了解国家基本制度、尊重法律、不歧视任何人)",要求学生在道德上能够团结各民族的同胞,在公民素养上要求学生了解社交的基本规则,国家的基本制度、领土、民族、语言和法律法规。同样谈到国家价值观构成和法律的还有指标 2.4、2.2、2.3 和 2.1,培养学生的国家荣誉感,了解国家的文化和价值观。关于公民素养的有 2.8、2.7 和 2.9,主要是培养学生的公民素养。通过以上这些评估标准,旨在培养学生的爱国情怀。

表 75　因素二指标及其载荷值

题项	指标	载荷值
2.6	了解民族团结的问题	0.737
2.5	了解社交基本规则、国家基本制度和法规(了解国家基本制度、尊重法律、不歧视任何人)	0.736
2.4	了解法律在社会组织关系中的重要性	0.728
2.8	了解公共和民主生活的基本规则	0.702
2.2	了解国家的构成特征(领土、统一历史、民族、语言)	0.696
2.7	了解和尊重学校和社会生活的基本规则	0.687
2.3	初步了解不同国家的国旗、国歌、文化多样性等特征	0.658
2.9	了解和尊重男女平等	0.657
2.1	了解国家的象征和价值观	0.650

因素 3

因素 3 主要涉及的是学生的信息技术素养,其中最受认可的前三项指标分别是 1.14"在互联网上进行信息搜索",1.13"学会使用浏览器的基本功能",1.10 "使用简单的软件向老师展示作业(例如 word 文档)",说明了教育工作者对学生掌握信息搜索、使用浏览器和应用办公软件方面的重视。剩下的六个指标,也都是强调学生对计算机和网络的应用能力和使用规范,其中包括收发电子邮件,操作文本、图像、音频软件,搜索信息查阅资料,对互联网信息进行识别和分类等。

表76 因素三指标及其载荷值

题项	指标	载荷值
1.14	在互联网上进行信息搜索	0.703
1.13	学会使用浏览器的基本功能	0.699
1.10	使用简单的软件向老师展示作业(例如 word 文档)	0.693
1.15	接收和发送电子信息	0.678
1.12	对互联网信息进行识别和分类	0.675
1.9	从图书馆或自己身边查寻资料,交叉使用文本、图像和音频制作电子文件	0.674
1.11	在电脑上查找并阅览信息	0.669
1.8	创建、编辑文本、图像或音频类电子文件	0.644
1.16	直接发送和延迟发送邮件	0.643

因素4

因素 4 主要内容是学生对计算机基本操作的评估指标,分别是使用键盘和鼠标;开启关闭计算机和软件;查找、移动、保存文件。被试对这些指标的认可度较高。

表77 因素四指标及其载荷值

题项	指标	载荷值
1.3	使用键盘和鼠标	0.817
1.2	能够开启、关闭电脑设备和软件	0.802
1.4	查找、移动、保存文件	0.736

因素5

因素五主要是对学生体育活动的评估,体育活动不仅可以锻炼学生们的身体,保持舒畅的心情,培养爱好,而且参与体育活动还可以培养坚毅的品格、合作意识和集体荣誉感。但是通过访谈我们发现,法国学生参与的体育活动,在我国学校内实施难度是比较大的,一个主要问题是硬件问题,还有一个是安全问题。例如目前我国大学校园游泳池尚且配备不足,普通社区内也很少游泳池,更不用提中小学校园内。另外,攀岩、海上运动、跳水、潜水等高危体育活动,在我国开设难度很大。这些项目可以作为学生们的个人爱好和业余活动,由家长或专业教练员带学生参与体验,但不适宜在不具备安全条件和保障设施的广大中小学开展。

表78 因素五指标及其载荷值

题项	指标	载荷值
3.16	参与体育活动:登山、攀岩、海上运动、自行车、跳水、潜水、游泳、滑冰、滑雪	0.673
3.15	参与田径运动:跳远、跳高、穿越障碍、长跑、短跑、接力跑、投球、游泳	0.625

(三)差异性分析

本节的差异分析主要是比较来自不同地区、不同学校类型、不同身份、不同教龄的被试对法国小学生核心素养督导评估指标重要性看法上存在的差异。运用了独立样本 T 检验(Independent-samplest test)。

城市农村差异

根据 SPSS 软件独立样本 t 检验的结果,我们将存在显著差异的指标整理如下,共 13 项。在信息素养维度中,有三项指标:计算机的基本操作(1.4),计算机和互联网规则(1.5),合作意识(1.7)存在显著差异。在社交与公民道德素养维度中,不同地区教师对国家意识和价值观(2.1,2.2),法律意识(2.4),公民道德(2.8),存在显著差异。在自主性素养维度中,城市与农村被试在自我管理和全神贯注(3.8),公共素质(3.9),行为习惯(3.13),卫生常识(3.14),田径活动(3.15),户外活动(3.16)上存在差异显著,反映了他们对以下指标的重视程度存在差异。分析造成差异的原因可能是由于城市和农村教育投入、设施设备、师资受教育程度以及观念的不同,也可能是农村和城市学生现阶段核心素养的差异,造成了两个地区一线教育工作者的显著差异。

表79 差异显著指标统计表(城乡差异)

指标	地区	N	均值	标准差	均值的标准误
1.4 查找、移动、保存文件	城市	2897	4.26	0.870	0.016
	农村	2751	4.17	0.849	0.016
1.5 了解应用计算机和互联网的基本规则	城市	2897	3.96	0.971	0.018
	农村	2751	3.92	0.957	0.018

指标	地区	N	均值	标准差	均值的标准误
1.7 注重合作解决问题	城市	2897	4.15	0.880	0.016
	农村	2751	4.07	0.876	0.017
2.1 了解国家的象征和价值观	城市	2897	4.16	0.924	0.017
	农村	2751	4.08	0.920	0.018
2.2 了解国家的构成特征（领土、统一历史、民族、语言）	城市	2897	4.15	0.928	0.017
	农村	2751	4.09	0.932	0.018
2.4 了解法律在社会组织关系中的重要性	城市	2897	4.14	0.900	0.017
	农村	2751	4.09	0.915	0.017
2.8 了解公共和民主生活的基本规则	城市	2897	4.12	0.915	0.017
	农村	2751	4.05	0.917	0.017
3.8 做每件事能够全神贯注、全身心地投入	城市	2897	4.31	0.831	0.015
	农村	2751	4.20	0.904	0.017
3.9 做一个有素质的观众	城市	2897	4.31	0.844	0.016
	农村	2751	4.18	0.908	0.017
3.13 了解有害身体的行为和习惯	城市	2897	4.29	0.837	0.016
	农村	2751	4.17	0.925	0.018
3.14 了解运动、营养、睡眠、个人卫生的知识	城市	2897	4.20	0.867	0.018
	农村	2751	4.12	0.944	0.018
3.15 参与田径运动：跳远、跳高、穿越障碍、长跑、短跑、接力跑、投球、游泳	城市	2897	3.89	0.948	0.018
	农村	2751	3.88	0.964	0.018
3.16 参与体育活动：登山、攀岩、海上运动、自行车、跳水、潜水、游泳、滑冰、滑雪	城市	2897	3.77	1.006	0.019
	农村	2751	3.79	1.027	0.020

教龄差异

在教龄差异分析部分,本研究选取的被试中,1－9 年教龄的新教师 997 名,30 年以上教龄的教师 560 人。他们在以下 13 个指标的重视程度上差异显著,造成差异的原因多种多样,但在此研究中最大的可能在于被试人数多少的差异,新教师人数为 997 名,而 30 年教龄以上的被试人数仅为 560 名,相差 437 名,人数上少

44%左右。而标准差和t的公式里都包含样本容量"n","n"大一些,标准差容易变小,在此项比较中,基本符合此条规律。

表80　差异显著指标统计表(教龄差异)

指标	教龄	人数	均值	标准差	均值的标准误
1.3 使用键盘和鼠标	1－9年	997	4.27	0.862	0.027
	30年以上	560	4.10	0.966	0.041
1.6 对网络信息持批判态度	1－9年	997	3.48	1.154	0.037
	30年以上	560	3.40	1.185	0.050
1.8 创建、编辑一个文本、图像或音频类电子文件	1－9年	997	4.08	0.887	0.028
	30年以上	560	3.82	0.976	0.041
1.12 对互联网信息进行识别和分类	1－9年	997	4.08	0.905	0.029
	30年以上	560	3.80	1.032	0.044
2.1 了解国家的象征和价值观	1－9年	997	4.22	0.873	0.028
	30年以上	560	4.04	0.970	0.041
2.2 了解国家的构成特征(领土、统一历史、民族、语言)	1－9年	997	4.23	0.871	0.028
	30年以上	560	4.10	0.944	0.040
2.3 初步了解不同国家的国旗、国歌、文化多样性等特征	1－9年	997	4.12	0.912	0.029
	30年以上	560	3.84	1.033	0.044
2.9 了解和尊重男女平等	1－9年	997	4.28	0.843	0.027
	30年以上	560	4.05	0.944	0.040
3.2 根据要求独立完成任务	1－9年	997	4.32	0.810	0.026
	30年以上	560	4.13	0.898	0.038
3.3 根据所学知识和能力,全身心投入一项任务	1－9年	997	4.31	0.830	0.026
	30年以上	560	4.15	0.906	0.038
3.5 明确自己的目标,并能够评估自己距离目标的差距	1－9年	997	4.27	0.830	0.026
	30年以上	560	4.13	0.902	0.038
3.8 做每件事能够全神贯注、全身心地投入	1－9年	997	4.32	0.829	0.026
	30年以上	560	4.24	0.849	0.036

续表

指标	教龄	人数	均值	标准差	均值的标准误
3.9 做一个有素质的观众	1－9 年	997	4.35	0.824	0.026
	30 年以上	560	4.24	0.874	0.037

(四)访谈编码分析

本研究的访谈部分共涉及 15 个访谈被试,其中教研员 1 名,督学 1 名,校长 3 名,教师 10 名。首先我们将访谈录音导成文字,然后提取有效指标,最后进行指标的频次统计分析。访谈内容是本研究的核心指标,即法国小学生非认知类核心素养评估指标。对指标的分析包括两部分:被试提到核心指标的频次统计分析、被试对法国指标的补充和建议分析。

频次统计分析

表 81　法国督导评估指标中被访谈者提及的指标频次统计

指标 \ 频次	潘老师	王老师	陈老师	崔老师	董老师	叶老师	周老师	刘老师	范老师	李校长	楚校长	杜老师	于校长	蔡老师	赵老师	频次合计	被试提到的人数
1.了解电脑不同组件的功能					1								1			2	2
2.能够开启、关闭电脑设备和软件									1							1	1
3.使用键盘和鼠标																	
4.查找、移动、保存文件																	
5.了解应用计算机和互联网的基本规则		1						1			1				2	5	4
6.对网络信息持批判态度	1	1		2	1						1			2	2	10	7
7.注重合作解决问题	2		1	1	1						1			1	2	9	7
8.创建、编辑文本、图像或音频类电子文件	1															1	1
9.从图书馆或自己身边寻找资料,交叉使用文本、图像和音频制作电子文件						1		1	1							3	3
10.使用简单的软件向老师展示作业(例如 word 文档)	1						2				1		1		1	6	5
11.在电脑上查找并阅览信息		1						1								2	2

续表

指标＼频次	潘老师	王老师	陈老师	崔老师	董老师	叶老师	周老师	刘老师	范老师	李校长	楚校长	杜老师	于校长	蔡老师	赵老师	频次合计	被试提到的人数
12. 对互联网信息进行识别和分类		1					1								3	5	3
13. 学会使用浏览器的基本功能		1						1								2	2
14. 在互联网上进行信息搜索			1			1	1		1							4	4
15. 接收和发送电子信息			1				1									2	2
16. 直接发送和延迟发送邮件						1										1	1
17. 了解国家的象征和价值观		1		1		1	1				1	1	1	1	1	9	9
18. 了解国家的构成特征（领土、统一历史、民族、语言）			1	1			1									3	3
19. 初步了解不同国家的国旗、国歌、文化多样性等特征						1	1			2						4	3
20. 了解法律在社会组织关系中的重要性			1				1	1					1		1	5	5
21. 了解社交基本规则、国家基本制度和法规（了解国家基本制度、尊重法律、不歧视任何人）	1						1	1	1							4	4
22 了解民族团结的问题			1								1				1	3	3
23. 了解和尊重学校和社会生活的基本规则							1					1				2	2
24. 了解公共和民主生活的基本规则	2		1					2	1	1			1	1	1	10	8
25. 了解和尊重男女平等																	
26. 拒绝暴力行为、性别歧视和种族歧视		1					1	1								3	3
27. 能够看懂问题和要求		1														1	1
28. 根据要求独立完成任务		1						1	1							3	3
29. 根据所学知识和能力，全身心投入一项任务		1	1	1												3	3
30. 根据所学知识和能力，完成任务		1		1	1	1										4	4
31. 明确自己的目标，并能够评估自己距离目标的差距		2		1			1	1				1			1	7	6
32. 了解自己的优势和劣势	1		1			1					2					5	4

续表

指标　　　　　　　　　　频次	15位访谈被试															频次合计	被试提到的人数
	潘老师	王老师	陈老师	崔老师	董老师	叶老师	周老师	刘老师	范老师	李校长	楚校长	杜老师	于校长	蔡老师	赵老师		
33. 完成老师设置的各阶段学习目标	1					1			1							3	3
34. 做每件事能够全神贯注、全身心地投入	1		1													2	2
35. 做一个有素质的听众			1		1				1						1	4	4
36. 目标明确地参与个人与集体项目					1		1						1		1	4	4
37. 选择和实施工作计划					1		1	1								3	3
38 积极主动参与，在规定时间内完成任务	1			1												2	2
39. 了解有害身体的行为和习惯			1					1		1						3	3
40. 了解运动、营养、睡眠、个人卫生的知识	1		1					1						2		5	4
41. 参与田径运动：跳远、跳高、穿越障碍、长跑、短跑、接力跑、投球、游泳							1	1	2							4	3
42. 参与体育活动：登山、攀岩、海上运动、自行车、跳水、潜水、游泳、滑冰、滑雪															1	1	1
43. 阅读文章，分析其历史时期和特点	1				1											2	2
44. 记住主要历史时期的时间顺序和特征	1							1								2	2
45. 知道如何使用专业词汇、术语和概念来进行研究												1				1	1
46. 能够在地图上识别不同的地点、场所和距离			1					1								2	2
47. 知道如何利用经纬度来定位研究地理坐标			1													1	1
48. 知道如何使用专业词汇、概念和术语来进行研究																	
49. 通过课程学习培养可持续发展的能力			1					1								2	2

续表

频次 指标	潘老师	王老师	陈老师	崔老师	董老师	叶老师	周老师	刘老师	范老师	李校长	楚校长	杜老师	于校长	蔡老师	赵老师	频次合计	被试提到的人数
50.提供给每个学生适合他们年龄的参考书目,包括古典和现代文学名著	1							1						1		3	3
51.了解文学背景,分析不同文化的异同(主题,人物,事件,所处的时空等情况)				1												1	1
52.采取各种表达形式来展示和阐明思想								1			1					2	2
53.通过对不同作品的学习,寻找艺术创作与其他学科的联系,如文学、地理、历史和科学等	1					1	1				1					4	4
54.描述每个艺术类别的特征	1		1			1										3	3
55.详细描述作品中的艺术元素和所处的时空背景,并使用专业的词汇和术语对不同领域的艺术作品进行赏析	1							1						1	1	4	4
56.表达情感,发表观点			1	1						1	1	1				5	5
57.通过使用不同的材料、工具和创作手法,展示艺术敏感性和创造力		1					1					1				3	3
58.掌握歌唱与聆听音乐作品的能力			1				1					1				3	3
59.鉴别和描述不同流派、不同时代音乐的风格和特征	1										1			1	1	4	4
60.参与个人或集体的艺术活动,提出创新性的方法,并以集体利益为重	1		1					1	1	1				1		6	6

由表81可知,有关法国小学生核心素养评估标准的60个指标中,被提及频次在5次以上含5次的指标有13项。频次在5次以上的指标依次是,"了解公共和民主生活的基本规则"10次,"对网络信息持批判态度"10次,"了解国家的象征和价值观"9次,"注重合作解决问题"9次,"明确自己的目标,并能够评估自己距离目标的差距"7次,"参与个人或集体的艺术活动,提出创造性的方法,并以集体利益为重"6次,"使用简单的软件向老师展示作业(例如word文档)"6次,"表达情感,发表观点"5次,"了解应用计算机和互联网的基本规则"5次,"了解运

动、营养、睡眠、个人卫生的知识"5次,"了解自己的优势和劣势"5次,"对互联网信息进行识别和分类"5次,"了解法律在社会组织关系中的重要性"5次。

被5个以上含5个访谈对象认可的指标有,"了解国家的象征和价值观"9人,"了解公共和民主生活的基本规则"8人,"对网络信息持批判态度"7人,"注重合作解决问题"7人,"参与个人或集体的艺术活动,提出创造性的方法,并且以集体的利益为重"6人,"明确自己的目标,并能够评估自己距离目标的差距"6人,"表达情感,发表观点"5人,"了解法律在社会组织关系中的重要性"5人,"使用简单的软件向老师展示作业(例如 word 文档)"5人。通过被试提及指标频率的统计可知,关于法国小学生核心素养评估指标,被试最关注的是:社交能力与公民意识,团结协作能力,对网络信息的批判能力,了解国家的价值观,自我评估能力,了解法律,应用计算机软件。

关于社交能力与公民意识,被试认为正是由于老师、学生和家长都太过于注重学业成绩和理论知识,从而忽略了学生社交能力和公民意识的培养。很多老师表示学生光学习知识是不够的,了解国家的核心价值观、了解本国的符号标志、机构组织,学习尊重他人、尊重集体等是培养学生爱国主义情怀、提高国民素质的重要途径。虽然我们国家在小学的思想品德课,中学的政治课上也有类似内容的教育,但是国家制定的课程标准都很抽象,并且没有该内容的评估方案和指标细则。政治作为中考的会考科目,往往被弱化了。并且现有的课程标准也让很多教师觉得不知道怎么去做,而法国在社交能力与公民意识上面的要求就很具体。这个指标及其评估细则很值得中国借鉴。

在这些核心素养的评估上,很多老师提到了口语表达能力,教师普遍提及了"演讲"与"辩论"两项。我国目前只是在个别活动中涉及,不是所有学生都能得到锻炼,在培养中小学校学生时,这个方面有欠缺。由于这两项能力是不能通过简单的考试去评价的,所以对它的评估操作会有困难。但被访谈的教师都表示,虽然操作有困难,但这两项能力是非常重要的。通过这两项能力的训练可以锻炼一个人的心理素质,能够让学生大胆的发言,在日后的工作中,无论是领导下属,给员工培训,人际交往等,都需要这种素质。我国目前对语文中的阅读、分析、词语表达这些都抓得比较紧,但是对口语表达能力培养还是很欠缺的。这个指标也值得中国借鉴。

受访老师还向我们提到了有关于职业培训和教育方面的内容,主要是针对初中生比较迫切,教师们表示目前初中生的主要任务是迎接中考,等到中学毕业分流之后,才开始有职业培训的涉及,因此初中没有职业培训和指导的教育。但是老师和家长们也表示,小学阶段对学生的职业教育可以通过实践课培养孩子们的动手操作能力和兴趣。通过访谈和分析还发现,农村学生比城市学生更应该尽可能地接受职业方面的指导,因为农村学生初中毕业后升学率很低,多数孩子选择就读职业学校或者直接外出打工,所以应该在农村的中小学校加入职业培训的内容。对于城市学生来说,也有很大一部分学生选择职业技术学校,因此在城市学校进行职业教育也有利于学生了解社会,了解就业形势,能够为那些以考大学为目标的学生在今后自由选择入学专业时提供信息。从社会和家长的层面来说,目前普遍都不太认可职业教育,认为传统的高中、大学才是正统的道路,职业教育都是谋求一碗饭吃,他们从心里不重视甚至轻视职业教育。但是从国家层面来说,现在正在大力提倡职业教育,从学生层面来说,并不是所有的学生都适合搞学术。有些学生从小就表现出来比较强的动手能力、创新能力,那他可能比较适应操作性强的技术性工作。但是目前,我国都是成绩比较靠后的学生才选择职业教育,社会和家长也没有端正对职业教育的态度,所以这也导致我国的职业教育始终都没有很好的发展。

在信息与通讯技术方面,多数受访者都表示电脑和互联网已经是城市中大部分家庭都具备的,而且学校根据国家的相关文件也已经配备了计算机,开设了相关课程,所以一些基本的操作,例如鼠标键盘的使用和开关电脑已经不成问题。所以更多地应该关注学生使用互联网的规范和安全问题,有老师反映学生直接利用互联网的便利抄写作业,不自主思考。还有学生浏览一些未成年人不应该观看的网站,对网络信息缺少甄别和思考能力。也有个别被访谈者反映法国中小学的能力标准过高,我国的学生普遍都达不到这个水平。从学生层面考虑,升学压力较大,没有多余的时间用于微机操作的学习,家里的电脑多数都是用于娱乐和玩游戏等,对于软件的学习和应用比较少。从学校层面来讲,首先是学校不够重视,因为升学考试不涉及电脑操作。其次是学校的硬件设备老化,缺少专业的教师。对于是否加强初中生的电脑操作能力,被试们意见主要分为两种:有的教师在访谈中提到,现在是一个数字化时代,学校应该多培养学生的电脑操作能力,并且中小学生正处在好奇心发展的阶段,他们对电脑操作感兴趣,而且学习能力很强,应该抓住这个时机。也有的教师反映,信息通讯技术是一门技术性课程,不需要学生掌握到什么程度,只要会日常的操作就可以了,这个能力在未来通过培训都是可以随时提高的。

在自主性和主动性方面,法国指标涉及"独立自主的能力",其中包括自我管理能力,持之以恒和面对困难的能力,自我评估能力,了解自己的优势与劣势的能力。在法国督导评估标准中还对学生的体育进行了要求,比如说小学生需要练习竞技体育运动,上游泳课,参与各种体育活动:爬山、攀岩、自行车、潜水、游泳等。而被试教师认为我们国家在硬件上不能够达到这个标准,而且为了学生安全考虑,学校也不会开设或者组织学生进行这些体育活动,这几项指标在我国的可行性较小。

五、美国

(一)对研究被试的描述性统计

本节主要从问卷发放数量、被试所在地点、被试性别、被试所在学校类型、被试学历类型、被试身份类型、被试教龄类型,以及被试所在学校类型的基本情况进行描述性统计分析。

本研究问卷被试对象是中小学校的校长、教师、教研员、专家、教育管理人员、政府督学。发放范围为辽宁省:其中辽西地区包括葫芦岛、朝阳、阜新;辽南地区包括大连、鞍山;辽中地区包括辽阳、盘锦、锦州;辽北地区包括沈阳、铁岭;辽东地区包括丹东、抚顺、本溪。本研究共计发放问卷数量为2000份,回收问卷数量为1871份,有效回收率达到93.6%。剔除无效问卷后,最后得到有效问卷1870份,有效样本数量达到93.5%。调查问卷发放数量情况、回收问卷和有效样本数量请参见以下表格。

表82　问卷发放份数和有效率

发放总数(份)	2000	
回收问卷(份)	数量	百分比
	1871	93.6%
有效问卷(份)	1870	93.5%

《美国中小学校督导评估指标体系调查问卷》在每个城市的具体回收情况:沈阳为121份;大连为7份;鞍山为273份;盘锦为105份;阜新为49份;丹东为253份;本溪为137份;朝阳为256份;抚顺为87份;辽阳为72份;铁岭为245份;锦州为133份;葫芦岛为132份(如下图)。

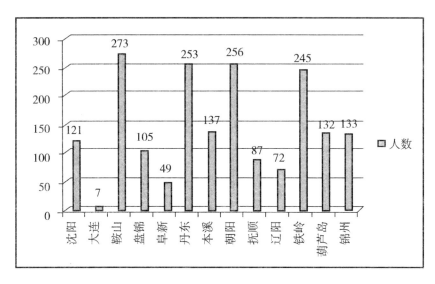

图8　被试所在地区数量统计图

在1870名被试中,性别数量分类统计:男性668人,占总样本的35.7%;女性1202人,占总样本的64.3%(详见下表)。

表83　被试性别数量统计表

性别	人数
男	668
女	1202
合计	1870

被试所在学校类型数量统计:城市为1038人,占总样本的55.5%;农村为832人,占总样本的44.5%(如下表)。

表84　被试所在学校城乡统计表

类别	人数	百分比(%)
城市	1038	55.5
农村	832	44.5
合计	1870	100

所有被试学历类型数量统计:具有硕士及以上学历90名,占总人数的4.8%,本科学历1576名,占总数的84.3%;专科学历195名,占总人数的10.4%;专科以

下学历9名,占总数的0.5%(如下表)。

表85　被试学历统计表

学历	人　数	百分比(%)
专科以下	9	0.5
专科	195	10.4
本科	1576	84.3
硕士及以上	90	4.8
合　计	1870	100

被试的身份类型数量统计:教育管理人员340人,占总样本的18.2%;教师1119人,占总样本的59.8%;教研员43人,占总样本的2.3%;校长364人,占总样本的19.5%;政府督学2人,占总样本的0.1%;专家2人,占总样本的0.1%(如下表)。

表86　被试身份统计表

身份	人　数	百分比(%)
教育管理人员	340	18.2
教师	1119	59.8
教研员	43	2.3
校长	364	19.5
政府督学	2	0.1
专家	2	0.1
合计	1870	100

被试的教龄类型数量统计:教龄1-9年的248人,占总样本的13.3%;教龄10-19年的756人,占总样本的40.4%;教龄20-29年的743人,占总样本的39.7%;教龄30年以上的123人,占总样本的6.6%(见下表)。

表 87　被试教龄统计表

教龄	人　数	百分比(%)
1 - 9 年	248	13.3
10 - 19 年	756	40.4
20 - 29 年	743	39.7
30 年以上	123	6.6
合计	1870	100

被试所在学校类别数量统计:小学 790,占总样本的 42.2%;初中 820 人,占总样本的 43.9%;高中 174 人,占总样本的 9.3%;其他类型学校有 86 人,占总样本的 4.6%(见下表)。

表 88　被试学校类型统计表

学校类型	人　数	百分比(%)
小学	790	42.2
初中	820	43.9
高中	174	9.3
其他类型学校	86	4.6
合计	1870	100

(二)信度、方差和因素分析

1. 总体信度

信度分析是测评一份调查问卷的稳定性和可靠性的有效方法之一。[1] Nunnally (1978)和 De Vellis (1991)认为:信度系数在数值 0 和 1 之间,量表的 Alpha 系数的最小信度值为 0.70 以上,表示可接受;若量表的信度系数在 0.9 以上,表示信度非常好。通过运用 SPSS 18.0 对《美国中小学校督导评估指标可行性调查问卷》进行信度分析,其结果如下表所示:问卷的 Cronbach's Alpha 值为 0.988,基于标准化项的 Cronbachs Alpha 是 0.988,可见该数据具有很高的内在一致性,证明调查问卷的信度很高。

---

① 吴广,刘荣,丁维岱,牛玲.SPSS 统计分析与应用[M].北京:电子工业出版社,2013:351.

表89 总体信度统计

Cronbach's Alpha	基于标准化项的 Cronbachs Alpha	项数
0.988	0.988	61

2. 因素分析

因素分析(Factor Analysis)是从众多变量中提炼并抽取出少数的公共因素的一种统计方法,目的是让这些公共因素最大程度地解释原有变量的信息,以此达到揭示事物本质的作用。①

KMO 和 Bartlett 球形检验

表90 KMO 和 Bartlett 检验

Kaiser-Meyer-Olkin Measure of Sampling Adequacy		0.988
Bartlett's Test of Sphericity	Approx. Chi-Square	115580.943
	df	1830
	Sig.	0.000

KMO 的取值范围是在数值 0 和 1 之间,数值越是接近 1,表示越适合于作因素分析。Kaiser(1974)指出"当 KMO >0.8 之时,表示适合做因素分析,当 KMO > 0.90,则非常适合做因素分析"②。通过利用 SPSS 对《美国中小学校督导评估指标可行性调查问卷》进行分析,其结果如上表所示:KMO 值是 0.988,依据判断标准,本数据样本可以运用因素分析的方法。Bartlett 球形度检验的近似卡方值为115580.943,df 值为 1830。Sig 值为 0.000 小于 0.05 显著水平,表明原变量之间存在显著的关联性,适宜运用因素分析的方法。

3. 方差解释表

表91 解释的总方差

成份	初始特征值			提取平方和载入			旋转平方和载入		
	合计	方差的 %	累积 %	合计	方差的 %	累积 %	合计	方差的 %	累积 %
1	35.228	57.751	57.751	35.228	57.751	57.751	11.990	19.656	19.656
2	3.001	4.920	62.671	3.001	4.920	62.671	11.411	18.706	38.362
3	1.870	3.066	65.737	1.870	3.066	65.737	8.057	13.208	51.570

① 张洪波,张海峰.SPSS 统计分析实用宝典[M].北京:清华大学出版社,2012:267.
② 李洪成,姜宏华.SPSS 数据分析教程[M].北京:人民邮电出版社,2012:252.

成份	初始特征值			提取平方和载入			旋转平方和载入		
	合计	方差的 %	累积 %	合计	方差的 %	累积 %	合计	方差的 %	累积 %
4	1.203	1.972	67.709	1.203	1.972	67.709	6.150	10.083	61.653
5	1.041	1.707	69.416	1.041	1.707	69.416	4.736	7.763	69.416

提取方法:主成分分析。

由上表可知:表中左侧部分是初始特征值,中间是提取主因素结果,右侧是旋转后的主因素结果。"合计"是指因素的特征值,"方差的%"是表示该因素的特征值占总特征值的百分比,"累计%"是指累积的百分比。由 SPSS 分析获取的结果显示:因素一的合计值为 35.228,方差为57.751%,能够解释全部变量的57.751%,成为方差贡献最大的主因素。前五项因素可以解释总体变量 69.416%,且特征值均大于 1。因此,本研究决定提取五项主因素。

旋转后的因素载荷矩阵

本研究的样本量是 1870 份,当载荷值是0.5 的时候,各因素之间的关联性、稳定性,以及总体解释率可以达到最佳状态。运用 SPSS 统计软件进行因素转轴后获得结果显示:因素载荷值大于0.5 的共有50 项指标,其中因素一有 16 项指标;因素二有 14 项指标;因素三有 9 项指标;因素四有 8 项指标;因素五有 3 项指标。各因素所包含的指标的载荷值如下表所示:

表92　因素载荷矩阵表

因素一		因素二		因素三		因素四		因素五	
指标	载荷值	指标	载荷值	指标	载荷值	指标	载荷值	指标	载荷值
2.1.2	0.767	3.3.9	0.731	3.1.2	0.680	1.1.4	0.705	3.2.4	0.535
2.1.7	0.758	3.3.8	0.720	3.1.3	0.661	1.1.2	0.690	3.2.0	0.531
2.1.9	0.739	3.4.1	0.705	3.1.4	0.628	1.1.3	0.679	3.2.3	0.513
2.1.1	0.725	3.3.3	0.704	2.2.9	0.605	1.1.5	0.663		
2.1.5	0.720	3.3.5	0.691	3.1.5	0.565	1.1.7	0.647		
2.1.3	0.720	3.4.2	0.677	2.2.8	0.540	1.1.6	0.599		
2.1.8	0.719	3.3.2	0.669	3.1.6	0.538	1.1.8	0.587		
2.1.4	0.717	3.4.0	0.667	2.2.7	0.501	1.1.1	0.524		
2.2.0	0.701	3.3.6	0.660	3.1.7	0.501				

因素一		因素二		因素三		因素四		因素五	
指标	载荷值	指标	载荷值	指标	载荷值	指标	载荷值	指标	载荷值
2.2.3	0.695	3.3.7	0.653						
2.3.0	0.577	3.4.3	0.641						
2.2.1	0.570	3.3.4	0.600						
2.2.2	0.565	3.3.0	0.546						
2.2.6	0.560	3.3.1	0.518						
2.2.5	0.523								
2.1.6	0.516								

注:提取方法:主成分。旋转法:具有 Kaiser 标准化的正交旋转法。a. 旋转在 9 次迭代后收敛。

《美国中小学校督导评估指标体系调查问卷》包括三大维度,由 61 项指标构成。其中,有 50 项指标得到各级各类的教育工作者的认可,比重占 82%。因素载荷矩阵是因素分析当中重要的部分,通过对因素进行旋转分析后获得五个因素,接下来我们逐一分述这五项主因素及其所包含的子因素。

信度分析

这五项主因素,共包含 50 项指标,其中因素一包含 16 项指标(子因子),因素二包含 14 项指标,因素三包含 9 项指标,因素四包含 8 项指标,因素五包含 3 项指标。变量的总 Alpha 系数为 0.984,因素一、因素二、因素三、因素四和因素五的 Alpha 系数分别是 0.963、0.969、0.953、0.902、0.865。由此判定本研究量表中的变量有较高的信度。

表 93　因素的信度分析表

变量	指标数量	Alpha 系数
总体	50	0.984
因素一	16	0.963
因素二	14	0.969
因素三	9	0.953
因素四	8	0.902
因素五	3	0.865

表94 因素一的指标及其载荷值

题项	题项内容	载荷值
2.1.2	对学生一视同仁,承认学生个体的差异性,并在教学中充分考虑这些差异	0.767
2.1.7	关注对学生个性发展和公民责任感的培养	0.758
2.1.9	有效教学,具备广博的教学技术和方法,并能运用得当,能始终激发学生的学习动力,使其聚焦学习、投入学习	0.739
2.1.1	让所有学生获得知识,相信学生拥有学习的潜能	0.725
2.1.5	关注学生的自我意识、动力、学习效果及同伴关系	0.720
2.1.3	了解学生是如何成长和学习的	0.720
2.1.8	能够使用不同的教学方法和策略进行理解性教学	0.719
2.1.4	尊重学生因来自不同文化、不同家庭在课堂内所表现出的差异	0.717
2.2.0	懂得如何确保学生参与,营造一个秩序井然的学习环境,懂得如何组织教学以达到教学目标	0.701
2.2.3	教师是学生学习的榜样——培养学生读书、质疑、创新、勇于尝试	0.695
2.3.0	深知如何与家长合作,使之富有成效地参与学校的工作	0.577
2.2.1	有能力评价个体学生和班级的进步	0.570
2.2.2	有能力采用多种方法测量学生的成长进步和理解力,能向家长清楚地说明学生的表现	0.565
2.2.6	能与他人合作,以改善学生的学习	0.560
2.2.5	经常批判性地审视自身的教学实践,深化知识,拓展所有的专业技能、将新的发现运用到实践中	0.523
2.1.6	通晓所教学科的知识,透彻地了解学科的发展历史、形成及其在现实生活中的运用	0.516

因素一所包含的指标主要是有关教师评估方面的指标,涉及教师评估的多个方面,得到了多数被试的高度认可。其中,题项2.1.2的因素载荷值最高,达到0.767,获得的认可度最高。教师既要重视教学技能和教学策略的适当运用,更要重视对待学生的态度、考虑学生个体的差异情况,并在教学中充分考虑这些因素。题项2.1.7的载荷值为0.758,位居第二,这表明被试认为对学生个性和公民责任感的培养是十分重要的,要更加注重对学生进行社会公共意识的教育,培养作为

214

公民必须具备的责任感,有机协调个性发展与公民责任感之间的关系,使得两者相辅相成,相互促进。

表95 因素二的指标及其载荷值

题项	题项内容	载荷值
3.3.9	对决策中潜在的法律能具有思考和评价力	0.731
3.3.8	捍卫民主、平等和多元化的价值观	0.720
3.4.1	关注与学生、家长相关的事宜	0.705
3.3.3	促进对社区多元文化、社会和才智资源的理解、辨别以及利用	0.704
3.3.5	同社区建立富有成效的合作关系	0.691
3.4.2	以行动来影响地方、学区、州和国家颁布有助于学生学习的决策	0.977
3.3.2	收集和分析有关教育氛围的数据和信息	0.669
3.4.0	学校应当能促进社会公平并确保学生的需求	0.667
3.3.6	建立对每位学生的学业成就和社会成就的问责制	0.660
3.3.7	成为具有自知之明、反思能力、言行端庄和符合道德行为规范的领导者	0.653
3.4.3	能评定、分析和预测学校的发展趋势,并能调整领导策略	0.641
3.3.4	在家庭和监护人之间建立起积极的关系	0.600
3.3.0	提升分布式领导力的潜能	0.546
3.3.1	确保教师与学校组织的时间,使之用于保证教学质量的提升和学生学习	0.518

因素二是对中小学校长的督导评估指标,被试高度认可这些有关校长自身素养、业务能力的评估指标。在14个题项中,因子载荷值最高的是3.3.9"对决策中潜在的法律具有思考和评价力"。位居第二的题项是3.3.8"捍卫民主、平等和多元化的价值观"。由此也可以看到,道德、法律、价值观是被试十分看重的优秀校长应具备的最核心要素,对一所学校的发展和学生的培养至关重要。在领导者的自身素养方面,题项3.3.7强调"自知之明、反思能力、言行端庄和符合道德行为规范"等校长应当具有的美德。另一方面,家庭、学校和社会是学生受教育的主要场所,因此作为学校的领导者应正确处理好这方面的关系,发挥教育领导力的作用。题项3.3.4则主张家庭和监护人之间建立起积极的关系。从中观上,如题项3.4.0提出"学校应当能促进社会公平并确保学生的需求",从学校方面来确保学生的需求。从宏观上,如题项3.4.2指出"以行动来影响地方、学区、州和国家颁

布有助于学生学习的决策",题项3.3.6,从问责制方面提出"建立对每位学生的学业成就和社会成就的问责制"。从以上简要分析可以看出,因素二主要是从规范学校校长及其他学校管理者的自身素养和建立、完善校本规划两方面来保障学校的良好发展,保证学生有效学习的。

表96 因素三的指标及其载荷值

题项	题项内容	载荷值
3.1.2	收集并运用数据来确定目标	0.680
3.1.3	收集并运用数据来评估学校的效能	0.661
3.1.4	收集并运用数据来确定目标,加强组织性学习	0.628
2.2.9	能够评价学校的发展和对资源的分配,以实现国家和地区的教育目标	0.605
3.1.5	为达到目标,对校本规划进行创新并加以实施	0.565
2.2.8	在制订教学策略和进程发展方面能与其他专业人士合作	0.540
3.1.6	促进不间断的、可持续的学校改进	0.538
2.2.7	具有领导力,懂得如何通过努力与社区团体和企业建立起合作伙伴关系	0.501
3.1.7	监控与评估校本规划的进展,并加以修订	0.501

因素三中各题项的载荷值分布在两个层面上,其中在0.5－0.6之间的有5项,在0.6以上的有4项。载荷值排列前三的分别是题项3.1.2、题项3.1.3和题项3.1.4,这三项明确指出了收集和运用数据对于确定学校目标、评估学校效能以及加强组织性学习的重要作用。而题项2.2.8和2.2.7则是提出与教师建立合作关系的重要性:教师应当与其他教育领域的专业人士进行通力合作,达到目标一致,保持教学活动的协调性;在学校教育之外,教师还要充分发挥其所具有的领导力作用,努力与社区团体和企业建立起合作伙伴关系,吸引社会力量广泛关注学生的培养和教育,为其创建和提供良好的校外学习环境。访谈中多数校长也都提及学生在学校接受教育获益程度是有限的,社会是个大熔炉,应该让家庭、社区和社会力量融入到学校教育中来,共同关注学生的学习和成长,从多种渠道和多个方面为学生提供最佳的学习和成长环境。

表97 因素四的指标及其载荷值

题项	题项内容	载荷值
1.1.4	科学和写作每四年评估一次	0.705
1.1.2	4、8、12年级学生参加全国性学业统测的情况	0.690
1.1.3	数学和语文阅读每两年评估一次	0.679
1.1.5	周期性评估的学科有艺术、公民教育、经济、地理、美国历史、技术与工学	0.663
1.1.7	学科评估框架规定了学生学业成就的达标标准	0.647
1.1.6	长期趋势评估学科包括语文阅读和数学	0.599
1.1.8	教师、校长、教育研究者和政策制订者依据评估结果判定学生学业进步幅度	0.587
1.1.1	评估全国及各州学生在学科领域知道什么、能做什么	0.524

　　因素四所涉及的内容是针对学生学业方面的,一方面是评估的学科和评估学科的周期性;另一方面是评估的方式与目的。在因素四中载荷值排名前三的题项是1.1.4、题项1.1.2、题项1.1.3,它们均是美国国家教育进展评估中,针对学生学业成就进行的评估和统测,在全美选择4年级、8年级和12年级的学生为测试样本,对于测试的学科和测试的周期也不尽相同,其中科学和写作每四年测试一次,数学和语文阅读每两年测试一次。这三项得到被试的认可程度最高。题项1.1.5也指出"周期性评估的学科有艺术、公民教育、经济、地理、美国历史、技术与工学",各州和地区也制定了相应的周期性评估制度,及时了解学生对某一门学科的学习掌握程度。其中,题项1.1.6提出要把"语文阅读和数学作为长期趋势评估学科",这一点得到很多被试的认可。在对主要学科进行评估测试时,对学生一段时间的表现进行连续的观测,能够让教师充分了解学生掌握该门学科内容的程度。长期趋势评估的主要优点在于在特定的时间段内,对学生群进行跟踪式的持续观测,及时掌握学生学习方面的各种情况信息,便于教师因势利导,及时调整教学策略,使教师教学和学生学习相互契合,相互促进。

表98 因素五的指标及其载荷值

题项	题项内容	载荷值
3.2.4	最大化地将时间投入到高质量的教学	0.535
3.2.0	营造适合学生且能够激发学生学习的氛围	0.531
3.2.3	发展和提升所有教职工的教学能力和领导力	0.513

因素五主要是在学校教学方面对教师和中小学校校长提出的要求。其中载荷值最高的是题项3.2.4,首先,教师要高度重视时间维度在高效课堂中所发挥的重要作用,要最大化地将时间投入到有效课堂教学之中。学校办学的首要目标就是要保证教育质量,校长作为一所学校的领导者,要关注高质量的教师课堂教学,这是保证学生学好的关键。这是提升一所学校教育质量的核心要素。从学生学习层面看,题项3.2.0指出,要为学生营造良好的有利于学习的氛围,这是保证学生有效学习的基本前提。从学校的教职工方面看,题项3.2.3则是校长要注意发展和提升教师的教学能力和领导力,教师不但是学校教学质量提升的关键,不但是课堂的"领袖和领路人",而且也是学生成长的楷模和成长的引路人。

(三)访谈编码分析

访谈部分共涉及15个访谈被试,均为中小学校的教师和校长,其中教师2名、校长13名。我们将访谈内容整理形成文字书面资料,提取访谈中涉及的指标,对指标进行编码、频次统计与分析。本小节由两大部分构成:①被试提及的美国指标;②美国指标中没有,但被试认为重要并应当增加的指标。

1. 被试提及的美国中小学校督导评估指标的频次统计

为了便于直观分析,我们通过表格的形式对被试提及的美国指标进行编码、录入,并标注频次统计数量,其中涉及美国学生学业评估指标是1-2;涉及教师的评估指标是3-13;涉及校长和领导力的评估指标是14-24。

表99　美国中小学校督导评估指标中被提及指标的频次统计

指标 \ 被试 频次	张校长	郝校长	林校长	刘校长	秦校长	金校长	徐校长	王校长	李校长	陈校长	吴校长	孙校长	赵老师	周校长	李老师	频次合计	提及的被试个数
1.长期评估核心科目(语文阅读和数学)			1	1				1	2						1	6	5
2.学科评估框架规定了学生学业成就的达标标准									1				1			2	2
3.对学生一视同仁,承认学生个体的差异性,并在教学中充分考虑这些差异		2							1		1	1		1		6	5
4.深知如何与家长合作,使之富有成效地参与学校活动									1		2			1		4	3

续表

被试＼频次＼指标	十五位访谈被试															频次合计	提及该指标的被试个数
	张校长	郝校长	林校长	刘校长	秦校长	金校长	徐校长	王校长	李校长	陈校长	吴校长	孙校长	赵老师	周校长	李老师		
5. 有效教学,具备广博的教学技术和方法,并能运用得当,能始终激发学生的学习动力,使其聚焦学习、投入学习									1		2					3	2
6. 关注学生的自我意识、动力、学习效果及同伴关系												2		1		3	2
7. 了解学生是如何成长和学习的											2					2	1
8. 通晓所教学科的知识,透彻地了解学科的发展历史、形成及其在现实生活中的运用												1	1			2	2
9. 尊重学生因来自不同文化、不同家庭在课堂内所表现出的差异												1		1		2	2
10. 能与他人合作,以改善学生的学习												1		1		2	2
11. 关注对学生个性发展和公民责任感的培养															1	1	1
12. 具有领导力,懂得如何通过努力与社区团体和企业建立起合作伙伴关系						1										1	1
13. 能够评价学校的发展和对资源的分配,以实现国家和地区的教育目标								1								1	1
14. 建立对每位学生的学业成就和社会成就的问责制				1	2		2									6	4
15. 成为具有自知之明、反思能力、言行端庄和符合道德行为的领导者			1	1										1	2	5	4
16. 以行动来影响地方、学区、州和国家制订有助于学生学习的决策			1	1												2	2
17. 开发能够督促学生进步的评测和问责系统													1	1		2	2
18. 提高、保障学生和教职员工的福利及安全								1						1		2	2
19. 最大化地将时间投入到高质量的教学中												1				1	1

续表

指标　＼　频次　＼　被试	十五位访谈被试															频次合计	提及该指标的被试个数
	张校长	郝校长	林校长	刘校长	秦校长	金校长	徐校长	王校长	李校长	陈校长	吴校长	孙校长	赵老师	周校长	李老师		
20.创建一个具有综合性、严谨性和连贯性的课程体系													1			1	1
21.对决策中潜在的道德和法律具有思考和评价力													1			1	1
22.捍卫民主、平等和多元化的价值观				1												1	1
23.使用最有效、最适合的技术来支持教学和学习				1												1	1
24.促进不间断的、可持续的学校改进									1							1	1

2.美国评估指标的频次统计

美国督导评估指标被提及 24 项,被提及指标频次前三位的指标有 5 项,按照降序排列依次是:"指标 1.长期评估核心科目(语文阅读和数学)"(6 次)、"指标 3.对学生一视同仁,承认学生个体的差异性,并在教学中充分考虑这些差异"(6 次)、"指标 14.对每位学生的学业成就和社会成就的问责制"三项指标,频次均为 6 次,这也是提及频率最多的三项。"指标 15.成为具有自知之明、反思能力、言行端庄和符合道德行为的领导者"频次为 5 次,位居第二位;"指标 4.深知如何与家长合作,使之富有成效地参与学校"频次为 4 次,位居第三位。

由以上对指标频次的简要介绍,可知被试提及频次最多的三项指标涉及三个方面:首先在学生学业评估指标方面,指标 1."长期评估核心科目(语文阅读和数学)"成为提及频次最多的一项指标。有的被试在访谈中说道:"我国的义务教育应当鼓励学生积极去学习本国的文化,即语文应作为长期评估的核心课程之一,数学则是锻炼一个人的逻辑思维的学科,列入长期评估的核心科目也是必然。"其次,在教师评估方面,被试提及频次最多的是指标 3,强调教师"要平等对待学生,意识到学生之间个体的差异,在教学活动中要给予充分考虑",反映了教师要树立正确的教育观,要秉承"一视同仁"的教育理念,学生在智力类型、学习风格和个性特征等方面存在差异,既要尊重学生的个性发展,在教学过程又要充分考虑这些差异,使得教学能适应每个学生的身心发展规律,有利于提高教学效能与教学质量。对于中小学校长评估来说,指标 14."建立对每位学生的学业成就和社会成就的问责制"是被试提及频次最多的一项指标。学生的教育要落实到实际教学和生活的各个方面就必须要建立一种行之有效的问责体系,这是保证学生接受优质教育的必要措施。如在访谈中,一所中学的校长提到:"我们就需要这种问责制来完善教育。每年都有辍学的孩子,学校无论怎么动员就是不上学,关键是家长也意识不到这个问题。"另外值得一提的是"成为具有自知之明、反思能力、言行端庄和符合道德行为的领导者"频次为 5 次。它是针对中小学校长的一项评估指标,从自我认识、自我反思、言行举止和道德行为四个方面对中小学校长加以评估,这反映出被试认为中小学校长素质的高低对学校的发展十分重要。一个好校长就是一所好学校,访谈有位教师说"校长一定要具有这些优良品质,以身作则,树立起良好的校长形象"。作为一所学校的领导者,校长的素质势必会影响到学校办学的各个方面,因此校长要具备良好的素质修养,这不仅是促进专业化的需要,也是新时期办好学校的前提条件。

3. 提及美国评估指标的被试个数统计

在 24 项美国督导评估指标中,被 2 名及 2 名以上被试提及的指标有 14 项,其中指标 1 和指标 3 均被 5 名被试提及,人数最多;指标 1 强调学生学业评估中的长期评估核心科目(语文阅读和数学),以及指标 3 强调教师公平对待学生,能意识学生之间个体的差异性,在教学过程予以充分考虑,这两项指标不仅被提及的频次最多,而且也是被试提及人数最多的。"成为具有自知之明、反思能力、言行端庄和符合道德行为的领导者"与"建立对每位学生的学业成就和社会成就的问责制"两项指标均被 4 名被试提及。部分被试对指标"要坚持把国家的语文教育作为一个长期评估的重点学科"表示赞同,通过访谈了解到,更多的校长和教师担心外界文化的不断渗透,我国传统文化的发展和继承面临着前所未有的危机。学生学习语文不仅是获取知识的途径,还是担任传承中华文化的任务,而学习数学则是训练学生的理性思维能力,把语文和数学作为国家长期评估的核心学科是十分必要的。教师进行教育活动是在一定的教育思想指导下开展的,树立正确的教育观、教学观是取得良好教学效果的首要前提。在这一教育观念的引导下,教师将如何应对学生个体的差异性呢?美国中小学校督导评估指标强调"教师要平等对待学生,意识到学生之间个体的差异性,在教学活动中要给予充分考虑"得到了被试的高度认可。高质量的学生源自于高质量的课堂教学,而高质量的课堂教学关键在于教师是否能够采取高效的教学方法。因此,教师要精心备课,要有广博知识,掌握先进的教学技术和多种有效的教学方法,并能恰如其分地运用,语言通俗易懂、贴近生活,让学生受到启迪、感染,引发他们求知的欲望,以达到激发学生学习的内动力,让学生从"要我学"变成"我要学"!

通过访谈了解到个别被试认为"开发能够督促学生进步的评测和问责系统"和"在家庭和监护人之间建立起积极的关系"两项指标正是我国义务教育阶段督导评估努力的方向。"开发能够督促学生进步的评测和问责系统"能够有效地监测和促进学生的学习。因此,要建立校长问责制,采取一切措施以确保学生学业成就的提升和全面的发展。随着世界教育大背景的不断变化,高新技术和设备不断引入到教育领域当中,新时代的教育工作者扮演着多重角色,创建与利益攸关者的合作机制,"在家庭和监护人之间建立起积极的关系"是一条行之有效的途径。

被试提及的指标频次统计与分析

上文已经分析了对美国中小学校督导评估指标的反馈,在访谈的过程中我们发现:访谈被试会随口提出一些建议和指标,如:考评教师出勤状况、评估教师绩效,他们认为这些评估指标是中国国情需要的。经过对访谈内容的整理,我们提炼出被15名被试提及的12项新增指标,我们根据被提及的频次,将它们按降序排列。

表100　被试建议增加的评估指标频次统计

指标＼被试＼频次	一 张校长	二 郝校长	三 林校长	四 刘校长	五 秦校长	六 金校长	七 徐校长	八 王校长	九 李校长	十 陈校长	十一 吴校长	十二 孙校长	十三 赵老师	十四 周校长	十五 李老师	频次合计	被试提到的人数
1. 教师教学质量	1	1	2	1	1	1	1	1	1	1	1	1	1	1	1	16	15
2. 教师出勤情况	1	1		1	1	1	1	1	1			1			1	11	11
3. 教师的思想道德				1	1	2	1	1				1		1	3	11	8
4. 学生的成绩	1		2	2	1			1							1	9	7
5. 学校教育资源			1							1	1	4			2	9	5
6. 教师的职责				2						1	1	1		1		8	6
7. 教师的绩效	1	1		1	1									2		6	5
8. 学生辍学情况			2				1									3	2
9. 学生的身体素质										2				1		3	2
10. 教师的科研成果				1	1								1			3	3
11. 学校改革与改进		1	1													2	2
12. 学校的安全情况			1											1		2	2

由上表可知,被试提及的指标共计 12 项。首先从指标频次来看,将频次达到 3 次以上的指标按降序排列,它们依次是"教师教学质量"16 次;"教师出勤情况""教师的思想道德"两项指标均被提及 11 次;"学生的成绩"与"学校教育资源"两项指标均被提及 9 次;"教师的职责"8 次;"教师的绩效"6 次。从指标提及的被试人数来看,将 5 名及 5 名以上被试提到的指标按照降序排列,它们分别是"教师教学质量"15 名;"教师出勤情况"11 名;"教师的思想道德"8 名;"学生的成绩"7 名;"教师的职责"6 名;"教师的绩效""学校教育资源"两项指标均被 5 名被试提及。

通过上表我们发现"教师教学质量"是提及频次最多(16 次),提及的被试人数最多(15 名),认可程度高达 100%,由此可见来自一线的中小学教育工作者最关注并认为最重要的是教师教学质量。教学质量关系着学生学习成绩的优劣,而学生的成绩正是评估教师,甚至是学校办学质量的关键指标。"教师出勤情况"被提及的频数为 11 次,提及该指标的被试有 11 名,认可程度约为 73%,表明这个指标也是多数被试认为十分重要的指标。被试认可程度排名第三的指标是"教师的思想道德",8 名被试提及该指标。在我国,师德为先,成为一名教师最重要的人品素质,在访谈过程中,某中学的校长清晰地阐述了他所在学校评估指标的比重"师德占 20%,教学成绩占 55%。教师教学主要是以教学为主,所以这个指标权重要大些,要进行抽样调查。还有一个方面就是考勤。作为教师的出勤情况,作为一名教师要有爱岗敬业的精神,因此考勤占 20%,这三项就占整体的 95%。还有一个 5% 是组内考核,如语文组、数学组、外语组等,每个教研组内部的教师都要相互打分"。由此可以看出,访谈被试认为"教学质量"最为重要,其次是教师的"出勤状况""思想道德"两项指标,实际情况与被试关注的焦点是比较吻合的。教师担负着道德使命,一方面要注重学生德育的培养,另一方面自身要成为品学兼优的楷模。

六、新加坡

本节主要对问卷调查的结果进行量化分析。首先我们对被试的所在地、城乡类型、性别、身份、学历、工作年限等基本情况,进行了描述性统计。然后对被试问卷反馈中有关新加坡卓越学校督导评估指标的可行性和重要性进行了仔细的研究分析。

(一)对被试的描述性统计分析

1.问卷发放情况统计

本研究共发放问卷 1558 份,剔除无效问卷后,有效样本共 1133 份,有效率为

73.09%。如下表：

表 101　新加坡问卷发放情况一览表

发放问卷总数	1558(份)	
回收问卷	份数	百分比(%)
	1550	0.995
有效问卷	1133	0.731

2.问卷被试所在地

由下表可知,被试的所在地涉及辽宁省 13 个市和县,共回收有效问卷 1133 份,其中丹东市回收 163 份,占有效样本总数的 14.4%,有效样本回收率最高;鞍山市次之,回收有效问卷 156 份,占有效问卷总数的 13.8%。详见下表。

表 102　新加坡有效问卷的被试所在城市统计表

所在城市	被试数量	百分比(%)
沈阳	78	6.9
大连	10	0.9
鞍山	156	13.8
抚顺	37	3.3
本溪	71	6.3
丹东	163	14.4
锦州	92	8.0
阜新	28	2.5
辽阳	32	2.8
盘锦	109	9.6
铁岭	125	11.0
朝阳	122	10.8
葫芦岛	110	9.7
合计	1133	100

3.问卷被试基本资料统计

下面是关于有效问卷被试基本情况的统计,主要为:被试的城乡类型、性别、身份、学历、工作年限这五方面的基本情况,如下表所示:

表103　新加坡有效问卷被试的基本情况统计表

项目类别		人数	百分比(%)	总计
被试身份	政府督学	1	0.1	1133
	校长	204	18	
	专家	1	0.1	
	教研员	15	1.3	
	教师	681	60.1	
	教育管理人员	231	20.4	
单位所在地	城市	512	45.2	1133
	农村	621	54.8	
性别	男	436	38.5	1133
	女	697	61.5	
最高学历	大专以下	5	0.5	1133
	大专	146	12.9	
	本科	908	80.1	
	研究生及以上	74	6.5	
工作年限	1-9年	189	16.7	1133
	10-19年	382	33.7	
	20-29年	482	42.5	
	30年以上	80	7.1	

由上表可知,被试分布在城市地区的512人,占有效样本总数的45.2%;分布在农村地区的621人,占有效样本总数的54.8%。其中,男性436人,占有效样本总数的38.5%;女性697人,占有效样本总数的61.5%。被试身份是校长的204人,占有效样本总数的18%;身份是政府督学的1人,占有效样本总数的0.1%。身份是教师的共681人,占有效样本总数的60.1%;身份是教育管理人员的共231人,占有效样本总数的20.4%;身份是专家的1人,占有效样本总数的0.1%;身份是教研员的15人,占有效样本总数的1.3%。被试学历统计:学历为大专以下者

共 5 人,占有效样本的 0.5%;学历为大专的共 146 人,占有效样本的 12.9%;学历为本科的共 908 人,占有效样本的 80.1%;学历为研究生及以上的共 74 人,占有效样本的 6.5%。被试工作年限统计:1 - 9 年的共 189 人,占有效样本的 16.7%;10 - 19 年的共 382 人,占有效样本的 33.7%;20 - 29 年的共 482 人,占有效样本的 42.5%;30 年以上的共 80 人,占有效样本的 7.1%。

(二)总体信度及可行性分析

1. 总体信度

信度指的是由多次测量所获得的结果之间的一致性或稳定性,是教育评价指标体系实施的前提条件。① 本研究的总问卷和各维度都是利用克伦巴赫系数(Cronbacha)来检验信度。Nunnally(1978)和 De Vellis(1991)认为,问卷的克伦巴赫系数(Alpha)在 0.70 以上是可接受的最小信度值。本研究的结果表明,总问卷的 Alpha 值为 0.946,符合并高于信度要求。

表 104 新加坡问卷的可靠性统计表

Cronbach's Alpha	基于标准化项的 Cronbacha Alpha	项数
0.946	0.947	25

2. 指标的可行性分析

本研究问卷调查的目的是征询中国被试,他们认为新加坡卓越学校督导评估模式中哪些指标在中国可行,哪些指标在中国不可行? 我们设计的研究问卷分为两部分:主观题和客观题。由中学和小学管理人员、教师、教育督导人员等分别作答。下图是对各指标可行性的分析研究。调查结果显示,被试对 25 项评价指标均认为在我国是可行的,超过 400 人次认为可行的指标有五项,分别是:F10. 校长和学校领导层的价值观;F12. 聚焦学生的学习;F16. 学校对社会的责任感;F26 开发和充分利用教职工的潜能、创建优质学校;F32. 致力于学生的身心健康。其中"F10. 校长和学校领导层的价值观"被认为在中国具有可行性的人数最多,高达 467 人,占被试人数的 41.2%。除"F54 与社区合作方面的成效"在 300 人次以下之外,其余 19 项指标的可行性认可度均在 300 人次以上,占指标总数的 76%。

① 武松,潘发明. SPSS 统计分析大全[M]. 北京:清华大学出版社,2014:384.

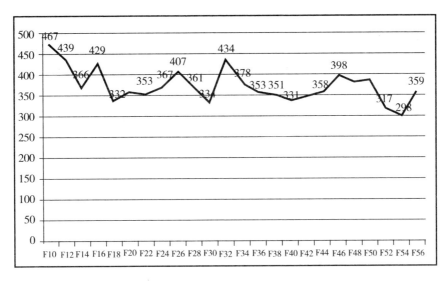

图9 新加坡卓越学校督导评估指标在我国的可行性折线图

从上图可以看出,中国被试认可度最高的是有关领导力、学生的学业成就、人事管理的几项指标,而认可度较低的是与校外企业合作取得的成效指标。分析其原因,无论在中国或是新加坡,对教育对象进行考试、测试是观测教学质量最为直接的手段。我国统一的高考、中考、地方测试、学校内部测试等考试成绩是对学生学习成果、学校教学质量最为常见的评价方式和结果。而新加坡的中小学生经历的考试比我国的中小学生还多。新加坡通过多次统考后将学生分流,在中学四年级时(相当于我国的高一),还要根据所修课程的不同,参加英国剑桥不同级别的等级测验,新加坡学生的学业统考次数远远超过我国中小学生的学业统考次数,其带来的压力也大于我国中小学生的压力。学业测试可以量化教学成果,具有相对公平、便捷、直观等优点,因此受到学校、教师的普遍认可。对于认可度相对较低的两项指标(与合作伙伴和与社区合作方面的成效),客观上是由于我国的国情造成的。在我国农村地区是没有社区的,合作伙伴关系的建立大多采取县城学校派教师支教的形式,与企业建立帮扶关系基本不存在任何的可行性。而通过上图可知在1133个被试中,农村地区为621人,占到全部被试的55%以上,这也是该两项指标偏低的主要原因。主观上来讲,无论是城市还是农村,与社区和合作伙伴关系合作对于我国大部分地区而言,都属于新生事物,这类指标如何操作、操作的效果如何,都是未知数,所以才会造成这两项指标的认可度低。

(三)因素分析

在对"新加坡卓越学校督导评估指标体系在中国的可行性"调查问卷的因素分析后发现:KMO 分别为 0.946,Bartlett's 球形检验的 X^2 值为 17583.661,df = 300,p < 0.001. p 值为 0.000 达到显著。Kaiser 认为,KMO > 0.9 时,做因子分析效果最理想。因此,说明本研究收集到的数据非常适合做因素分析。

表 105　KMO 和 Bartlett 检验

Kaiser – Meyer – Olkin		0.946
Bartlett 的球形度检验	近似卡方	17583.661
	df	300
	Sig.	0.000

使用方差最大正交旋转(Varimax),尽量使各因素的方差差异最大,即相对的载荷方法和达到最大,从而方便对因子进行解释。SPSS 操作系统中默认提取特征值大于 1 的公共因素,如下表所示,本研究通过因素分析,共提取特征值大于 1 的公共因素 4 个,可以解释总体变量的 62.271%。

表 106　解释的总方差

成分	初始特征值			提取平方和载入			旋转平方和载入		
	合计	方差的%	累积%	合计	方差的%	累积%	合计	方差的%	累积%
1	11.288	45.151	45.151	11.288	45.151	45.151	6.935	27.741	27.741
2	1.856	7.422	52.573	1.856	7.422	52.573	3.53	14.12	41.86
3	1.283	5.13	57.703	1.283	5.13	57.703	2.861	11.444	53.304
4	1.142	4.567	62.271	1.142	4.567	62.271	2.242	8.967	62.271

本研究的样本大小为 1133。在把因素载荷值限定为 0.5 时,因素之间的相关性、稳定性和总体解释率已经达到理想状态,因此把因素载荷值定为 0.5。[1] 对转轴后的各因素载荷值汇总如下表所示(含 0.5 以下的题项):

---

① 武松,潘发明. SPSS 统计分析大全[M].北京:清华大学出版社,2014:384.

表 107　旋转后的指标因素载荷值

旋转成分矩阵^a

题项	成分/载荷值			
	1	2	3	4
1.1 校长和学校领导层的价值观				0.735
1.2 聚焦学生的学习				0.674
1.3 聚焦学生的卓越成就				0.484
1.4 学校对社会的责任感				0.560
2.1 学校明确设立有益于所有利益攸关者的战略发展方向		0.664		
2.2 为实现战略发展方向制定行动计划		0.754		
2.3 部署行动计划		0.786		
2.4 跟踪行动计划的实施和实现		0.718		
3.1 开发和充分利用教职员工的潜能,创建优质学校	0.660			
4.1 有效管理学校的内部资源以实现战略规划	0.680			
4.2 与校外合作伙伴进行有效合作以实现战略规划	0.541			
5.1 致力于增强学生的身心健康	0.759			
5.2 设计为学生提供全面教育和提升学生福祉的学校改革关键进程	0.669			
5.3 实施为学生提供全面教育和提升学生福祉的学校改革关键进程	0.700			
5.4 管理好为学生提供全面教育和提升学生福祉的学校改革关键进程	0.680			
5.5 改进和完善这些关键进程	0.699			
6.1 学校管理实现效率的程度	0.678			
6.2 学校管理是否具有效能	0.717			
7.1 在员工培训方面取得的成效	0.663			
7.2 在员工发展方面取得的成效	0.491			
7.3 在鼓舞员工斗志方面取得的成效	0.637			
8.1 与合作伙伴在合作方面取得的成效			0.735	

续表

题项	成份/载荷值			
	1	2	3	4
8.2 与社区合作方面取得的成效			0.799	
9.1 在实现学生的全面发展方面取得的成效	0.617			
9.2 达到教育部预期教育目标的程度	0.457			

经整合后,低于0.48的题项只有一项:"9.2达到教育部预期教育目标的程度"(0.457),说明这项指标在我国的理解力和解读力与新加坡存在较大的差异。新加坡教育部对于教育目标有着明确的预期,主要体现在学生的学业成就上。每个年级、学段都有明确规定的教育目标,学生在4年级、8年级和12年级,均要参加全国统考。进入高中二年级后,还要参加英国的剑桥考试。新加坡教育部对不同年龄段学生制订了不同的达标标准和目标。学校要严格地按照这些预期的目标标准来进行对学生的培养。我国的教育主管部门不提倡对学生实行频繁的考试或统测,强调减轻学生压力和学业负担,没有对全国中小学校学生向新加坡那样按年龄段设置应当达到的具体培养目标、学业等级目标等,当然中国被试对9.2这样的新加坡评估指标完全处于闻所未闻的状态。因此,才会造成9.2这个指标认可度低。

本研究中因素载荷值在0.5以上的指标共有22项,能够解释总体变异量的62.27%,即在"新加坡卓越学校督导评估模式指标可行性调查问卷"中的22项指标得到我国督导专家、教研员、中小学校长、教师和其他教育工作者的认可,认为它们在中国是可行的、可借鉴的。

1. 领导力

领导力层面,共有三项指标,如下表所示。领导力是学校教育价值观的核心,是学校师生实现共同愿景、信仰的基础,从现代管理学角度看,领导力是任何组织活动成功与否的关键因素。从分析的结果显示,其中:指标1.1校长和领导层的价值观一项载荷数值为0.735,说明我国教育工作者对这一指标重要性的高度认可,校长和学校领导层是学校内涵建设的灵魂,是学校对国家教育教学指导思想宏观把握的领航者,是学校精神的阐述者和实现者。指标1.2聚焦学生的学习一项的载荷数值为0.674,仅次于对指标"校长和领导层的价值观"的认可程度,在访谈中多数教师也对学生的学习发表了自己的看法:"受教育体制的影响,学生学业水平的高低和升学率一直是我们关注的重点。"虽然我国各级教育督导部门、教育部门一直呼吁不能一考定终身,要减轻学生的学习压力,但社会舆论和家长对学校好与次的评价聚焦都在升学率上。在学校对社会的责任感这一项的载荷值是0.560,说明对这一项指标被试的认同度稍低于前两项,这与我国教育的理念有关,不少教育工作者,尤其是校长还只是关注校园"围墙"内的事,缺乏对宏观大教育的思考,对学校向社会应尽的责任认识不足。

表108 领导力层面指标及载荷值

题项	指标	载荷值
1.1	校长和学校领导层的价值观	0.735
1.2	聚焦学生的学习	0.674
1.4	学校对社会的责任感	0.560

2. 学校发展规划与实施

主要涉及校本规划的制定和实施过程,如下表所示。涉及的四项指标其重点分别为学校制定计划的方向、部署、实施、跟踪落实。这四项指标涉及学校的发展方向,涉及计划实施的全过程。从表中的结果显示,这四项指标2.1、2.2、2.3、2.4的因素载荷值均大于0.6,其中部署行动计划这一指标的因素载荷值最大为0.786,从另一侧面体现出校长和学校领导层在学校各项管理和活动中的重要性。

表109 规划和实施指标及载荷值

题项	指标	载荷值
2.3	部署行动计划	0.786
2.2	为实现战略发展方向制定行动计划	0.754
2.4	跟踪行动计划的实施和实现	0.718
2.1	学校明确设立有益于所有利益攸关者的战略发展方向	0.665

3. 人事管理

人事管理层面。如下表所示,所涉及的一项指标其重点是如何开发和充分利用教职员工的潜能,从而实现其创建优质学校的目标。从结果显示,该指标3.1的因素载荷值大于0.6,载荷值为0.660,载荷值较大。教师是学校发展的基石,学校未来命运不仅掌握在校长和学校管理层手里,也在教师手中。校长的视野与愿景必须与全校师生分享,得到认同和支持,只有正确的教育价值观和与教师的心理亲近度相结合,才能把学校建成优质学校,无论在我国、新加坡还是其他国家和地区,构建优质学校的根本保证必须不断开发学校教职工的潜能和提升他们的专业水平和各方面的素养。

表110　人事管理指标及载荷值

题项	指标	载荷值
3.1	开发和充分利用教职员工的潜能,创建优质学校	0.660

4.资源

资源部分主要涉及资源的开发、利用和管理。如下表所示,该题项的因素载荷值大于0.5,其中指标4.1校内资源的合理利用,载荷值为0.680,载荷值较大。有效管理学校内部资源以实现其战略规划可以理解为,学校内部教育资源的综合利用,包括教育的人力、物力、财力、设施、设备等硬件和软件的教育资源,在学校统一调动和管理下,为学校的战略发展规划服务。题项4.2"与校外合作伙伴进行有效合作以实现战略规划"的载荷值也超过0.5,随着国家的开放、经济的提升、社会的进步、视野的开阔,教育翻越"围墙"与校外的合作会越来越多,校内外的资源开发和共享会越来越频繁。

表111　资源指标及载荷值

题项	指标	载荷值
4.1	有效管理学校的内部资源以实现其战略规划	0.680
4.2	与校外合作伙伴进行有效合作以实现战略规划	0.541

5.以学生为中心的改革进程

下表主要涉及学校为学生提供全面教育、增强学生身心健康、提升学生福祉的五项指标。这里主要体现的是学生教育效能的实现程度,学校培养什么样的人的终极指标。从表中各题项的载荷值可以看出,被试对这个维度的五项指标都十分关注,指标的载荷值都很集中,这五项指标的载荷值均在0.66以上。另外,从对访谈对象的编码频度分析来看,这五项指标被提到的次数也较多。

表112　以学生为中心的改革进程指标及载荷值

题项	指标	载荷值
5.1	致力于增强学生的身心健康	0.759
5.3	实施为学生提供全面教育和提升学生福祉的学校改革关键进程	0.700

题项	指标	载荷值
5.5	改进和完善这些关键进程	0.699
5.4	管理好为学生提供全面教育和提升学生福祉的学校改革关键进程	0.680
5.2	设计为学生提供全面教育和提升学生福祉的学校改革关键进程	0.669

6. 行政管理的成效

这一维度中主要涉及学校行政管理的指标,有两项二级指标,分别是学校管理是否具有效能、学校管理实现效率的程度。被试对这两项指标普遍十分关注,指标的载荷值较大,分别为 0.717 和 0.678。这两项指标主要评估的是新加坡中小学校的管理是否有效能,以及这种管理效能所达到或实现的程度。

表 113　行政管理的有效指标及载荷值

题项	指标	载荷值
6.2	学校管理是否具有效能	0.717
6.1	学校管理实现效能的程度	0.678

7. 人事管理的成效

这个维度主要涉及学校人事管理的效能。如下表所示,有三项指标,分别是在员工培训方面取得的成效、在鼓舞员工斗志方面取得的成效、在员工发展方面取得的成效。这里主要体现的是学校人事管理效能的实现程度。从表中显示的结果可以看出,指标 7.1 在员工培训方面取得的成效载荷值最大,为 0.663。由于被试大部分是教师,因此更加关注教师培训,通过培训能加快教师专业知识、素养和能力的提升。在访谈中,多位校长和教师提到,现阶段学生成绩的好坏、上课多少、工作量大小与工资是不挂钩的,奖励更无从谈起,这对于鼓舞和激励学校员工的斗志是不利的。故指标 7.3 也得到了多数被试的认同。

表 114　人事管理的有效指标及载荷值

题项	指标	载荷值
7.1	在员工培训方面取得的成效	0.663
7.3	在鼓舞员工斗志方面取得的成效	0.637
7.4	在员工发展方面取得的成效	0.491

8.合作和对社会贡献的成效

这个维度主要涉及学校与社区、社会合作的成效问题。下表中的这两项指标载荷值都很高。在访谈中,多位农村校长提到:在我国农村地区是没有严格意义上的社区的,合作伙伴关系的建立大多采取县城学校派教师支教的形式,而且这种形式对于提升本校教学水平起到了一定的作用。中等职业学校的被试大多数来自城市的学校,对于校外合作伙伴和社区合作更重视,他们认为只有这样才能更贴近市场,了解最新的职业技术,对外宣传学校,扩大学校知名度和招生数。指标8.2的载荷值为0.799,说明被试普遍认为这项指标非常重要。在我国学生在假期的社会实践都需要到社区开具证明。另外名校招生时,也都需要社区开具学生居住证明等。因此,在我国城市学校和社区的合作还是比较频繁的。

表 115　合作和对社会贡献的有效指标及载荷值

题项	指标	载荷值
8.2	与社区合作方面取得的成效	0.799
8.1	与合作伙伴在合作方面取得的成效	0.735

9.关键绩效成果

这个维度主要涉及学校发展战略的效能指标。从表中结果显示,题项中有两项指标均未在结果中显示,表明其载荷值都低于0.5。下表显示题项"9.1在实现学生的全面发展方面取得的成效"得到了基层校长、教师、教研员的普遍关注和认可,与我国的教育方针"培养德智体美全面发展的社会主义建设者和接班人"颇为相似。但新加坡的这项指标中强调的不单是实现学生的全面发展,而且特别强调的是学生在全面发展方面取得的成效如何。而在访谈中,一位被试(教师)就曾指出在中国普通的中小学校,社会和家长评估学校的焦点还是学生的升学率,很少看全面发展。

表 116　关键绩效成果指标及载荷值

题项	指标	载荷值
9.1	在实现学生的全面发展方面取得的成效	0.617

第六章 研究发现及启示

　　这部分将展示本课题组对英国、荷兰、法国、美国、新加坡教育督导评估指标体系的研究结果和研究发现，以及对我国教育督导、督导评估指标体系构建和修订的启示。在国别的顺序上，仍然是按照英国(上)、英国(下)、荷兰、法国、美国、新加坡的顺序。有一点要专门说明的是：英国由上和下两部分构成，英国(上)介绍的是英国2010年的教育督导评估指标体系，英国(下)介绍的是2016年最新的教育督导评估指标体系。将两者比较，可以看出英国教育督导评估指标体系的发展和修订脉络，看出英国教育重心的转移及其教育督导评估指标体系发展的走向和趋势。

(一)英国2010教育督导评估指标体系的启示

　　英国2010年教育督导评估指标体系针对英国五种不同类型学校的督导评估(普通中小学校、学前教育、大学预科、寄宿学校、特殊教育学校)分别制定了《普通中小学校督导评估指标》《学前教育督导评估指标》《大学预科督导评估指标》《寄宿学校督导评估指标》和《特殊教育学校督导评估指标》。它们之间既有共性也有各自的特性，但均以"英国普通中小学校督导评估指标"为共核，各项评估指标只是在"普通中小学校督导评估指标"的基础上有所增减而已。督导评估指标体系的共核部分主要有三个核心维度："学生成就""学校教育效能""学校领导与管理的效能"，这就是英国中小学督导评估的三项一级指标，在此三项一级指标下，包含19项二级指标、39项三级指标、156项四级指标。第一个一级指标"学生成就"包括八项二级指标：学生的成就以及乐学的程度；学生的安全感程度；学生的行为表现；学生采用健康生活方式的程度；学生对学校和社区的贡献程度；学生出勤；学生掌握适应未来工作的能力和保障经济无忧的技能程度；学生的精神、道德，社交和文化发展的程度。第二个一级指标"学校教育效能"包括三项二级指标：教学的质量（包括以评促学的运用）；通过合作，课程满足学生需求的程度；有效的关爱、引导和支持。第三个一级指标"学校领导与管理的效能"包括八项二级指标：领导与管理的效能，包括对改进的愿望与推动力；校董事会激励和支持学校攻克难关、履行法定职责的效能；让家长和监护人积极参与学校改进的效能；促进学生学习和其福祉的合作效能；促进公平消除歧视的效能；实施监管的效能；促进社区和谐的效能；获取资源和有效使用资金的效能。

　　针对英国中小学校督导评估指标在中国是否具有可行性问题，本研究通过发放问卷，对回收的数据进行了统计分析，在199名被试中，有十项指标被被试中的160人认为可行，这十项指标分别是：学生的成绩；学习质量和进步，包括特教生和残疾生；学生的成就及乐学的程度；学生在校的安全感程度以及对安全的认识程度；学生感到不安全时，能向学校寻求保护；学生的课堂表现和在校期间的表现；教学促进全体学生的学习、发展和兴趣的程度；教师对促进学生的学习、个人发展以及身心健康的关爱和支持；学校与相关核心单位对学生实施安保的有效性；有效地使用和管理可支配资源，满足学生的需求，获得高效的成果。在这十项指标中，被试认为在我国可行性最高的评估指标为"学生的成绩"。171名被试认为在我国可行，占总人数的85.9%。反之，有三项指标只得到了不到70名被试的认同，它们分别是"校董会有效帮助学校确立方向的程度"；"校董会和监委会面临的挑战，对领导者和管理者的支持，帮助他们克服不足，并进一步提升所有学生的学习成果"；"校董会、监委会和其他相关委员会履行其法律职责的程度"。被试中认同这三项指标的人数分别为：63、61、69，分别占总人数的31.5%、30.6%、34.6%。由于被试所在的辽宁省，在经济、教育等方面的发展程度与英国和中国沿海发达城市尚有差距，学校没有实行校董会制度，对这一概念也比较陌生，所以凡是与校董会、监委会相关的指标的认可度都偏低。此外，被试认为可行性比较低的指标还有"学生能够咨询影响他们学习和福祉的问题，并参与决策"；"学生对社区和学校贡献所产生的影响"。认同的被试人数分别为118人和120人，分别占总人数的59.2%和60.3%。被试认为学生参与决策，和对社区有所贡献这样的指标有些超前，相对而言被试更加重视学生的学习成绩和学生的安全。在可行性方面的研究表明：英国中小学校督导评估指标体系中的绝大部分评估指标在我国具有可行性。

　　那么，英国教育督导评估指标体系能够带给我国哪些启示呢？概括起来有以下三点。

1."学生的成就与发展"是学校教育督导评估的核心

英国政府于2003年颁布了《每个孩子都重要:为了孩子而改变》绿皮书。其中明确提出了英国教育的首要目标是提高所有学生成就标准,关注每个孩子的发展。这是英国教育国策中最为重要的一项内容。因此,英国的学校督导严格遵循此标准,将"学生的成就与发展"纳入督导评估指标中。从指标体系本身来看,英国非常重视"学生的成绩""学生乐学的程度""学生在校期间的安全保障""学生的发展和能力的提升""学生参与决策的权益"等,这体现出英国已经将每个孩子的成就与发展作为评估一所学校优劣的重要标准。从全球范围来看,关注学生每个个体标志着一国教育发展的成熟与进步。教育关系到国家、民族的发展和走向,只有当教育的触角伸向每一个孩子,才能够在真正意义上提高一个国家人民素质的整体水平。在我国,教育也愈加趋向于对学生个体的关注,从国家和社会对校园安全问责的重视,到义务教育免费,再到素质教育的深入课堂,皆体现出我国的教育越来越贴近学校和学生。本研究的量化统计结果显示,被试对与"学生的成绩""学生的安全"相关的指标认可程度明显高于其他指标。可见,学生及其发展是学校教育最为核心的部分,受到社会各界的普遍关注。从时间上来看,英国对学生个体发展的关注早于我国,已经将其列入国家统一的教育督导评估指标体系中,并且相对系统、注重细节,有极具操作性的评测点,这是英国督导评估指标中最值得我国借鉴的第一点。

2."学校效能"理念贯穿于整个英国的教育督导评估指标体系

"学校效能"理论源于西方,它关注"投入"与"产出"后的增值效果,强调学校改进前与改进后的进步幅度,从学校效能的角度来评估一所学校是观察学校在发展过程中取得的进步,而不是单一地评估学校某一时间节点时的优劣。英国教育督导评估指标的三项一级指标维度的设立借鉴了学校效能中经典的因素理论,将一级维度确立为"学生的成就""学校教育效能""学校领导与管理的效能"。其二、三、四级评估指标均强调达到某一标准的"程度",即"效能",而非单纯考察是否达到了某一标准。例如:"学生的学习质量和进步""学生的成就及乐学的程度",学校通过多次对学生成绩的比照观测其进步的幅度,通过学生对学习态度的转变观测其乐学的程度等。这种评估的方式无疑为督导的工作增加了难度,如需要增加督导的频率和时间,设立增值评估的标准等。然而,增值评估的方式从评估的理论基础到评估过程都有别于原有评估方式,它以推动学校改进、提升学校质量为最终目标,从"是什么? 改什么? 怎样改?"的视角出发,去帮助和指导学校的深层次改进和发展。可见,英国教育标准局在督导学校方面所倾注的力量之大,这也是其在教育督导评估方面取得如此卓著成就的原因之一。

3."注重与社区、校外机构合作"有利于提高学校管理效能

我国的公立中小学校,尤其是非经济发达地区的公立中小学、农村中小学的学校管理更多是围绕学校内部的管理。从问卷调查数据的统计情况中不难发现,被试认为学校管理方面有关于"学校参考父母监护人的意见,让他们参与学校活动""学校让父母监护人对他们孩子的学习、福祉给予支持""校董会和监委会为学校做出贡献""学校校内外合作创造经济价值"等指标的认可度较低,这种情况与我国的公立中小学校的体制本身有着密不可分的关系。本课题组负责人孙河川教授曾参与全国中小学校素质教育督导调研,到过我国福建、江西、徐州、厦门等省市,这些省市的中小学校十分重视"家校合作"。在福建,连位于农村乡镇的中小学校都有家长参与的校董事会,为学校捐赠善款,建立计算机房、实验室等。有的学生家长自愿协助学校的日常事务,如成立蒲公英俱乐部等,在下午放学后主动到学校帮助照看等候家长来接的孩子们,给他们讲故事,看管他们做作业,教他们画画,做手工和泥塑等。既保证了学生的安全,又辅导了孩子们,起到了教师的作用和职能。有的学校则注重"校内外合作创造经济价值",鼓励企业家为贫困中小学捐资捐款,将他们的名字和捐款数额镌刻在学校最引人注目的地方,树立校友捐赠的典范。这些家校合作、社区合作的举措不仅有利于提高学校管理的效率,解决单凭学校不能解决的问题,尤其是办学所需的资金问题更能够引起家长、社区、社会各界对学校的关注,激发社会对培养下一代的责任感与使命感。尽管我国与英国从国家体制到学校管理体制、机制上存在差异,但是从对比我国与英国的督导评估指标体系的角度来看,英国的这些理念值得我们借鉴,如利用"家校合作""校内外合作"的方式为学校提升管理效率、学校效能、创造经济价值等。

(二)英国2016最新教育督导评估指标体系的启示

距2010年指标(见上文)之后,2015年6月15日,英国教育标准局公布了更新后的《学校督导手册(草案)》,经过一年多的修订,2016年8月23日,正式颁布了修订后的《学校督导手册》,即英国最新教育督导评估指标体系。按照英国教育督导评估指标体系修改更新的频率,到2021年才有可能更新和修订2016年颁布的督导评估指标体系。因此,2016年的英国督导指标体系到2021年以前,都可以被称之为英国最新教育督导评估指标体系。我们对2016年最新指标体系进行了翻译、校译、回译、提炼、整合、语言本土化、一线教师访谈反馈等,并将2016年最

新教育督导评估指标与 2010 年教育督导评估标准进行了深入的对比,发现其异同,探寻其变化规律和发展趋势。我们进行了访谈和问卷调查,对访谈的结果进行了编码统计分析,对问卷进行了统计分析。

最新《英国学校督导评估指标体系》的最大特点是分别从五大维度(五个一级指标)来评估各级各类学校的质量和效能:1:学校整体效能;2:领导和管理的效能;3:教学、学习、评估的质量;4:个人发展、行为和福祉;5:学生成就。这五个一级指标在排序上,与 2010 指标相比,有了很大的变化。2010 年一级指标的排序为:1.学生成果;2.学校教育效能(教师、课堂教学);3.学校领导与管理的效能。在二级和三级指标方面,2016 英国教育督导评估指标体系共有 49 个二级和三级指标。维度一:含 4 项二级和三级指标;维度二:含 12 项二级和三级指标;维度三:含 12 项二级和三级指标;维度四:含 13 项二级和三级指标;维度五:含 8 项二级和三级指标。

在访谈中,被试最认可的英国教育督导评估指标有"有效的安全保障""学校重视教师的持续专业发展""领导创建了激励教师和信任教师的氛围""教师在课堂上巩固学生的知识、理解和技能""领导和管理者促进机会均等""学生有机会去学习如何保证自己的安全""学生有时间去应用他们的知识、理解和技能""学校推进学生精神、道德、社交和文化的发展""教师使用有效的计划来进行教学""学生有效利用反馈结果,知晓怎么改善自身""教师了解欺凌和偏见的行为对学生健康的影响"和"学生与学校友好协作,共同应对和防止欺凌事件"。

通过对回收问卷的统计分析,发现以下指标的可行性和重要性都比较高:"1.2 学校促进学生精神、道德、社交和文化的发展""1.1 教学、学习和评估的效能良好""1.4 安全保障是有效的""4.1 学生是自信的,自我肯定的""3.7 教师培养学生的阅读、写作和沟通能力""3.1 教师使用有效的计划来进行教学""2.5 学校重视教师的持续专业发展""5.3 学生广泛阅读,有着他们年纪所具有的理解力和流利度""2.11 领导者保护学生不受忽视、虐待""4.14 学生与学校友好协作共同应对和防止欺凌事件"。其中被试认为"2.5 学校重视教师的持续专业发展"的可行性最高,"1.2 学校推进学生精神、道德、社交和文化的发展"的重要性最强。

无论是访谈还是问卷调查,英国教育督导评价指标在我国的可行性和重要性方面,我国被试均认为英国 2016 年中小学校督导评估指标体系中的绝大部分评估指标都很重要,在我国具有可行性。

那么,英国 2016 最新教育督导评估指标体系能够带给我国哪些启示呢?概括起来有以下 12 点。

1. 对"学校领导和管理效能"更加重视

较之 2010 年 4 月颁发的英国中小学教育督导评估指标,2016 年 8 月的指标最大的一个变化是将"学校领导与管理的效能"放到了除"学校整体效能"之外所有维度的第一位! 与 2010 年指标排序正好是一个颠倒! 2010 年指标将"学生成就"放在第一位,"学校领导和管理效能"放在最后一位。这种核心维度位置的变化,体现出了英国教育督导评估重心的转移和变化,在 2010 年指标中,学生的学业成就排在"学生成就"的首位,"学生成就"排在"学校教育效能"的前面,而"学校教育效能"排在"学校领导与管理的效能"之前。给人的印象是:学生成就最重要,其次是教师、课程和评估,再其次是学校的领导班子和管理。而 2016 最新的英国《优秀学校督导评估指标》则将这种顺序变成了:学校的领导班子和管理最重要,其次是教师、课程和评估,再其次才是学生的发展、行为和福祉以及学生成就。这种顺序和我国教育部 2011 年 10 月下发的《中小学校素质教育督导评估指标体系框架》中七大维度的顺序排列十分相似。我国这七大维度的排列顺序是"办学思想""制度建设""规范办学""德育工作"(均属于学校领导和管理层面),然后是"课堂教学""实践活动"(属于教师和课程层面),最后是"办学成效"(学生的学习、生活以及学生良好品质逐步形成、合格率和毕业率)。这真是不谋而合! 难道是英国的教育督导也在随时跟进和研究中国的教育督导及其评估指标,也在向中国的教育督导评估指标学习?

2. 旗帜鲜明地强调对英国核心价值观的宣传和介绍

2010 年颁布的英国《普通中小学校督导评估指标》中的 1.8 项,是对"学生精神、道德、社交和文化发展程度"的评估,其中 1.8.1 只笼统地谈"学生的见解和生活目的,以及他们对社会认可的主流价值观的理解"。社会认可的主流价值观可以包括很多,不同的文化便有不同的核心价值观。美国管理学院院士、世界银行和欧盟顾问 Geert Hofstede 把文化比作洋葱,层层递进,在最外层是文化的 symbols (符号或象征),更深则是该文化崇尚的 Heroes(英雄人物),再深一层则是 Rituals (规矩、仪式),而在洋葱的最核心部分则是该文化的 Values(价值观),如各国的主流核心价值观。当一种价值判断成为多数人的看法时,便形成了社会的主流价值观。主流价值观会因种族、文化、宗教信仰的不同而不同。而 2016 年 8 月颁布的英国《优秀学校督导评估指标》则直接旗帜鲜明地强调:英国"学校工作的中心是加强学生精神、道德、社会和文化的发展以及对英国主流核心价值观的宣传和介绍"。这里明确地排除了佛教、儒教、道教、伊斯兰教等其他社会认可的价值观,突出强调英国的主流核心价值观,以及对英国主流核心价值观的宣传和介绍。2016年1月18日,英国首相卡梅伦宣布到英国两年半而英语还没有提高的移民,将面临强制遣返,甚至包括那些已经在英国生了孩子的移民妈妈。他在接受BBC采访时,进一步指出,"既然来到英国,与英国的价值观不搭调的观念应当被摈弃"①。可见,英国政府在其官方文件、社会舆论、教育、课程、文化、法律、教育督导评估中都不遗余力地宣传和捍卫本国的主流核心价值观,没有丝毫退让,值得我国借鉴和反思。

3. 将反恐教育首次写进了英国学校督导评估指标体系

2016年8月颁布的最新英国《优秀学校督导评估指标》首次将反恐教育明确地写进了指标之中,这是史无前例的。近年来,由于恐怖主义在美国和欧洲的肆虐与猖獗,英国政府增加了反恐教育,在这套最新的评估指标中明确提出"学校领导是保护学生不受恐怖主义和极端主义影响的楷模。一旦学生受到此类主义的影响和侵害时,学校领导能迅速做出回应。对教职员工进行高质量的培训,提高警惕、自信和应对力,能挑战遭受影响学生的此类言论并鼓励展开辩论(2.12)"。在这项指标中,不但要保护学生不受恐怖主义和极端主义的影响,还要积极组织学校的教职员工进行反恐怖主义和反极端主义的培训,提升他们的应变能力。一旦发现学生受到恐怖主义和极端主义的影响后,能组织教职员工通过辩论等应对和驳斥受影响学生的恐怖主义或极端主义的言论。面对全球的恐怖主义和极端主义,面对"台独""藏独""疆独"等极端分裂主义行为,我国政府、教育部、国家教育督导局是否也应当未雨绸缪,借鉴英国2016最新优秀学校督导评估指标的经验,将反恐、"反台独"、"反藏独"、"反疆独"之类的教育明确写入我国的学校督导评估指标中?

4. 新指标中增加了网上安全部分,增加了教会学生防止网上欺凌

2016年最新英国《优秀学校督导评估指标》增加了教会学生如何防止网上欺凌和网上安全部分。如在4.12项中,专门强调"学生充分了解如何保持网络安全,如何预防移动技术和社交网站的不当使用"。在4.8项中明确要求"学生与学校通力合作,防止任何形式的欺凌,包括网上欺凌和出于偏见的恃强凌弱"。我国目前也面临同样的问题,从大学生网上被骗猝死和自杀,再到大学教授被骗千万,

---

① 孙河川.给孩子置入什么样的"软件"[N].中国青年报,2016－03－28(2).

网上安全、网上欺凌的问题再次被推上了风口浪尖。有的地下暗网诱导中小学校学生实施暴力、欺凌、自杀、自残、性接触、流浪、乞讨等不良行为，诱导他们产生厌学、愤世、自卑、恐惧、抑郁等不良情绪，对他们的身心健康产生了严重的不良影响。最新英国《优秀学校督导评估指标》中专门增加了教会学生防止网上欺凌的指标，这是非常重要的、及时的、顺应社会和时代发展需要的。因为手机和上网已经成为我国成人和青少年生活中不可或缺的重要组成部分，人们对它的依赖，不亚于空气、雨露和阳光。我国国家互联网信息办公室在 2016 年 9 月 30 日也曾发布过《未成年人网络保护条例》（草案征求意见稿），但在我国教育部教育督导局颁发的文件和学校评估指标中并没有体现出这一点。教育部教育督导局比较关注的是"开展校园欺凌专项治理"，并向全国发出了通知。我们建议将注意网上安全和教会学生防止网上欺凌的指标纳入国家和各省市的学校督导评估细则中。

5. 对学生的培养目标更具体更明晰

2016 最新英国《优秀学校督导评估指标》明确提出了将学生培养"成为成熟的、关心体贴他人的、积极活跃的公民"（4.13）；增加了"学生对自己取得的成就和在读的学校感到骄傲，并引以为荣"（4.1）；"师生关系堪称完美"（1.1）；"在所有的课程中（包括语文和数学），学生都能够在知识、理解力和技能方面取得优秀的、实质性的、持续性的进步，尽管他们的起点不同"（5.1）。除此之外，在微观的培养目标中，增加和强调对语文、数学的重视，尤其是对语音和拼写的重视，明确提出"一年级学生在全国的语音测试中成绩优异"（1.4）。学生热爱学习、不怕挑战、不怕失败。对学习充满兴趣和好奇心，能够使用最新的信息资讯去巩固和加深自身的知识、技能和理解力。不但课内学习活跃，同时也能积极参与各项课外活动（3.9）等等。在访谈和问卷调查中，"学生广泛阅读，有着与他们年龄应具有的理解力和流利度"这项指标的可行性和重要性都比较高，同时在差异性研究中此项指标也处在赋值较高的位置。同时另外一项指标"教师培养学生的阅读、写作和沟通能力"（3.7）的重要性和可行性也很高，从国际上来看，由 OECD 主办的PISA 测试中，评估的也是针对学生的阅读、数学和科学三个项目，也有专门的对学生阅读素养进行评估的国际项目 PIRLS，因此不管国内外，都将学生阅读能力作为评估的重要指标。因此，上述指标体现出英国对学生培养的目标更具体、更明晰。

6. 对教师的督导评估指标翻倍,更加细化、具体、可测

在英国 2016 最新《优秀学校督导评估指标》中,增加最多的部分是对教师的评估指标部分,由原来的 5 条增加到 12 条,不但条目翻倍,内容也更加的细化、具体、可测。例如在课堂教学之中,教师"能清楚地判断学生是否理解和掌握了该学科的内容,能够判断学生常犯的错误并能确保其不再犯"(3.1);"教师能很好地协调课程资源,能始终遵循明确的规章制度对学生的行为进行管控"(3.2);教师为学生提供足够的时间进行反复操练,让他们将知识、理解和技能融会贯通。并循序渐进地向学生介绍课程知识,让学生掌握得更多更好,了解每个掉队落伍学生并全力帮助他/她,帮助他们迎头赶上(3.3);根据学校的规定,教师需向学生提供精辟的指导建议,怎样去提升自身的知识、理解力和技能。学生能够有效地利用教师的这些指导建议(3.5)。新指标对于学生的家庭作业也增加了评估指标,例如:教师根据学校的规定、学生所在的年级和年龄段,布置恰当且具有挑战性的家庭作业,以巩固学生的学习,加深理解,使学生能为未来的工作和学习做好准备(3.6)。

首次出现在英国优秀学校评估指标体系中的评估细则还有:尤其是对于低年级的学生,教师的语音教学必须高效,确保学生能认识和拼读生词(3.7)。教师坚信学生能取得好成绩。鼓励学生努力,肯定其进步,确保他们对自己的方方面面充满自信和自豪感。教师对所有学生的学习态度信心满满(3.8)。不论在课内外或校内外,教师绝不墨守陈规,绝不使用刻薄言辞或贬义词伤害学生。在教学方法和教学资源的使用上,珍视学生的不同经历,让学生能超越地、综合全面地理解和对待不同的人群和社团(3.12)。另外,"重视教师的专业发展"在访谈中被提及的频次非常高,同时在可行性调查和重要性调查中均名列前茅,此项英国指标具有一定的普适性,可供我国借鉴。

7. "学校领导与管理的效能"指标增加了二分之一,聚焦学生学业成就、校董事会的监管作用、学校绩效管理、营造追求卓越的学校文化

在对学校领导层面的督导评估指标中,首先是加大了对学生成就和成绩的重视程度,新的评估指标 2.2 和 2.3 中的内容是 2010 年指标中没有的:"学校领导层和校董事会始终如一地聚焦于提升所有学生的成就,尤其是对低社经地位的学生和学困生。学校的举措确保了低社经地位学生和学困生的持续进步,各门课程均在提升,尤其是英语和数学(2.2 - 2.3)。"其次,2016 年英国新指标中还加大了校董事会对学校领导层的监督和质询作用,在指标 2.4 中明确提出"校董事会经常

督促、激励学校领导层,使他们能有效地调动教职员工的积极性和学校的各种资源,确保学生取得卓越成就。校董事会经常质询学校领导层有关不同学生群体在学习成就方面的差异情况,尤其是低社经地位的学生和不同种族的学生。"再次,增加了"领导和校董事会直接使用绩效管理,直接鼓励、激发和促进教师的专业发展。全校的教学都是高效的。……校领导营造了激励教师、信任教师、勇于冒险和大胆采用适合学生的方法。学校开设的课程丰富多样而又均衡,学生爱学。安排的系列课程有助于学生掌握各方面的知识、加深理解和学习技能(2.6-2.8)"。最后,增加了对营造追求卓越的学校文化氛围、公平性和多样性的认同。如:2.10指标中"学校领导在给学生和教职员工提供机会的公平性和多样性方面做得相当好,在整个学校校风和校园文化中没有任何形式的歧视"。学校领导层"营造了追求卓越的学校文化氛围,对师生员工有高期待,师生关系堪称完美"放在了第一条,而2010年版本是"领导者与管理者如何有效地在交流中看到学校的未来,对学校有高期待,并确保能从其他方面获得支持和帮助"。强调了追求卓越的学校文化氛围的重要性。

8.减少了对学生成就、乐学程度、对社区贡献的指标

英国2016年最新《优秀学校督导评估指标》中,减少了对学生成就、乐学程度、对社区贡献程度的指标。如:2010年的指标有"学校提供的16岁学生的成绩,如:测试、考试成绩及其他,也应考虑不同学生群组之间、课程、学科、发展趋势中任何重要的变量……学生学习质量、进步及成就,包括学前教育和大学预科取得的成就。不能只用一年的数据,除非是新校"。但2016指标中就没有这一段话了。与此同时,2016新指标中,还减少了对于学生的乐学程度、学生对社区的贡献、学生参与对学习和福祉问题的决策和咨询、教会学生保障经济无忧的技能等指标细则。究其原因可能是因为这些指标的可测性和可操作性还存在一些问题。

9.在学校督导评估指标中融入学校效能元素

英国2016年最新《优秀学校督导评估指标》中,如同更新前的督导评估指标一样,都融入了浓浓的学校效能元素。关注学校的整体效能、关注学校领导和管理的效能是英国最新《优秀学校督导评估指标》的两个最靠前的重要维度。在英文原文的英国优秀学校督导评估指标中,提到"效能"(effectiveness)的地方多达几十处,并将"学校的整体效能"写在了优秀学校评估指标体系中的首要位置,由它代表每所学校的总评等级。另外,它的第二个维度直接以"学校领导和管理的效能"命名,而不是用"学校领导和管理的质量"命名,可见英国教育标准局对"效

能"的重视程度。以学校对学生的学业成就、高阶思维和各种能力的培养、全面发展等诸多方面的最优化"增量"(value added),即相对的进步幅度,去评估学生的发展和成长。一所高效学校是对所有学生的进步有增量作用的学校。① 在对教育质量的评估之中,运用增量评估法评估学校的效能具有重大意义,因为它兼顾了教育的公平与卓越两个方面。英国 2016 最新《优秀学校督导评估指标》中,饱含了浓浓的教育效能元素。

10. 在关注学生学业成就的同时细化学生全方位发展的内涵和外延

英国 2016 最新《优秀学校督导评估指标》在关注学生学业成就的同时,努力细化学生全方位发展的内涵和外延。不但要关注学生学业成就,更要关注学生的全方位发展和做人,关注学生是否具备未来生存和创业的思想、理念、态度、技能和能力等。在当今世界,生存与就业依然是发展中国家所面临的巨大问题。对于像英国这样的发达国家而言,低层次的生存问题已基本解决,但就业问题依然严重存在,而让每个学生在校期间能够学会在他们未来的人生道路上的生存技能、生存方法、生存态度、生存的行为方式则是向学校教育提出了更高的要求和挑战。除此之外,英国督导还评估学生获取知识的能力,在不同学科中的学习潜能,特教生、学困生或残疾生的相对进步等等。由此可见,英国 2016 最新《优秀学校督导评估指标》把学生的成就、成长、成人、生存、技能、就业等放到了极为显著的位置,旨在细化学生全方位发展的内涵和外延。

11. 更加重视学生的安全保障和防止欺凌事件的发生

英国最新中小学校教育督导评估指标将"学生与学校友好协作,共同应对和防止欺凌事件的发生"增加到督导评估细则中。在访谈和问卷调查中我们发现,英国指标中有关学生的安全保障指标在中国具有很大的可行性。目前国务院教育督导委员会办公室向各地印发《关于开展校园欺凌专项治理的通知》,各地中小学校针对发生在学生之间、蓄意或恶意通过肢体、语言及网络等手段,实施欺负、侮辱造成伤害的校园欺凌进行专项治理。这反映了我国校园欺凌现象的存在而且得到了政府和全社会的普遍关注,因此将此项指标纳入我国的督导评估指标中十分必要。

12. 重视学生的心理健康。在我国,很多城市学校都建立了心理咨询室,这是

---

① 孙河川,郑弘. 学校教育质量评估标准研究:基于教育督导的视角[M].北京:九州出版社,2015:17.

很好的。但是为了更好地促进学生的心理和身体的双重健康,如何使咨询室或者其他更多的途径去疏导学生的心理"疾病"能得到法律法规的认可,如何使学校的硬件设施更好地提高学生的身心素质,仍然是我们需要重视的问题。有必要在我国的教育督导评估指标中加入此项指标。

从访谈和问卷调查中发现,虽然大部分英国教育督导评估指标在我国具有可行性,但由于国情不同和社会经济发展阶段不同,有少数英国指标在我国的可行性较低。例如:"学生很少因为出席率低而影响成绩""在大部分学科中,学生能够持续进步"等,被试认为英国的标准太高,在我国的中小学校中很难实现。

(三)来自荷兰的启示

我们能检索到的目前仍在使用的荷兰中小学校教育督导评估指标是 2009 年由荷兰教育督导部颁发的。早在 2005、2006 年,荷兰教育督导部就曾下发小学教育督导指标体系和中学教育督导指标体系,2009 年对该指标体系的更新和修改中,最大的变化和最值得我国借鉴的是基于问题导向的督导(Risk Based Inspection)。荷兰督导局对全国的督导对象进行系统核定,如果发现某些学校出现问题或具有出现问题的前兆(Failure Signals),则对其进行专项督导或者定期督导,而对于未发现明显问题的学校,只进行普通督导。普通督导的频率是每四年进行一次。督导结果在学校现场督导完成的五周后,在荷兰教育督导网上向社会公示。

荷兰 2009 年教育督导评估指标体系针对荷兰中小学督导评估分别制定了《中学教育督导评估指标》《小学教育督导评估指标》。二者的内容很相近,只有极个别指标有所不同。无论是小学还是中学的督导评估指标体系的共核部分共有五个核心维度(即一级指标):分别是成果(Outcomes)、教与学的过程(Teaching – Learning Process)、特殊需要的提供和指导(Special Needs Provision and Guidance)、质量保障(Quality Assurance)和法律法规(Statutory Regulations)。每个维度下面还有具体的下位指标。在 5 项相同的一级指标下,中学教育督导评估指标包含 10 项二级指标、48 项三级指标;小学教育督导评估指标包含 9 项二级指标、45 项三级指标。

通过发放问卷,对回收的数据进行统计分析,在对荷兰每项具体指标在中国的可行性调查问卷中,中学部分有 398 名被试反馈,小学部分有 436 名被试反馈。有九项指标被 700 名被试认为可行,这九项指标分别是:F3.国家级考试中,学生能取得预期成绩;F4.学生参加国家统考的成绩和校内考试成绩的差距在允许范围内;F5.低年级课程满足法定要求;F6.高年级课程大纲包含所有考试科目;

F15.教师调整课堂教学,以适应学生间的发展差异;F18.通过学校组织的活动,使家长能够参与学校管理与教学;F23.学校持续的使用统测,以监督学生的成绩和发展;F26.学校监测学生是否按照成长规划在成长,在监测结果基础上,做出合理的调整;F32.学校定期评估学生是否达到培养目标;F33.学校定期评价教学过程。在这九项指标中,被试认为在我国可行性最高的评价指标为"学生的成绩"。在这九项指标中,被试认为可行性最高的为:F3.国家级考试中,学生能取得预期成绩,共有331人次,占总人数的89.9%。反之,认为指标可行的被试人数少于150人次的有三项,分别是:F38.学校代表校董事会将学校自评报告送达督导局;F39.学校代表校董事会将学校发展计划送达督导局;F40.学校代表校董事会将学校特殊需求送达督导局。认同的人数为:81、83、79,分别占总人数的22.0%、22.6%、21.5%,换言之,有78%–78.5%的被试不认同或没有表态。

综上可发现,荷兰中小学校督导评估指标在我国总体可行。但由于辽宁省经济、教育等方面发展程度与荷兰和中国沿海发达城市的差距,没有实行校董会制度,对这一概念也比较陌生,因此凡是与校董会相关指标的认可度都偏低。此外,被试还认为"学校为推进积极的公民意识和社会多样性而对其教育质量进行评价"这样的指标也有些超前,相对而言被试更为重视"学生的学习成绩"和"学生的安全"方面的指标。

从荷兰中小学校教育督导评估指标体系中可以得到什么样的启示呢?概括起来有以下五点。

第一,荷兰教育督导制度健全,体制完善。在PISA等全球统测中,荷兰始终排在世界前十。荷兰教育督导制度是世界上最早的现代意义的教育督导制度,荷兰教育督导制度历史悠久,建立于1801年,早于英国和法国30多年,可以说是世界上最早建立的现代教育督导制度。荷兰的教育督导制度职责范围很广,包括对初等教育、中等教育、职业技术教育、成人教育以及特殊教育的督导与评测。荷兰教育督导局的主要职责是负责对教育质量进行督导,目前教育督导局设有一名总督学,四名主任督学,分别负责小学与特殊教育督导、中等教育督导、成人与职业教育督导和高等教育督导。而我国教育督导虽然雏形出现较早,但时断时续,有关现代教育督导的经验和制度体系都尚需充实和完善。鉴于此,自2009年–2011年,教育部督导办、北京市教委联合举办了三届国际教育督导论坛,参加论坛者为全国各省市自治区教育督导办的第一和第二把手,可谓是全国最高层面的教育督导盛会,主办方特别邀请了在全球教育督导方面的旗舰:英国、荷兰、法国等国的皇家督学及国家督导负责人参会并做主旨演讲,以便求取这些国家在教育督导方面的真经,荷兰也三次受邀。

第二,荷兰教育督导评估指标体系注重细节。从具体指标可以看出,荷兰教育督导指标体系中将荷兰语、数学专门列为一项,通过以下四个具体指标"学生在小学毕业应达到的水平(国家标准)""学生在小学毕业应达到的语文和数学水平""课程设置要连贯""对于语文课程,学校要考虑部分学困生的辅导需求",可以看出,荷兰教育督导评估指标体系制定内容贴近实际需要,针对本国教育需求及国际形势而制定具体目标。语文和数学作为两大基础学科,语文(荷兰语)面向传统,弘扬和传承本国文化。而数学则面向未来,是一切理工科学科的基础。将传统和未来融合在初等教育中,使学生从小就接受传统教育和现代教育,真正使学生立足传统,面向未来。作为荷兰的教育督导部门来说,将荷兰语、数学、社交能力、公民意识等细节融合在教育督导指标体系当中,代表国家的意志,对中小学教育提出要求,并定期督导,提高全国基础教育整体水平,为提高学生的知识和能力而努力。而在我国各省、各市的教育督导指标体系中从未有过类似的指标。我国督导指标则更注重国家教育方针的贯彻落实和学校的硬件设施是否到位,参考各省、市教育督导指标体系,具体参照广东省广州市、广西壮族自治区、河北省、黑龙江省和吉林省五省市的小学教育督导指标,都不同程度地提到了贯彻落实政策方针、学校占地、布局和校园校舍问题。对具体课程的具体评估,在我国教育督导评估指标的顶层设计以及各省市自治区的督导评估指标中都很少体现。

第三,荷兰中小学教育督导评估指标体系制定严谨、富有逻辑,可操作性强。无论从一级维度还是二级维度,都能看出荷兰教育督导指标体系的良苦用心。五个一级指标分别是成果、教与学的过程、特殊需要的提供和指导、质量保障、法律法规。完整地覆盖了学校教育过程所涉及的层面,目标、过程、保障等丝毫不差。根据系统论,五个要素构成了一个有机整体,各司其职。细化到二级指标是同样的,例如在"教与学的过程"这个一级指标中,共包括21项三级指标,划分为课程、教学和学校环境几个层面,完整地涵盖了教学过程中的课程因素、教师因素、家长及社区因素,而且督导对象从学校到教职工到学生,整个框架丰富而有逻辑。相比我国各省市教育督导指标,虽说各个省市的督导指标也存在其内部固有逻辑,但逻辑起点是不一样的。通过对指标的分析,能清楚感受到,荷兰督导指标的逻辑起点是提高学校教育质量,而我国教育督导指标的逻辑起点,更像是学校标准化。荷兰教育督导评估指标中,所有指标都可以具体量化评分,如"有特殊教育需要的学生根据其能力予以帮助""教师调整课堂教学,以适应学生间的发展差异""教师系统地分析学生的发展进步""学校洞察学生的教育需求"等,而相比我国,以河北省教育督导评估指标为例,二级指标分别是"管理能力、管理目标、管理机制、教务管理、学生管理、实施方案、课程评价、教师队伍、经费保障、教学设施、教学资料、研修计划、组织建设、制度建设、教学研究、主题研究、教学考察、教师评价、学生评价、命题评价、质量评价",这些指标均采用四字结构,讲究文字的对仗,但是都较抽象,量化评分较难,相对荷兰督导评估指标体系而言,在内容上分类欠明确,逻辑欠清晰。如"组织建设"和"制度建设"划分不清,二者难免在实施过程中会有交叉。"实施方案""主题研究"等更令人不知所云,不知其上位和下位概念的内容是什么,包含什么。

第四,教育督导政策的制定在一定程度上决定一个国家教育的发展走向。国家已十分重视教育的发展,已经采取各种措施解决教育公平、教育均衡发展等问题,普及九年义务教育,推行义务教育免费制,教育经费投入达到 GDP 的 4% 等等,这些都说明中国的教育正在发展并且充满希望。我国教育界一直对国家是否应该制定统一的教育督导评估指标存在疑虑,认为我国有 34 个省市自治区,每个地区有不同的人文、经济、教育特色。城市与农村的教育差距始终存在,教育公平尚未解决等,使得国家相关部门迟迟未构建出全国统一的督导评价指标体系。虽然国家教育督导团已出台了中小学素质教育督导评估指标框架和评估办法等,但它仅仅在国家层面设计出了一级指标和二级指标,在总体上比较宏观,还需要各个省市根据省情、市情设计出更详尽、可操作的细则。这是一项很大的工程,然而如果一套适合我国国情的教育督导评估指标加以认真贯彻实施的话,会对教育公平、教育效能、教育质量、教育问责、教育政策评估起到推动作用,进而引领我国基础教育发展新趋势。

第五,荷兰的教育督导评估指标体系重视教师素质、知识与技能。在强调专业素质的前提下,关注教师的专业知识和技能的发展。荷兰中小学教育督导评估指标体系中,有超过一半的指标涉及的是教师的专业知识、技能以及教师专业化管理。首先,它强调了与教学实践直接相关的技能,如营造一个好的课堂学习环境和氛围、精心备课做教案、良好的教学技能、对学生的有效评价、监督和反馈的技能等。其次,它还要求教师能够积极与学生和家长进行沟通,教学方法能尽量适合每个学生等。

（四）来自法国的启示

法国教育督导评估指标体系部分共有七大核心维度：语文、数学与科学、外语、信息通讯、社交与公民道德、自主性、文化艺术。为配合教育部和教育督导办有关学生核心素养的研究，我们将研究的重点放到了对法国教育督导评估指标体系中有关学生非认知类核心素养的评估指标上，所以不对语文、数学与科学、外语指标进行专门的介绍，而将重点聚焦在有关学生核心素养评估的维度上，如：信息通讯技术、社交、公民道德这三个一级指标。这三个一级指标下含 9 个二级指标，21 个三级指标，42 个四级指标。

在实证研究方面，我们在辽宁省 14 个地区发放问卷 7000 份，回收问卷 6300 份，共剔除无效问卷 652 份，获得有效问卷 5648 份，有效率为 89.6%，被试包括一线校长、教育管理人员、专家、政府督学、教研员、教师、教辅人员、干训教师、其他等。通过 EXCEL 软件，对 5648 份有效问卷进行整理和编码，制作成数据库，导入 SPSS 软件，Alpha 值为 0.976，因素载荷值限定为 0.6，经过旋转后，因素载荷值大于 0.6 的指标共有 37 项。被各级各类教育工作者认可的五项主因子囊括了法国教育督导评估指标体系（学生核心素养评估三个一级指标）中的 37 项（指标共计 42 项），由此可见，来自我国一线的教育工作者、政府督学和专家都认为法国中小学校教育督导评估指标的可借鉴性很高。在差异分析部分，本研究主要做了城市农村差异、教龄差异、身份差异的分析。在身份差异分析中，我们选取的样本是校长 702 人和教师 4055 人，因为校长是学校的管理者和组织者，而教师是落实学校教育和教学的实践者，他们工作的角度和对象不同，因此选取教师和校长作为样本具有代表性。独立样本 T 检验输出结果显示，校长和教师对 25 个指标的重视程度差异显著，并且通过均值来看，校长对学生核心素养指标的重视程度普遍高于教师。

法国教育督导评估指标体系对我国的启示主要体现在以下 11 点。

1. 我国指标的可测性亟待提高

如果一套督导评估指标不具有详细的测评点，或者测评点不具备可操作性，那么其作用就形同虚设。我国教育部 2016 年已公布的中国学生发展核心素养在指标的制定方面，仍然有不够具体详细之处，例如一级指标"审美情趣"中的二级指标"创意表达"，它的三级指标是这样表述的，"审美情趣中的创意表达，重点是具有艺术表达和创意表现的兴趣和意识；具有生成和创造美的能力；能在生活中拓展和升华美，提升生活品质等"。像这样的三级指标内容笼统不具体，根本无法量化,大部分教师很难将其融入课程中,督学也很难进行科学的评价。还有在表达方面,我国的评估指标大多倾向于用四字成语或词组,诸如:尊崇法治,敬畏法律,明辨是非等等,看起来非常整齐朗朗上口,但很难评测,指标形同虚设。而法国的指标非常具体,例如一级指标"文化艺术"的下位二级指标之一是:"艺术鉴赏";在艺术鉴赏的下位三级指标是"学习各种艺术形态(文学,音乐,舞蹈,戏剧,电影,设计,绘画,雕塑,建筑)",它的下位四级指标是"通过不同作品的研究,寻找艺术创作与其他学科的联系,如文学、地理、历史和科学;描述每个艺术类别的特征;详细描述作品中的艺术元素和所处的时空背景,并使用专业的词汇和术语对不同领域的艺术作品进行赏析;表达情感,发表观点"。指标不仅设置得非常清晰,而且能够指导教师的教学,当看到这个标准,教师就能明白课程中应该融入哪些元素和课外知识,如何设置评估活动对学生进行评估,同时在指标的最后还对教师如何评判学生的表现做出了指导,比如"如果学生能够分析不同的艺术形态与历史的关系,应该受到好评","当学生能够流畅地表达思想和观点,应该受到好评"。这样的指标和评估细则对于教育部门、各级各类学校和教师才真正具有指导意义。

2. 不可忽视语文、数学和外语学科的重要性

基础学科指的是数学与科学、语文和外语,法国教育督导评估指标体系的七大维度不仅包括信息、自主性、人文、社交与公民道德素养,也包括基础学科数学与科学、语文和外语。纵观世界各国,莫不如此,而且往往将数学、语文和外语放在最重要和核心的位置。而目前我国公布的有关学生核心素养的一级指标是:社会责任、国家认同、国际理解、人文底蕴、科学精神、审美情趣、学会学习、身心健康和实践创新。这些核心素养的一级指标与法国一级指标的最大区别就是我国没有把语文、外语和数学三个核心维度包含在内。换言之,没有把"知识"包含在内。在文献查找和研究的过程中,不仅是法国,大多数发达国家所制订的核心素养指标都给予学生的学业成就(语文、数学、外语、科学)足够的重视,放在一级指标的位置,因此在制定培养学生创新能力、国际视野、人文积淀等的同时,也不能忽略对基础学科的重视。因此我国在培养学生核心素养、高阶能力的同时,不能矫枉过正,走极端,完全忽略对语文、数学、外语和科学等基础学科的学习、评估和监测。

3. 重视信息素养标准的构建

通过对联合国教科文组织、欧盟、法国教育督导评估指标体系的比较分析,它

们都将"信息素养"作为核心维度进行强调,制定了评估学生所需要具备的信息知识和能力的指标或标准。而中国是在"学会学习"维度下提出了三点指标:具有信息意识;有数字化生存能力;主动适应"互联网+"等社会信息化趋势。在如今的网络化和大数据研究的背景下,国家应该关注农村地区中小学的信息化设备和课程建设,加强城市地区学生使用计算机和互联网的能力和规范,不能把互联网当作抄袭作业的题库。应当学习法国教育督导评估指标中有关信息素养指标的相关内容,如:要求学生对网络信息具有批判精神,不轻信网络谣言,对信息下载的来源要诚实引用,树立良好的互联网使用规范和道德准则,这些都值得我国在制订或修订教育督导评估指标体系时借鉴。

4.注重对学生创新和批判性思维的培养

《反思教育:向"全球共同利益"的理念转变?》是联合国教科文组织(UNESCO)2016年发表的研究报告,报告强调21世纪的教育,教师和其他教育工作者的作用对于培养学生批判性思维和独立判断能力、摆脱盲从至关重要。也就是说,拥有批判性思维和独立判断能力,才能创新,而我国现在最缺乏的就是批判性思维和创新意识,例如有的人盲目崇拜国外教育,不加思考就人云亦云地信从。又比如中国经济转型,原先依赖的劳动密集型产业优势已经越来越不明显,"山寨"产品的质量和认可度也开始下降,需要中小企业发挥技术创新能力,提高各类产品的科技含量和知识含量,整个国家和社会都需要大众创新的环境,所以应该在基础教育阶段,甚至是幼儿园阶段,就开始有意识地培养孩子的批判意识、独立判断能力和创新思维,法国的此类指标值得借鉴。

5."身心健康素养"重"心"也要重"身"

身心健康素养包含身体健康和心理健康,中国的身心健康素养标准对心理健康更为侧重。值得注意的是,联合国教科文组织提出的身心素养中提出了"性"教育,这是我国没有提及,法国也没有提及的,应该引起注意。心理健康还有一个值得注意的问题是,不仅是积极的心理健康被倡导,消极心理引发的校园问题也应该是核心素养的关注点。2016年两会期间教育部长就曾对校园暴力问题做过回应,表示要通过修法,让恶意欺凌者受到惩治,国家将会同有关部门,开展专项督查,确保每个学生都能安全、健康、成长、成才。关于校园暴力问题,法国在2011年就已经提出了,例如法国核心素养指标中提出的校园暴力、性别歧视、民族差异歧视,农村城市和贫富引起的校园暴力活动,也应该是我国教育督导评估指标体系构建应该注重的内容。

但从另一方面看,法国体育素养指标中提到的田径活动包括:跳远、跳高、穿越障碍、长跑、短跑、接力跑、投球、游泳。户外活动包括:登山、攀岩、海上运动、自行车、跳水、潜水、游泳、滑冰、滑雪等活动,符合法国的国情和特色。在访谈中,很多被试认为中国目前学校和家长的经济能力还不能达到法国某些体育科目的要求,例如:攀岩、海上运动、跳水、潜水等,而且安全性也得不到保障,不太符合我国现阶段的国情。国务院办公厅 2016 年 5 月印发了《关于强化学校体育促进学生身心健康全面发展的意见》,目的就是为了促进学生的身心健康发展,因此可以结合我国的国情,制定相应的体育督导评估标准和指标。

6. 评估指标应该具有阶段性和连贯性

核心素养是教育督导评估指标体系的重要组成部分。小学生需要核心素养,中学生需要核心素养,成年人甚至整个社会都需要核心素养,去促使人不断地提升自己,做一个有道德、有爱国情怀、有批判能力、有自我约束能力、有创新能力的人,因此核心素养应该具有连贯性和连续性,是每位公民终生所应当具备的素养,并一以贯之地执行和深化。法国的学生核心素养只是法国核心素养庞大体系中的一部分,它包括幼儿阶段、小学阶段、中学阶段、高中阶段、大学阶段,其核心思想和维度是贯穿一致的,只是在不同的阶段有各自的侧重点。法国对核心素养的评估分为三个阶段,分别是小学二年级、五年级(法国小学五年制,相当于我国的小学毕业)和初中毕业。第一次评估是小学二年级,主要评估内容是语文素养、数学素养、社交能力和公民道德。第二次评估是在小学毕业时,主要是对七大核心素养进行评估,分别是:语文、外语、数学与科学、信息与通讯技术、人文艺术、社交与公民道德、自主性。第三次评估在初中毕业的时候,评估的主要内容也是以上七大核心素养。这三个阶段的内容融会贯通、相辅相成,当评估结果显示学生在某些学习方面有困难时,教师团队可以为他提供个性化的帮助。学校会将评估的每个步骤和结果通知给学生的家长,让家长能够参与和了解学生的进步情况。因此,对学生核心素养评估的阶段性和连贯性可以为我国教育督导评估指标体系的修订提供借鉴或参考。

7. 核心素养与学科相结合

法国教育督导评估指标体系中,有关学生核心素养的评估模型对于教育改革的影响首先体现在以核心素养推进“关注学生的发展,培养学生核心能力”的课程改革之上。要推进课程改革,创新培养学生核心素养的模式,意味着将核心素养融入各门课程标准之中。从学生核心素养到课程标准的转化过程需要一个过渡环节,否则,核心素养与课程课标设置会成为"两张皮",学生核心素养就会变成"空中楼阁"。2006年7月11日法国以法律的形式将学生核心素养立法,同时作为课程改革的"DNA"。在宏观上,核心素养指导学校办学和课程改革;在微观上,作为课程DNA的核心素养可以帮助教师备课抓重点,在课程中培养和提升学生的知识、能力、态度、核心素养、创新思维的能力,最终实现全面发展的目标。

8.核心素养与教育督导相结合

在培育拔尖创新人才的过程中,需要发挥督导和评估的作用,通过督导把学校教育导向"聚焦核心素养,创新人才培养"的轨道上来。评估主体方面,不仅要对学生核心素养进行评价,更重要的要推动教师的重塑,让他们能真正重视学生的核心素养,重视核心素养在教学中的重要意义,只有教师素质和教学方式改变了,才能更好地推进学生的核心素养教育和评估。有了学校、教师和学生主体的基础,就应该研究如何实施测评,因为核心素养的评估不同于以往的升学考试和学期测试,因为它不仅关注学生对单一学科的掌握程度,还更加注重了学生的跨学科能力,即综合运用所学知识解决实际问题的能力。而且核心素养评估不再只关注学生考试学科的能力,还关注情感、态度、价值观、合作交流、自我学习能力等素养。这些都为评估的制定增添了难度,因此应该探索多元的评估内容和评价方式,更有效地反映教师和学生的能力素养。

9.结合国际和国情制定核心素养督导评估指标

世界各国的核心素养标准,都是基于本国国情和国际形势制订的。例如法国学生社交与公民道德素养中提出法国的价值观"自由、平等、博爱";新加坡提出的核心价值观"尊重、负责、正直、关爱、坚毅不屈、和谐"。我国学生核心素养也应该立足学生发展,建立以社会主义核心价值观为中心的学生核心素养体系。根据国际经验,各国或地区在制定学生发展核心素养指标的过程中不仅反映出全球化、信息化的趋势,也都根据本国的国情和教育文化环境特点提出具有国家和民族特色的素养指标。例如在访谈过程中,我们整理了各位受访者对中国核心素养的看法,总结了他们认为最应该值得关注的问题,是"尊重老师,孝顺长辈",尊师和孝道一直都是我国的传统美德,但是在现阶段的小学生中,却并没有从"书本"走向"践行"。这些指标在我国新颁布的核心素养标准中都有体现,与一线教育工作者的期望相吻合,应该得到坚持和发扬,在我国的教育督导评估指标体系中也应当有所体现。

10.指标制定要逻辑严密符合规范

教育督导评估指标的制订要有规范,形成逻辑框架体系。通过对泰勒评估模式的学习,我们了解了制订标准和指标的六项原则,例如维度和指标不能交叉重复,语义表达要准确,逻辑要严密,一条指标只能表示一个意思等等。2016 年我国颁布了《中国学生发展核心素养》。它强调学生发展核心素养,学生应具备的、能够适应终身发展和社会发展需要的必备品格和关键能力,是关于学生知识、技能、情感、态度、价值观等多方面要求的综合表现。明确我国学生的核心素养,一方面可以引领和促进教师的专业发展,改变当前存在的"学科本位"和"知识本位"现象,一方面可以帮助学生明确未来的发展方向,并为之而不断努力。但是该框架和维度在表达上还有所欠缺,指标和维度没有形成一一对应的逻辑关系,而且每一条三级指标最后都用"等"字来进行概括,范围宽泛。

11. 建立良好的家校关系

在对 15 个被试进行访谈的过程中,12 个受访者在访谈的最后都向我们提到了家庭教育,他们希望通过本研究,引起国家和社会对家庭教育的关注,对家长在孩子成长过程中的重要性的关注。因为中国每个班主任都要负责几十个学生,不可能全方位地关注到和顾及每个孩子的表现,不可能敏锐地观察到每个学生的心理健康和可能发生的潜在安全隐患,所以学校和家长应该建立良好的家校关系。有些家长认为把孩子送进学校,一切就是学校和老师的责任,但是老师最多能关注大部分孩子的学习态度和成绩,对他们的品行、身体素质、生理和心理问题无法时时都关注到。因此学校和老师,应该及时与家长沟通,与家长一道引导和帮助学生成长,不要等到事故发生了,才通知家长、才去处理。

(五)来自美国的启示

美国是一个典型的地方分权制国家,以州为主体的行政体制促成美国的教育制度出现多样化和分权的格局,即美国没有统一的国家教育督导部门和统一的中小学校督导评估指标体系。由各州、各学区各自制订符合当地中小学校教育实际情况的督导评估指标,导致督导评估指标各不相同。单纯从政府角度来审视中小学校督导评估状况,会致使政府很难从宏观层面上获取多数州、学区的教育质量的实际情况,严重阻碍政府部门协调各区域的教育发展。如今美国中小学督导评估工作不仅由各州政府部门督导机构来实施,还有社会中介组织参与其中,如此一来可以补充彼此的不足之处。美国教育督导机构包括联邦、州、学区三级,各级之间相互独立,各级督导机构越级督导是被禁止的,加之当前美国没有统一的全美中小学校督导评估指标,各州、各地区都是因地制宜地制定相应的督导评估指标。那么,如何加强州与州之间、学区与学区之间的督导交流与合作呢? 了解整体的督导评估情况呢? 美国的基础教育中介评估组织十分发达,它们是除了美国政府督导机构之外的全国性的教育评估组织,这些评估组织评估范围广泛,涉及全美众多州、学区,评估指标具有一定的普适性,为美国政府提供了重要的教育质量数据和评估结果,与政府督导评估机构共同推动美国中小学教育督导评估工作的开展。如 NAEP 被美国政府赋予了教育评估职能,成为全美最具有权威性的中小学校学生学业成绩的评估机构,其评估指标被赞誉为全美教育成就调查、评估的"黄金指标"。

美国教育督导机构分为政府部分和社会组织两大类别,政府督导主要以州和学区为单位进行教育督导评估工作,而中介组织则是全国性的评估,加强了州际之间的督导评估工作的交流,打破了政府主导的基础教育督导评估的"一元局面",形成了政府与社会相结合的多元教育督导评估主体模式,这已经成为当代美国中小学校督导评估的主流趋势。这正与当前我国所倡导构建的政府管理、社会参与的教育督导评估新格局相吻合,合理地借鉴美国教育督导评估的模式,可以为完善我国教育督导评估体系,促进教育评估事业发展提供有益启示。

在美国中小学校督导评估指标体系的实证研究部分,我们在辽宁省的 13 个市区发放调查问卷 2000 份,回收问卷 1871 份。被试对象主要包括教育管理人员、教师、教研员、校长、政府督学以及教育专家。本研究通过利用 EXCEL2007 软件对 1870 份有效问卷进行了指标编码,整理成数据库。然后,利用 SPSS 软件进行因子分析,确定载荷值为 0.5,各因子之间的关联性、稳定性,以及总体解释率可以达到最佳状态。运用 SPSS 进行因子转轴后显示出:因子载荷值大于 0.5 的共有 50 项指标,其中因子 1 有 16 项指标;因子 2 有 14 项指标;因子 3 有 9 项指标;因子 4 有 8 项指标;因子 5 有 3 项指标。提取了被试认可的五项主因子囊括了《美国中小学校督导评估指标体系调查问卷》中的 50 项(共计 61 项指标),其有效程度达到 82%。换言之,美国中小学校督导评估指标体系中有 50 项指标得到我国中小学校教育工作者的认可,占到此套美国指标总数的 82%,这 50 个指标对我国教育督导评估指标体系的修订或更新具有参考价值。

美国中小学督导评估指标体系的特点如下。

1. 美国学生学业评估的特点

NAEP 是美国中小学校学生学业成就评估的权威机构,美国政府赋予其督导评估的职能,其评估数据为政府制定相关的教育政策提供可靠的数据来源。学生的学业成就主要是围绕 NAEP 的评估框架来展开,具体分为语文阅读、数学、写作和科学等具体的学科评估框架,每个学科的评估框架都制订了详细的评估指标体系,以评估指标来对 4、8、12 年级学生的学科学业成就进行评估,严格按照规定的评估标准打分。另外,学生学业成就与评估等级之间也是相互联系的。学生学业的评估等级将成为教师、校长以及利益攸关者判定学生是否进步的一种方式,进而审视某一年级的学生在某一学科质量中的整体情况,为下一次的学业评估提供改进的相关信息。

2. 美国教师评估指标的特点

NBPTS（全美专业教学标准委员会）是一个独立的、非营利的非政府组织,联邦政府为其提供项目资助。它所制订的教师评估标准得到了全美公立学校校长理事会、美国各州议会联合会、全美教育董事会协会、全美学校董事会协会和美国 49 个州、500 多个学区以及众多地方教育局的立法认可,并为获得认证的教师带来奖励、加薪、改善工作条件以及专业发展的机会。NBPTS 的教师评估指标体系有 5 个一级指标,21 个二级指标,它的最大特色是其前瞻性、关注教师和学生学习之间的适切性、关注教师教学行为与学生学业成就之间的相关性。其前瞻性体现在要求教师应当是批判性反思自身课堂教学实践的榜样,具有开放和勇于创新的心态,是受过良好教育的楷模,始终关注并了解国家面临的教育问题及焦点,在坚持终身学习和本专业的精深学习方面,能始终站在最前沿,在学生的培养方面怀有高期望值、尊重学生的差异和关注个性发展、培养学生的公民责任感。提倡用终身学习克服知识滞后,积极反思,以思促教,善于读书、质疑、创新、勇于尝试和接受新事物,不断深化专业知识,拓展各方面的专业技能。从核心维度的聚焦点来看,美国教师教学评估指标的聚焦点有三,其一在于教师对所教科目的知识和教学方法运用得当,其二是教师具有进行高效能教学的素质、善于激发学生学习动力与营造良好学习氛围的能力,其三是教师必须具有对所教学生和班级进行评估的能力。由于美国近年来在教育上实行"加压"政策,层层实施教育问责制,各州实行核心课程统考,因而催生了这样的指标。另一核心维度"教师有责任管理和监护学生学习"强调教师肩负着管理和监护学生学习的职责,突出了教师对于学生学习的管理权、监督和保护的权力与职责。另外,核心维度中的"教师是学习型团队的成员"突出强调了在当今变革的社会中,教师应当具有领导力,应当具有社会交往能力,应当知晓如何积极建立与社区团体和企业的合作伙伴关系。为了学校和学生的发展,为了实现教育目标,教师能够正确评估学校的发展和对资源的分配是否合理等。这一核心维度强调了 21 世纪的教师不同于他们的前辈,不再只是课堂内的"领袖",他们的活动舞台、视野和张力应当远远超越课堂和学校。①

3.美国中小学校校长评估指标的特点

美国实施地方分权制,导致了美国各州拥有自己的教育立法法律体系和教育制度。然而,ISLLC 却能够在美国 40 多个州得到广泛采用和实施,可见其生命力。从宏观上看,该评估标准为美国中小学校校长的发展提供了"标杆",为建立统一的校长评估指标体系奠定了基础,使它在全美各州、学区的校长评估与监督等方面发挥了"指挥棒"作用。从微观上看,ISLLC 通过 6 项一级指标和 31 项二级指标诠释和界定了"校长应知道什么"(to know)和"能够做什么"(to do)。"知道什么"强调的是校长的自身素养、应具备的知识、信息、领导艺术、领导才能等。"能做什么"则是强调校长的行动力、领导力、如何改善学校办学质量和提升学生的全面发展和核心素养等诸多方面。校长评估指标体系对校长进行了角色定位,明确规定其应有的职能,采取何种方式方法来实现每个学生的成功。在专业能力方面,校长工作的核心就是通过学校教育为国家培养人才,学校的管理要为学生、教职工的需求服务。ISLLC 规定校长要拥有一定的教学领导力,"使用最有效、最适合的技术来支持教学和学习""确保教师与学校安排的时间用于保证教学质量的提升和学生学习"。另一个方面 ISLLC 倡导的是校长要面向每一位学生,促使每一位学生成功,成为"能促进所有学生成功的校长"。即在 ISLLC 中,就如何促进学生的发展和成功,提出了相应的具体要求,如教师要"最大化地将时间用于高质量的教学之中",学校应当"建立对每位学生的学业成就和社会成就的问责制"等。

那么,美国中小学校督导评估指标为我国带来哪些启示呢?归纳起来有如下七点。

1.建立社会中介评估组织,构建更为细化的统一评估指标

我国义务教育阶段学校督导评估工作主要由政府督导机构来承担,而我国的政府督导部门人员编制很少,如辽宁省人民政府教育督导团办公室挂靠在辽宁省教育厅,在人事上归教育厅管,正规编制连司机在内才 6 个人。如此少的编制和督学怎么可能面对全辽宁省 2507 所普通中学和 15762 所小学(均为 2016 年辽宁省官方数据)的督导视察?即便他们全员出动,每天巡视 4 所学校,全年一天也不

---

① 孙河川、王婷.美国高质量教师啥标准[N]?中国教育报,2008 - 9 - 9.

休息,需要12.5年的时间才能督查完。如果我们能借鉴美国中小学校督导评估工作的经验,建立统一的督导评估指标体系,让社会中介评估组织也运用这一评估指标体系参与督导评估工作。那么这种督学部门人手严重短缺的局面将得到有效缓解。另一方面,社会中介督导评估机构(第三方评价机构)独立于政府部门的机构之外,相对而言,不会出现既是运动员,又是裁判员的尴尬局面。有利于形成政府教育督导部门和民间社会评估机构双重监督的态势,加强对基础教育质量的监管力度,共同构建政府管教育、学校自主办学、社会广泛参与和监督的新格局,这恰恰符合新时期我国政府所倡导的督导评估发展新方向。另外,借鉴美国教育督导评估指标建立更加细化的、符合中国国情和现实的教育督导评估指标体系也迫在眉睫。

2. 扩大我国教育督导评估的主体

为了保障我国中小学校督导评估工作的有效性和科学性,迫切需要中介评估组织加入到教育督导评估工作中来,政府部门与社会力量共同努力让教育评估的结果更加真实可信。在美国中小学校督导评估过程中,家长、教师、校长、各类教育人士,以及社会个人和团体广泛参与,通过多种途径征求相关信息,以全面获取被督导对象的信息。中介评估组织的建立实现了评估机构由政府向社会力量过渡的一种灵活形式,从某种程度上来讲,中介评估组织参与到中小学校督导评估工作中,势必会打破传统理念上教育督导主体一元化的局面,改变政府督导机构兼任教育督导评估工作中"裁判员"和"运动员"的双重身份。中介评估组织是由社会力量所组建的,也能反映出社会各界对基础教育质量的诉求,它在政府和社会之间架构起一座"桥梁"——使政府与社会力量在教育评估方面建立起有机的联系,以实现政府与社会、学校和社会、学校和利益攸关者之间共同努力办好人民满意教育的目的。

3. 加强中小学校督导评估的问责制

教育问责制从某种意义上来说,是教育变革和质量保障的助推器。美国中小学校督导评估的目的在于发现问题、针对学校的不足和薄弱之处提出详细的改进策略,强调对评估结果的反馈和充分利用。美国政府对基础教育的问责制倾向于用奖罚分明的办法,对于一些低效学校提出警示,采取以证据为驱动、以数据为武器的干预措施。相对而言,我国教育督导的评估功能并不明显,由于教育督导评估指标体系不完善,无法对中小学校进行全面、公平、公正的评估,评估往往流于专项评估的形式,由于没有全面评估,当然就谈不上对评估结果的反馈和充分运用,就更谈不上采取以证据为驱动、以数据为武器的干预措施以及问责机制,使得督导评估工作很大程度上流于走形式。要扭转这种局面,必须加强学校督导评估中的问责制。在访谈过程中,被试对指标"建立对每位学生的学业成就和社会成就的问责制"提及的频次为6次,成为所有指标中提及频次最多,最受关注的一项指标。教育决策者、教育管理者以及其他利益攸关者均非常关注学校的教育质量,问责制成为中小学校督导评估的共同诉求。从国家层面上看,2006年9月新颁布的《义务教育法》提出了义务教育的问责制度,首开我国教育立法中问责制的先河,在2012年10月1日起施行的《教育督导条例》的第四章"法律责任"中制订了对违反法律的惩罚条例。由此表明我国政府越来越重视以教育问责来推进教育政策落实,提升教育质量。在国家教育督导评估指标体系中,应当有加强教育问责制方面的指标。

4. 教师要公平对待学生,意识到学生的差异性

在美国教育督导评估指标中,"对学生一视同仁,承认学生个体的差异性,并在教学中充分考虑这些差异"是被试提及频次最多,提及人数最多的指标之一。所谓关注学生的差异性,关键是教师在教学中必须考虑学生的个体差异,了解学生的学习基础、家庭背景、个性特点、学习情况和人际关系等方面的差异,从每个学生的实际出发,能针对不同学生的不同情况"因材施教",即"因学生之材而施,教学要照顾个别差异"。要求教师从学生实际出发,采取不同的教学方式、教学方法、教学策略,使每位学生在原基础上得到提升,突出增值性评估的特点。这样既保证基础较差的学生"吃得下",又保证了基础较好的学生"吃得饱",使基础不同、智力不等的学生都得到不同程度的满足和进步。

5. 有效利用评估数据,注重增值性评估

我国颁布的《国家中长期教育改革和发展规划纲要(2010-2020年)》中就已经强调"提高义务教育质量,建立国家义务教育质量基本标准和监测制度","要完善教育质量监测评估体系,定期发布测评结果"。美国教育督导评估指标体系的经验,对于构建和开发我国教育督导评估评指标体系,提高基础教育质量具有重要的借鉴意义。在学业评估方面,NAEP是美国绝大部分州评估中小学生学业成就的主要机构,在测试和评估方面具有高信度和效度,对大部分州的学科进行评估,将评估结果按照评估标准分为合格、达标和优秀三个等级,运用增值评估的方法,对学生学业情况进行分析和研究,查找形成学习差距的因素,寻求改进方法,提高"教"与"学"的适切性。此外,根据研究目的和需要,教育利益攸关者可以有选

择、有目的地查看成绩报告单,如教师可以查看不同水平学生的学业情况,了解学生的学习水平差异,寻求产生学业成绩差距的影响因素有哪些,缩减学生之间的学业成就差距。如果想要客观、准确地评估全体学生或某位学生的学习进步情况,无论是教师,还是校长都必须收集相关信息和数据资料,确定某几个时间段,比较学生的学业进步情况,进行增值性评估。增值性评估将领导力效能评估、教师效能评估与对学生学习效能的评估紧密联系起来。因此,注重评估数据,强调增值性评价,是提升教育督导评估质量的重要途径。

6. 提升校长的素质与执行力

在因素分析中,主因子2涉及校长的素质与职责。校长应具备的自身专业素质是决定其职能是否能有效发挥的一个重要的因素。在访谈中,“成为具有自知之明、反思能力、言行端庄和符合道德行为的领导者”指标被4名被试提及5次,位居第二位,由此也验证了校长素质的重要性。校长是一所学校的领导核心,校长的素质直接影响着学校办学质量,以及学校未来的发展。为此,必须提升中小学校长的素质,强化其职责的执行力度与效果。美国中小学校校长关注的焦点是学校的教学,怎样才能促使每一个学生都获得成功,这就要求校长成为教学型领导(Instructional leader)和学习型领导(Leadership for learning),不但要管理好全校的人、财、物;处理好校内外关系和解决各种矛盾,协调学校与家长、社区、社会团体、政府机构之间的关系,更应当把主要精力放在教师的“教”与学生的“学”方面来,这是学校教育的根本。

7. 建立多元合作机制

在美国教育督导评估指标中“建立合作关系”被视作是学校评估的核心指标之一。美国教育督导评估指标十分重视学校、家庭和社区的合作关系,例如:“加强学校与家庭、社区建立合作程度”“重视家庭成员参与对子女教育的程度”“学校满足家庭需要的程度”“有效利用学校教育资源、社区资源为学生、教师和家长提供学习机会的程度”“教育专业人士之间、教育专业人士与非教育专业人士之间的合作程度”等。相对而言,我国督导评估往往重视被督学校内部的合作,还未建立起对多元合作方面的评估指标。本研究中提取的主因子3,表明了我国一线教育工作者对建立多元合作机制十分认可,随着我国社会的高度发展及民主意识的不断提升,建立多元合作机制已经成为未来的发展趋势。

(六)来自新加坡的启示

新加坡是一个高度集权的国家,有着全球最严格的行政管理,最严格的规章制度。新加坡的教育督导评估机制也别具一格,它强调对中小学校实行校内和校外双环、双效评估("双环双效评估")。新加坡教育督导局制定了统一的卓越中小学校督导评估指标,第一步由学校按照国家统一的卓越学校评估指标/标准,自主进行校本评估,自认为达到国家制定的卓越学校的标准后,向教育督导局提出外评鉴定申请。只有当学校通过严格的外评鉴定后,才能被授予"卓越学校"的称号和得到相应的经费拨款。为保障卓越学校模式的顺利实施,新加坡教育部自1998年开始实施集群式的系统工程管理,即"校群督导"制度。本研究所引用的新加坡教育督导评估指标体系共有一级指标9项,二级指标25项,从一级指标来看,其中涉及"过程"的二级指标有4项,包括领导力、策略规划、人事管理、资源。这四个二级维度下设11个三级指标。在关键绩效这一层面共涉及二级指标5项,包括以学生为中心的改革进程、行政管理的成效、人事管理的成效、合作和对社会贡献的成效、关键绩效的成果等五项二级指标,下设14项三级指标。

对"新加坡卓越学校教育督导评估指标在中国的可行性"调查问卷中对具体指标是否具有可行性给予回答的有467份,占有效样本1133份的41.2%,其中被试反馈指标可行人数超过400人次的有五项指标,分别是:F10.校长和学校领导层的价值观;F12.聚焦学生的学习;F16.学校对社会的责任感;F26.开发和充分利用教职工的潜能,创建优质学校;F32.致力于学生的身心健康。其中对"F10.校长和学校领导层的价值观"认为其可行性最高的人数为467人,占有效样本的41.2%,说明我国一线的教育工作者对此项指标认可度最高。

在因素分析部分,大于0.5的载荷值有23项,能够解释总体变异量的62.27%,即在"新加坡卓越学校教育督导评估指标可行性调查问卷"中,得到各级各类的教育工作者认可的指标共有23项,其中有九项指标的因素载荷值达到了0.7以上,分别是:1.1校长和学校领导层的价值观;2.2为实现战略发展方向制定行动计划;2.3部署行动计划;2.4跟踪行动计划的实施和实现;5.1致力于增强学生的身心健康;5.3实施为学生提供全面教育和提升学生福祉的学校改革关键进程;6.2学校管理具有效能;8.1与合作伙伴在合作方面取得的成效;8.2与社区合作方面取得的成效。从以上分析可以看出被试认可度高的指标主要集中在领导力、计划实施、学生的全面发展、学校管理以及校外资源的开发利用这几个方面。尤其是在校外资源的合理利用方面,"8.2与社区合作方面取得的成效"的因素载荷值高达0.799,认可度最高。从以上分析可以看出,新加坡卓越学校教育督导评估指标受到我国一线教育工作者的普遍认可,对我国有一定的借鉴意义。

新加坡卓越学校模式评价指标体系能够带给我们哪些启示？总结起来,有以下四点。

第一,新加坡的教育质量评估体系健全,执行力强。为保障新加坡教育督导评估模式顺利运行,政府部门采用了"自评与外评相结合""双环双效相结合""校群督导"以及"重奖拨款"等配套措施。校群督导制度是校外评估的重要制度保障,同时通过校内自评和校外督导评估相结合,大大缩短了评估的时间,提高了评估的效率,节省了人力成本。卓越计划教育督导奖励制度与卓越学校督导评估模式,用于鼓励不同层面、不同领域的学校,对照全国统一的中小学校教育督导评估指标先进行自查自评,这个自查自评的过程就是学校改进和发展的过程。然后再通过外评,督导对学校自评的结果进行现场验收,为了保障督导评估的透明度和公正性,教育部将督导评估结果和督导评估报告在政府的网站、新闻媒体上公布,这样不但调动社会各界参与教育质量监督,而且能保障奖励拨款的公平性和公正性,真正激励和促进学校不断进步和改进。与我国的督导制度相比,虽然我国的教育督导机构在名义上有专人负责,属于各省市自治区的人民政府管辖,但实际上是教育部、教育厅、教育局在管辖,因为绝大部分的督导室是和各级的教育局、教育厅合署办公的,同时教育督导室的负责人多担任教育行政部门的领导职务。这种既当裁判员又当运动员的局面,很难落实真正的教育问责制,督导评估往往会流于形式,督导评估的结果也不能发挥应有的问责作用。

第二,新加坡教育督导评估指标中对学校领导力的高度重视。新加坡的教育督导评估指标强调学校领导层的高站位、大格局思考。学校领导层是学校领导力的集中体现,领导力是学校教育价值观核心中的核心,是学校师生实现共同愿景、信仰的基础,从现代管理学角度看,领导力是任何组织活动成功与否的关键因素。分析的结果显示,校长和领导层的价值观一项载荷数值为 0.735,说明我国一线的教育工作者对这一指标重要性的高度认可。校长和学校领导层是学校内涵建设的脊梁,是学校对国家教育教学指导思想宏观把握的领航者,是学校的灵魂或精神的阐述者和实现者。领导力不仅仅是领导层的专业素养和管理实践能力,更多应当是更高的站位思考,要不断地扩大学校领导层的视野,不仅仅注重"围墙内"的教育,要有一个大教育观,只有认识到学校在整个大教育观思想下的位置,才能在为学校制定发展目标和规划的同时,将先进的教育理念付诸实践,确保学校未来几年甚至几十年的发展都能与时俱进、开拓创新。

第三,重视"校内"与"校外"资源互补。利用社会资源为学校所用,学校资源为社会服务,已经成为教育思考的新课题。量化研究部分的分析结果显示,"与社区合作方面取得的成效"和"与合作伙伴在合作方面取得的成效"两项的载荷值都超过了0.7,说明我国一线教育工作者已经认识到了资源互补的重要性。特别是近几年来,我国政府将中等职业学校与社会、企业合作的重要性提到了一个新的高度,我国各地区现阶段都不断地更新校企合作观念,加大校企合作力度,丰富校企合作内涵,不断深化办学模式和教学模式改革,扩大多形式、多层次的校企合作办学成果,建立稳固的合作办学机制,不断促进教师与学生实践能力的培养和整体素质的提高,努力实现中等职业学校与经济和企业的共同发展,为地区经济建设和社会发展提供智力支撑和有效服务。目前校企合作仍处于实践探索阶段,新加坡的学校贴近市场的教育模式,对我国校企结合的实现途径、人才培养、运行机制及评价体系等方面提供了深层思考,为创造具有我国特色的校企合作提供了新经验借鉴。

第四,注重学生全面发展和心理健康。我国已经喊了多年的注重学生的身心健康,包括前几年提出的素质教育,其目的也是为了加强学生的身心健康,但复旦投毒案和马加爵案件等产生的社会舆论,让我们进一步思考我国教育的考评体制和学生成果,是否有利于学生的全面身心发展。从分析结果指标来看,致力于增强学生的身心健康的因素载荷值为0.759,说明一线的教师和教育工作者已经认识到了学生身心健康教育的重要性。

最后,需要强调指出的是:尽管上述五国的中小学校教育督导评估指标体系可为我国教育督导评估指标体系的更新和构建提供诸多的借鉴与启示,但再好的教育督导评估指标体系,离开了强有力的执行、监督、评估、反馈机制,也不过是一纸空文! 本书中所介绍的英国、荷兰、法国、美国、新加坡的教育督导评估指标体系虽然并不是完美无缺,但只要我们虚怀若谷,心厚若海,定能从中获取些许启迪,它山之石,为我所用。罗马不是一日建成的,世界现当代的教育督导历经了百年的改革、历练、洗礼、发展,才能有比较完善的教育督导制度和教育督导评估指标体系。

作为本书的结尾,我们清醒地看到,我国的教育督导事业虽然取得了很大的成就和进步,但同样面临诸多巨大的挑战,甚至是困境。任何教育督导评估指标体系的构建,都离不开视野的高远(高站位大格局)、理念的先行、政策的支持、经费的保障、体制机制的创新、督导队伍的精干,最重要的是落实和实施。只要我们踏实好学,勇于思考和创新,定能超越和制订出科学的 SMART(具体的、可测的、能够实现的、符合国情和现实的、有具体时间段限定的)的教育督导评估指标体系,这是我们学习国外先进经验的目的,也是我们研究的目的和期盼!

后 记

This book is never one season's work, nor is it one person's achievement. Without the China National Social Science Foundation, the financial support from the Educational Faculty of Shenyang Normal University, and the great support and contributions from my students and friends, it would not have been possible.

正如我在上段英文中所说,这本书绝非是短期之作,更非是一人之作。首先值得我感恩和感谢的是本书的另外几位作者:刘文钊、王阳、杨志明、陈莹、金蕊、任鸿儒。他们既是我指导的硕士研究生,也是本书的作者。本书中的英国(2010年指标)部分有刘文钊同学的巨大贡献,英国(2016年指标)部分有金蕊同学的巨大贡献,荷兰部分有王阳同学的巨大贡献,美国部分有杨志明同学的巨大贡献,法国部分有陈莹同学的巨大贡献,新加坡部分有任鸿儒同学的巨大贡献。如果没有他们的贡献和几年的心血付出,就不会有此书的问世。因此,我特意写明他们也是本书的作者!

另外特别要感谢的还有鲁良主任、闫铁莹老师,关松林校长、韩国海校长和所有接受过我们访谈和问卷调查的中小学老师、校长、督学、教研员和专家,没有他们的支持、帮助和奉献,就没有本书实证研究部分上万份问卷的发放和所有数据的成功回收。同样特别值得感谢的有:王小栋博士、曾垂凯教授、王璐教授、殷红博教授、杨晓琳女士、马笑颜女士、郑丹女士、郝玲玲女士、冯彩玲博士、何万里先生等,无论是在联系访谈对象方面,还是在量化数据的统计分析方面所给予的帮助,是高尚无私的。所以说,这本书实实在在是一个团队心血和努力的结晶。

感谢中联华文的张金良主编及其团队,近几年中我们已经合作出版了三部专著,无数次的手机通话,无数条微信和电子邮件,我早已被张金良主编的认真、尽责、宽容、大度深深打动。感谢中国书籍出版社的领导和编辑们。没有您们的卓

265

越奉献和认真编校，这本书恐怕不能如此快面世，也不会有现在的质量。

感恩中国侨联、辽宁省侨联、沈阳市侨联和沈阳师范大学侨联，是您们张开双臂欢迎我这个留欧多年的海外学者，给予我极大的关怀、荣誉、平台和机会。先后荣聘我为省市侨联特聘专家，常委，中国侨联特聘专家，中国侨联评审专家等，授予我中国侨界贡献奖，全国归侨侨眷先进个人，辽宁省侨界科技创新人物等荣誉称号。承蒙沈阳师范大学领导的抬爱，引进我并荣聘我为特聘教授，科协主席、侨联副主席等，给了我很好的工作条件和待遇，方方面面的扶持和关爱。感谢教育经济与管理研究所的孙绵涛所长、王艳主任、袁晖光书记、王刚副所长、祁型雨教授、邓旭教授、卢伟副教授以及所有同事，十五年的风雨同舟，十五年的陪伴相助。

感恩全国教育科学规划领导小组办公室和国家社科基金委，2006年当我成功申报到国家社会科学基金"十一五"规划教育学国家课题《教师评价指标体系的国际比较研究》时，无意之间竟创下了沈阳师大教育学科首次成功申报到国家课题的先河，结题之后又成功申报到了国家社会科学基金"十二五"规划教育学国家课题《教育督导评估指标体系的国际比较研究》(BDA120028)。这些年中，我和我指导的研究生们为此付出了全部的心血、努力和智慧，我们风雨同舟，日夜兼程，相互学习，相互搀扶，共同成长。

感恩沈阳师范大学教育学部张君部长和办公室尚红主任，感谢教育学部对本书的欣赏和无私资助，使它得以顺利出版。

最后的感恩给我在上文中忘提到的所有朋友以及我在沈阳师大所有的研究生和助手，除上文提到的外，还有赵晓闻、施国春、陈冬松、王爽、常雪飞、龙建华、孙丽丽、曾练平、刘影、史丞芫、宗菲菲、王婷、葛辉、郝妍、郭丽莉、袁书凤、刘颖、伍玲婵、郑弘、潘晶、向琴群、黄明亮、陈娉婷、唐雪晴、刘欢等，感谢您们给我的尊重、理解、宽容和厚爱。

孙河川

2019 年 1 月 14 日于沈阳